빅데이터 워크샵

개념 · 통찰력 · 활용

빅데이터 워크샵: 개념 · 통찰력 · 활용

ⓒ 이상호, 2020

초판 1쇄 발행 ｜ 2020년 7월 31일
2쇄 발행 ｜ 2020년 12월 1일
3쇄 발행 ｜ 2021년 12월 21일

지 은 이 ｜ 이상호
펴 낸 이 ｜ 최지윤
펴 낸 곳 ｜ 시커뮤니케이션 (제2019-000012호)
　　　　　　 www.seenstory.co.kr
　　　　　　 www.facebook.com/seeseesay
　　　　　　 seenstory@naver.com
　　　　　　 F 0303) 3443-7211
디자인·인쇄 ｜ 유진보라
일러스트·사진 ｜ 이상호
마 케 팅 ｜ 이숙희
서점관리 ｜ 하늘유통

ISBN ｜ 979-11-88579-55-6 (93320)

이 도서의 국립중앙도서관 출판예정도서목록(CIP)은 서지정보유통지원시스템 홈페이지(http://seoji.nl.go.kr)와
국가자료공동목록시스템(http://www.nl.go.kr/kolisnet)에서 이용하실 수 있습니다. (CIP 제어번호: CIP2020030391)

빅데이터 제대로 알기 입문서

빅데이터 워크샵

개념 · 통찰력 · 활용 Concepts, Insight and Applications

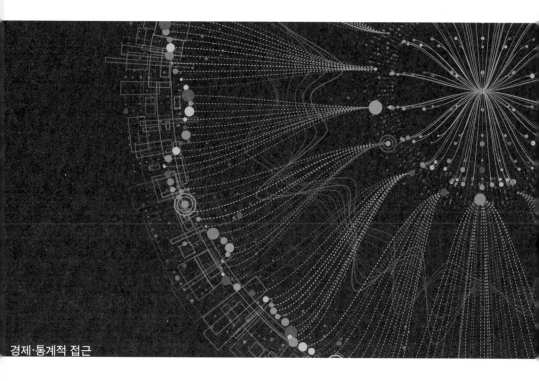

경제·통계적 접근

#디지털 혁신
#데이터 경제   #데이터 과학
#거버넌스   #금융   #중앙은행

이상호 지음

2021
세종도서
학술부문

시_커뮤니케이션_

성실한 삶의 중요성을 가르쳐주신
돌아가신 부모님께 이 책을 바칩니다.

차례

Part 04

빅데이터의 활용

들어가며...

'숫자'를 다루어 의미를 찾는 일을 20대 후반부터 해왔다. 대학에 진학하면서 경제학을 공부하게 되었는데, 사실 경제학이 무엇을 하는 학문인지 잘 알고 선택한 것은 아니었다. 그러나 오랜 기간 숫자와 씨름하면서 나름대로 흥미와 보람을 느끼고 있으니, 결론적으로 전공을 잘 선택한 것 같다.

1972년 초등학교에 입학한 이후 1983년 고등학교 3학년 1학기 때까지 그림을 그렸다. 취미인 동시에 특기였다고나 할까. 학교를 대표하여 미술대회에 자주 나갔다. 초등학생 때에는 크레파스로 도화지에 시골의 마을 풍경, 정물, 사람들의 일상 모습 등을 그렸다. 중학생이 되면서 크레파스 대신 그림물감으로 수채화를 그렸다. 거의 12년 동안 필자의 장래 희망은 화가가 되는 것이었다.

인생의 진로가 360도 바뀌었다. 대학에 진학한 이후, 숫자와 각종 그래프, 수학 기호 등으로 가득한 경제학 교재로 공부하기 시작했다. 당시 경제학을 공부하는 일은 그림 그리는 일과 일맥상통하는 점이 있다고 생각한 적도 있다. 시각적인 것과 관련이 있다는 점에서 그렇다. 그림 그리기는 자연 경관이나 사물 등을 있는 그대로, 또는 주관적인 느낌을 더해 하얀 도화지나 캔버스에 그리는 작업이다. 경제학을 공부할 때에 종종 다양한 형태의 그래프를 접하게 되었다. 그래프에 담긴 내용을 잘 이해하게 되면 경제적 의미나 현상을 쉽게 알 수 있었다. 또한 직접 그래프를 그려 경제이론이나 경제현상을 좀 더 쉽게 이해하려고 시도했던 때도 있었다. 어떤 숫자나 개념을 제한된 공간에 다양한 형태의 그래프나 그림으로 나타내면서 흥미를 느낀 때가 많았는데 어린 시절의 경험이 작용했다고 생각한다.

한국은행에서 28여 년 동안 여러 부서를 거치면서 필자는 주로 경제 분석과 예측, 정책여건 분석, 경제통계 작성, 경제현안 연구 등을 담당했는데, 어릴 때의 경험은 조직에서 조사연구, 홍보, 포럼기획 등 다양한 일을 하는 데 많은 도움이 되었다. 중간에 단절은 있었지만 두 차례 합하여 약 6년 동안 통계 작성과 관련된 일을 했다. 그러나 나머지 22년 기간에도 데이터 또는 통계를 이용하여 '무엇인가 만들어 내는 일'을 했으니, 직장생활 거의 대부분 기간 동안 데이터와 통계를 다루었다고 해도 지나친 말이 아니다. 기존의 통계작성 업무나 경제분석·예측 등의 업무는 오랜 기간 발전해온 방법론에 대한 지식과 경험을 잘 활용하면 무난히 처리할 수 있는 일이었다.

두 차례에 걸친 경제통계국 근무기간은 필자에게 많은 유익함을 가져다주었다. 우선 2005년 4월부터 2008년 2월까지 약 3년간 우리나라의 국민소득(GDP) 통계를 작성하는 국민소득팀(당시 조직명: 현재는 국민소득총괄팀과 지출국민소득팀으로 분리)에서 국민계정(National Accounts) 업무 전반에 대해 익힐 수 있었다. 그리고 약 10년 후인 2017년 8월부터 다시 경제통계국에서 팀장으로서 통계기획 총괄 업무와 함께 빅데이터 연구 업무도 담당하게 되었다. 그 당시 경제통계국 내에 '빅데이터통계연구반'이 신설되면서 반장 직도 맡게 된 것이다.

다시 경제통계국에 돌아와 보니, 통계작성 환경에 많은 변화가 있었다. 통계 작성기법이나 기초자료 등의 면에서 많은 발전이 있었으며 디지털 혁신의 진전으로 통계작성 면에서도 빅데이터가 영향력을 미치고 있었다. 국내외 많은 민간 또는 공공기관, 기업들이 빅데이터를 중요한 자산, 성장을 위한 투입요소로 인식하고 활용 방안을 모색하고 있었다. 이전에 맡았던 경제분석·예측, 통계기획·작성 업무와는 달리 빅데이터 연구업무는 아주 "새로운" 일이어서 어떻게 방향을 잡고 무엇을 해야 할지 고민할 수밖에 없었다.

통계기획과 빅데이터 연구 업무를 맡으면서, 빅데이터에 관한 이해를 높이고 중앙은행 차원의 활용방안을 찾기 위해 빅데이터 관련 국내외 컨퍼런스나 포럼에 참가하여 보고 듣고, 빅데이터 연구업무를 주도하고 있는 여러 전문가들을 만났다. 빅데이터 관련 각종 논문이나 보고서도 많이 읽었다. '데이터 분석 유럽 컨퍼런스'(2017 European Conference on Data Analysis(ECDA 2017), 폴란드 2017년 9월 26일~10월 1일)에 참가하여 글로벌 트렌드를 확인할 수 있었으며, 프랑스 중앙은행(Banque de France, 'Economic and Financial Regulation in the Era of Big Data', 2017년 11월 24일), 이탈리아 중앙은행(Banca d'Italia, 'Harnessing Big Data & Machine Learning for Central Banks', 2018년 3월 26~27일) 등에서 개최한 빅데이터에 관한 국제컨퍼런스에 참석하여 중앙은행의 빅데이터 업무 관계자들은 물론 각국의 빅데이터 전문가들을 만나 의견을 나누면서 많은 것을 배우기도 하였다.

2017년 하반기부터 최근까지 빅데이터에 관심을 갖고 관련 지식을 쌓을 수 있었던 것은 필자에게 커다란 행운이었다. 물론 빠르게 발전하고 있는 빅데이터 분석 기법을 실시간으로 모두 다 배울 수는 없었지만, 한국은행 내 "경제통계분석연구회"(경제통계국), "데이터분석연구회"(전산정보국) 등 스터디 모임에 참여하여 R, 파이썬(Python) 등 요즘 관심을 끌고 있는 빅데이터 분석 툴에 대해 배우기도 하였다. 또한 빅데이터, 데이터 과학, 인공지능(AI), 경제통계 등을 주제로 한 한국통계학회와의 공동포럼을 세 차례 개최하면서 데이터의 활용범위, 통계작성 면에서의 가치 등에 대한 이해를 크게 높일 수 있었다. 그리고 개인차주의 신용패널 빅데이터를 이용하여 학계 전문가와 공동으로 연구한 경험도 빅데이터의 유용성을 확인할 수 있는 좋은 기회였다. 이러한 다양한 활동을 통하여 데이터에 대한 일반론과 분석 방법에 관한 유용한 지식을 많이 얻었다고 생각한다. 자신을 데이터 과학자라고 자신있게 칭하기에는 아직 많이 부족하지만 "배움은 결코 정신을 지치게 하지 않는다"(Learning never exhausts the mind)는 레오나르도 다 빈치의 말을 되새기면서 가능한 한 많이 배워 데이터 과학자가 되고 싶은, 좀 과한 욕심(?)도 있는 게 사실이다.

경제통계국에서 일한 경험은 통계를 포함한 데이터에 대한 필자의 관심을 '열매'로 맺게 하고 잘 익도록 하는 데 좋은 자양분이 되었다. 또한 이 책을 집필하게 된 동력을 제공하기도 하였다. 이 책에는 필자가 한국은행에서 일하면서 습득하게 된 다양한 지식과 경험들, 유럽연합(EU) 대사관 주재 금융관(2012년 9월~2015년 8월)으로서 역할 수행 시 접한 유럽의 데이터 관련 정책들, 그리고 통계·데이터 관련 최근의 논문, 보고서 등 다양한 문헌을 통해 배운 내용들이 정리되어 있다.

이 책에서는 빅데이터의 개념, 데이터로 작동하는 '데이터 경제'(data economy)의 의미, 데이터를 다루는 새로운 분야인 데이터 과학에 대한 이해, 데이터 활용을 위한 인프라로서 데이터 플랫폼과 데이터 거버넌스의 중요성 등에 대해 설명하고 거버넌스 구축 시 고려해야 할 사항에 대해 소개한다. 이어 금융산업·금융안정·중앙은행 측면에서 빅데이터의 의의와 이슈들을 살펴보며, 경제분석·통계편제 관련 다양한 활용 분야를 소개하고 있다. 따라서 이러한 주제들에 관심이 있는 데이터 과학자 지망생이나 지적 호기심을 가진 일반 독자들, 또한 경제연구·분석 또는 통계작성 분야에서 빅데이터를 포함한 데이터를 다루는 일을 하는 사람들에게 이 책이 조금이나마 도움이 되었으면 한다.

이 책이 발간되기까지 많은 분들의 격려와 도움이 있었다. 우선 필자가 집필 작업을 할 수 있도록 시간을 허락해 주고 격려해 준 아내 귀연, 평소 바쁘다는 이유로 대화를 멀리할 수밖에 없었던 아버지를 이해해 주고 마음으로 지원해준, 늘 자랑스럽고 소중한 두 아들 홍권과 윤권에게 고마움을 표한다. 그리고 항상 격려와 사랑을 듬뿍 주신 장인어른과 장모님, 어려운 상황이었지만 필자가 대학을 졸업할 수 있게 이끌어 주신 큰 형님(상원)께 감사함을 전한다. 마지막으로 부족한 원고를 책으로 낼 수 있도록 해 주신 도서출판 시커뮤니케이션 최지윤 대표님, 편집디자인을 멋지게 해주신 DSP 최성수 대표님, 책 홍보를 맡아주신 황성연 이사님께도 감사드린다.

2020년 여름 대전에서
이 상 호

Part 01
빅데이터와 데이터 경제

커피 원두 분쇄기(Coffee Grinder)의 시초는 15세기 초 아랍에서 만들어진 원통형 황동 분쇄기라고 한다. 이후 유럽으로 전파되어 17~18세기를 거치면서 그 종류가 180여개에 달했다고 한다. 분쇄기가 발명되기 전까지는 원두를 갈돌이나 절구를 이용하여 갈거나 빻았는데 매우 번거로운 작업이었을 것이다. 수동이었지만 원두 분쇄기의 발명으로 커피 산업이 획기적으로 발전하는 등 엄청난 가치가 창출되었을 것으로 짐작된다. 데이터 경제 시대에 데이터를 저장·가공·처리하고 분석하는 등 복잡한 과정을 거쳐야만 궁극적으로 얻고자 하는 가치를 발견할 수 있다. (위 이미지는 1930년대에 독일 Armin Trosser가 제작한 둥근 형태의 커피원두 분쇄기)

궁극적으로 분석해 보면, 모든 지식은 역사학이다.
추상적으로 보면, 모든 과학은 수학이다.
근본 원리를 따져보면, 모든 판단은 통계학이다.

All knowledge is, in the final analysis, history.
All sciences are, in the abstract, mathematics.
All judgements are, in their rationale, statistics.

- 칼리암푸디 라다크리슈나 라오(Calyampudi Radhakrishna RAO, 1920~)

Part1은 1장 디지털 혁신과 빅데이터, 2장 데이터 혁명과 데이터 경제,
그리고 3장 빅데이터, 데이터 과학과 통계로 구성되어 있다.

1장에서는 빅데이터의 개념, 특성과 형태에 대해 알아보고 빅데이터의 출현 배경도 살펴본다. 또한 학계 또는 산업계에 잘 알려진 데이터 분석 유형에 대해 개괄한다.

2장에서는 데이터 경제의 활성화를 위해 주요국이 추진 중인 전략사업을 간략히 소개한 후, 데이터 경제가 무엇이고 어떻게 구성되는지 살펴본다. 경제적 가치 창출과 관련하여 데이터의 입수로부터 최종 활용에 이르기까지의 과정, 즉 데이터 가치사슬에 대해 이야기한다.

3장에서는 디지털 시대 도래에 따른 통계작성 환경 변화에 대해 살펴보며 현재 통계작성에 활용되고 있는 데이터 과학에 대한 개관, 데이터 과학과 통계학의 관계를 생각해 본다. 또한 데이터 과학자의 역할을 소개하며 통계작성에 있어 데이터 과학이 기여할 수 있는 것이 무엇인지도 생각해 본다.

1장

디지털 혁신과 빅데이터

인터넷이 사람들을 서로 연결하고 세계도 긴밀하게 연결하고 있다. 모바일 기술의 혁신적인 발전이 뒤따르면서, 인간과 기계들은 엄청난 양의 데이터를 만들어 내고 있다. 데이터는 어디에나 있다. 개인의 하루 일과만 보아도 우리는 데이터 홍수 속에서 살아가고 있다. 아침 잠자리에서 일어나서 일상을 보내는 동안, 그리고 다시 집에 돌아와 잠들기 전까지 하루 종일 데이터를 읽고 이용하며, 또한 직접 데이터를 만들어 내기도 한다.

얼마 전까지만 해도 데이터 분석은 전문가들의 전유물로 인식되었으나 지금은 전문가들만의 영역이 아니다. 많은 사람들이 알아야 하는 것으로 인식이 바뀌고 있다.

이 장에서는 빅데이터가 무엇이고 어떤 특성을 보이며, 어떤 형태로 나타나는지 알아본다. 그리고 빅데이터가 출현하게 된 배경, 데이터의 여러 가지 다른 이름에 대해서도 살펴본다. 또한 데이터로부터 가치를 얻어내기 위해서는 복잡하고 어려운 분석 과정을 통해 통찰력을 찾아야 한다는 점을 강조한다. 학계 또는 산업계에 잘 알려진 데이터 분석 유형에 대해 개괄한다.

1. 디지털 혁신

디지털 혁신.digital innovation이 거의 모든 분야에서 빠르게 진행되고 있다. 기업들은 디지털 기술이 적용된 신상품과 서비스를 소비자에게 앞다투어 공급하고 있다. 혁신 물결을 잘 활용한 기업과 그렇지 못한 기업 간 명암이 엇갈리면서 사업영역이 재편되고 있다. 기업 운영, 나아가 경제·산업의 패러다임이 크게 변하고 있다. 기업 이외 민간·공공기관들도 새로운 환경에 적응하는 한편 업무 효율성을 높이기 위해 조직의 운영방식을 재검토하는 등 혁신 물결에 동참하고 있다.

우리의 일상 생활은 인터넷과 스마트폰의 확산 등으로 하루가 다르게 편리해지고 있다. 우리는 인터넷, 스마트폰 등 디지털 기기를 통해 각종 정보검색, 은행업무, 상품구매, 여행·문화 관련 티케팅 등 웬만한 일은 거의 다 할 수 있게 되었다.

이제 우리에게 아주 익숙한 용어가 된 디지털 혁신의 개념을 한마디로 설명하기는 어렵지만 정보·통신·컴퓨팅·네트워크 등의 첨단 디지털 기술 또는 결합된 기술을 적용하여 기존의 사업모델을 혁신하거나 신산업을 발굴하고 개척하는 활동이라고 이해할 수 있다. 사실 디지털 혁신이라는 개념은 제4차 산업혁명을 규정 짓는 과정에서 다양한 혁신 기술이 융합되고 디지털화가 빠르게 진행되는 상황을 설명하기 위해 쓰기 시작한 표현이라 할 수 있다.

디지털 혁신을 가능하게 하는 요인은 무수히 많지만 빅데이터가 크게 기여하고 있다는 데 일

치된 의견을 보이고 있다. 경제협력개발기구.OECD는 모든 부문에 걸쳐 나타나는 디지털 혁신의 특징적 현상을 4가지로 정리하였는데 혁신을 위한 핵심 투입요소로 데이터를 들었다.[1] 세계경제포럼.World Economic Forum(WEF) 의장이자 「제4차 산업혁명」의 저자인 클라우스 슈밥.Klaus Schwab도 4차 산업혁명을 이끄는 여러 기술 가운데 빅데이터 분석을 특히 강조하였다. 한편 한국은행은 금융부문에서 디지털 혁신을 주도하고 있는 기술로 빅데이터와 인공지능.AI을 지목한 바 있다.[2] 대규모의 다양한 데이터는 디지털 혁신의 결과물인 동시에 그것을 더욱 촉진시키는 역할을 하고 있는 것이다.

2. 어디에나 있는 빅데이터

개념 빅데이터와 관련해서 누구에게나 공통적으로 받아들여지는 일반적인 정의는 존재하지 않는다. '빅데이터'라는 명칭에서 알 수 있듯

이 다른 통계에 비해 규모가 큰 데이터라는 뜻에서 출발했지만 정보통신기술.ICT의 발전에 힘입어 예전에는 처리하기 힘들었던 규모의 데이터가 상대적으로 작게 인식되기도 하므로 빅데이터를 정확하게 무엇이다라고 말하기는 쉽지 않다. 그래서 빅데이터라는 용어는 현실에서 다양한 뜻으로 쓰이고 있다.

글로벌 컨설팅 기업인 매킨지.McKinsey 사는 데이터베이스.DB의 규모의 관점을 중시하여, 빅데이터를 "전통적인 DB 소프트웨어.S/W가

저장·관리·분석할 수 있는 범위를 초과하는 규모의 데이터"라고 정의하였다.[3]

글로벌 ICT 분야 시장조사기관인 IDC.International Data Corporation 는 빅데이터를 "대규모의 다양한 데이터로부터 발굴·수집·분석을 신속하게 처리하여 경제적 가치를 추출하도록 고안된 차세대 기술 및 아키텍처"로 규정하였다.[4] 이러한 정의는 데이터베이스 규모보다는 데이터를 처리하는 프로세스와 기술 역량을 강조하고 있다고 할 수 있다.

미국의 ICT 연구·자문기관인 가트너.Gartner 사는 데이터가 창출하는 가치에 초점을 맞추어, 빅데이터를 "보다 나은 통찰력.insight을 얻고 보다 신속한 의사 결정을 하기 위해 사용되는 비용 효율이 높고,

혁신적이며, 생성 속도가 빠르고, 그 형태가 다양한 대규모의 정보 자산"으로 정의하였다.[5]

이처럼 초기에는 데이터의 크기, 즉 규모에 초점을 맞추어 빅데이터를 정의하였다. 최근에는 데이터의 활용과 이를 통해 부가가치를 만들어 내는 일이 강조됨에 따라 단순히 데이터 규모 자체뿐만 아니라 이를 수집·저장·관리·분석하는 기술도 포괄하는 개념으로 빅데이터의 정의가 확장되었다.

여러 정의들을 종합하면, 빅데이터는 "규모가 크고 생성·처리 속도가 빠르며, 그 형태가 다양하여 기존의 기술로는 저장·관리·분석 등이 어려운, 그렇지만 효율적인 방식을 통해 새로운 가치를 창출할 수 있는 데이터와 이를 수집·저장·관리·분석하는 기술"이라고 할 수 있다.

특징 빅데이터의 일반적인 특징은 데이터의 규모.Volume, 생성·처리 속

도.Velocity, 그리고 형태.Variety 등 이른바 '3V'를 중심으로 설명할 수 있다.

- **규모**.Volume 　전통적인 데이터에 비해 규모가 매우 커서 저장과 관리를 위해 분산형 파일 저장, 처리 시스템 등의 새로운 기술이 요구될 정도의 양.data quantity이다. 인터넷 웹사이트 이용자의 접속 로그, SNS 이용자들의 활동 정보, 개별 소비자들의 쇼핑 정보 등의 누적 데이터 규모는 종종 페타바이트.PB(100만 기가바이트.GB) 수준을 초과한다. 이 때문에 SQL[6]과 같은 관계형 데이터베이스 보다는 NoSQL[7] 데이터베이스를 통해 관리·처리한다.

- **형태**.Variety 　엑셀 스프레드시트 형태로 표현될 수 있는 구조화된.structured 정형 데이터 뿐만 아니라 텍스트, 동영상, 이미지, 오디오, 웹 접속 기록 등 다양한 비정형.unstructured 데이터도 포함되는 등 데이터의 유형.data types이 매우 다양하다. IDC에 따르면 전체 빅데이터의 약 10% 정도만이 행.row과 열.column의 형태로 정리할 수 있는 구조화된 데이터이고 나머지 90%는 인터넷 검색어·댓글·블로그 등의 텍스트, 동영상·오디오·이미지 데이터, 이메일,웹사이트 접속로그, 페이스북.Facebook이나 트위터.Twitter 관련 데이터 등 비정형 데이터들이다.

- **속도**.Velocity 　데이터의 생성·수집·처리 속도.data speed가 매우 빨라 소셜미디어와 모바일 기기 이용, 인터넷 온라

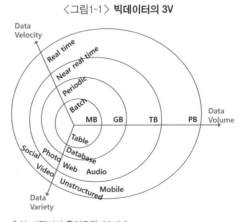

〈그림1-1〉 **빅데이터의 3V**

출처: 이탈리아 중앙은행, 2018.3.

인 거래 등의 과정에서 새로 생성되는 데이터가 신속히 갱신·저장·전파되는 속성을 의미한다. 글로벌 연결성이 높아짐에 따라 실시간 데이터.real-time data의 비중이 2025년에는 글로벌 데이터 총량[8].datasphere의 30%에 이를 것으로 보인다.

3V 이외에 진실성.Veracity과 가변성.Volatility 또는 Variability을 특성으로 추가(5V)하는 경우도 있으며, 최근에는 특히 빅데이터를 통해 얻을 수 있는 가치.Value를 중요하게 보고 빅데이터를 설명하기도 한다(6V). 또한 V로 시작하는 단어는 아니지만 복잡성.Complexity을 빅데이터의 특성으로 포함시키기도 한다.

〈그림1-2〉 **빅데이터의 5V**

출처: "Big Data: Potential, Challenges, and Statistical Implications", IMF Staff Discussion Note, Sept. 2017.

〈그림1-3〉 **빅데이터의 6V**

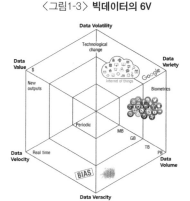

출처: "Big Data and Official Statistics", *The United Nations Conference on Trade and Development*(UNCTAD).

• **가치**.Value 빅데이터를 효율적으로 활용할 경우 민간, 학계, 정부 등 각 부문에서 새로운 부가가치가 만들어질 수 있을 것이다. 민간부문의 경우 새로운 사업 모델을 만들어 수익성을 제고하고 기업 운영의

효율성 개선, 비용 절감 등을 위해 빅데이터를 활용하고 있다. 학계 등의 연구자들은 연구 대상에 대한 정도 높은 분석 또는 측정을 위해 빅데이터를 활용할 수 있으며 과거에는 불가능하거나 어려웠던 새로운 연구도 시도하고 있다. 정부부문에서는 보유한 다량의 빅데이터를 활용하여 조직 운영의 효율성을 높이거나 새로운 공공서비스를 개발하여 제공할 수 있을 것으로 많은 사람들이 기대하고 있다.

〈표1-1〉 **빅데이터의 여러 가지 특징**

특 징	주요 내용
규모 (Volume)	디지털 기술 발전과 IT 기기의 일상화로 디지털 데이터가 폭증, 기존의 데이터 관리 기술로는 처리가 불가능할 정도로 데이터의 양이 방대
속도 (Velocity)	센서·모니터링 정보(사물인터넷), 스트리밍 정보 등 데이터가 실시간으로 다량 생성되며 처리·이동·활용 등 데이터 순환 속도가 매우 빠름
다양성 (Variety)	숫자, 텍스트, 영상, 오디오, 이미지, 로그 기록 등 데이터의 형태가 매우 다양함
가치 (Value)	상호연관성 분석, 의미 추출 등 데이터 활용을 통해 신제품 개발 등 부가가치 창출, 조직운영 효율성 개선, 비용 절감 등이 가능함
진실성 (Veracity)	원데이터의 진실성이 전제되어야 하며 정확한 분석, 오류 제거 등을 통해 신뢰할 수 있는 결과를 얻어야만 가치가 있음
변동성 (Variability)	데이터의 형태가 일관성을 보이지 않는 경우가 많음
복잡성 (Complexity)	여러 원천으로부터 다양한 데이터가 수집됨에 따라 데이터 처리·관리·저장 등의 방식이 매우 복잡함

한편 이러한 빅데이터의 특성 때문에 데이터 처리 기술의 측면에서 빅데이터의 처리에는 기존의 정형 데이터(통상 '스몰 데이터'라고 부른다) 분석에 비해 다양하고 복잡한 처리기법이 필요하다.

정형 데이터의 경우 기존에 수립된 모형을 바탕으로 처리 및 분석하는 과정을 거치면 되었으나 빅데이터 분석 시에는 정형화된 방식의 처리 및 분석 기술이 없을 수 있다. 또한 기존 데이터의 경우 분석이 원인과 결과의 선형 관계.Linear Relationship 규명을 중심으로 진행되는 반면 빅데이터 분석은 비선형 상관관계.Non-linear Correlation 규명, 감성분석.Sentiment Analysis 등이 중심을 이룬다. 이 경우 잘 정의된 분석 모형과 절차가 존재하지 않기 때문에 새롭고 다양한 처리방법을 개발할 필요가 있다.

<표1-2> 기존 데이터와 빅데이터 처리·분석 방식의 비교

구 분	기존 데이터(스몰 데이터)	빅데이터
데이터 규모	- 테라바이트 수준	- 페타바이트 수준
데이터 형태	- 행과 열로 구성된 정형 데이터 중심	- SNS, 로그파일, 클릭스트림 데이터, 텍스트, 통신로그 등 비정형 데이터 비중이 높음
데이터 처리 기술	- 단순한 프로세스 및 기술 - 정형화된 처리·분석 과정 - 원인과 결과 규명 중심	- 다양한 원천으로 인해 처리 방법이 복잡함 - 분산처리 기술이 필요 - 정의된 데이터 모형 등이 없어 새롭고 다양한 처리 방법을 개발할 필요 - 상관관계 규명이나 감성분석 중심 - Hadoop, NoSQL 등 오픈소스 S/W를 적극 활용

출처: Davenport(2014) 등을 참조

 Zoom-in **데이터 (용량/저장) 단위**

데이터는 놀라운 속도로 생성되어 저장단위가 제타바이트.ZB 인 시대로 진입했다. 하드디스크드라이브.HDD 제조업체인 씨게이트테크놀로지.Seagate Technology가 ICT 전문 시장조사기관인 IDC.International Data Corporation에 의뢰해 발간한 'Data Age 2025' 백서에 따르면 2013년 세계에서 생성·유통중인 데이터의 양은 약 4.4 ZB였다. 이후 매년 폭증하여 2020년에는 2013년에 비해 10배 정도 증가한 44 ZB에 이르고, 2025년에는 더욱 큰 규모인 175 ZB에 달할 것으로 내다보았다. 보다 익숙한 단위로 하면 1 ZB는 무려 1조 GB 또는 2^{40} GB에 해당한다. 1 GB는 약 10억, 즉 1,000,000,000(=10^9) 바이트를 의미하니, 1 ZB가 얼마나 큰지 머릿속에서 상상하는 것은 불가능하다. 비유하자면, 1 ZB는 2000억개 이상의 고화질 HD 영화를 4,700만년 동안 시청할 수 있는 정보량이고 한반도 모든 백사장 모래를 합친 것의 1,000배의 양이라고 하니 얼마나 큰 저장 단위인지 알 수 있다.

〈표1-3〉데이터 단위와 값

영문 단위[1]		한글 단위 (근사값)	하위단위 환산	바이트(byte) 환산		
				정확한 값	근사값	
					2진	10진
bit	(b)	—	1 bit	1/8(≒0.1)	—	—
byte	(B)	—	8 bits	1	—	—
kilobyte	(kB)	1천(千)	1,024 bytes	1,024	2^{10}	10^3
megabyte	(MB)	100만(万)	1,024 kilobytes	1,048,576	2^{20}	10^6
gigabyte	(GB)	10억(億)	1,024 megabytes	1,073,741,824	2^{30}	10^9
terrabyte	(TB)	1조(兆)	1,024 gigabytes	1,099,511,627,776	2^{40}	10^{12}
petabyte	(PB)	1,000조(兆)	1,024 terrabytes	1,125,899,906,842,624	2^{50}	10^{15}
exabyte	(EB)	100경(京)	1,024 petabytes	1,152,921,504,606,846,976	2^{60}	10^{18}
zettabyte	(ZB)	10해(垓)	1,024 exabytes	1,180,591,620,717,411,303,424	2^{70}	10^{21}
yottabyte	(YB)	1자(秭)	1,024 zettabytes	1,208,925,819,614,629,174,706,176	2^{80}	10^{24}
brontobyte	(BB)	1,000자(秭)	1,024 yottabyte	1,237,940,039,285,380,274,899,124,224	2^{90}	10^{27}
geopbyte	(GeB)	100양(穰)	1,024 brontobyte	1,267,650,600,228,229,401,496,703,205,376	2^{100}	10^{30}

주: ( ) 내는 약자

분류 빅데이터는 데이터[9]의 형태를 기준으로 구분할 수 있다. 데이터의 형태는 저장하고 관리하는 데에도 영향을 준다. 일정한 규칙에 따라 체계적으로 구조화된 수치 형태의 정형.structured 데이터와 텍스트, 사진, 동영상 등과 같은 구조화되지 않은 비정형.unstructured 데이터로 구분된다. 비정형 데이터는 다시 반정형.semi-structured, 준정형.quasi-structured, 비정형(협의) 데이터로 세분된다.

- **정형 데이터** 관계형 데이터베이스에 저장된 데이터로서 스키마[10].schema를 가지고 있다. 데이터는 명명된 테이블 내의 행과 열로 구성되며 파일 내 고정된 필드의 형태로 데이터베이스, 스프레드시트 등에 저장된다.

- **반정형 데이터** 고정된 필드에 저장되어 있지는 않지만, 분석을 가능하게 하는 규칙과 특정 형식을 가지고 있다. 정형 데이터의 스키마에 해당되는 메타데이터를 갖고 있다. 예를 들면 XML이나 HTML 형태로 저장된 데이터를 말한다.

- **준정형 데이터** 데이터 형식이 불규칙한 텍스트 데이터로 구성되지만 구조화할 수 있는 정보가 있어 소프트웨어 도구를 통해 구조화할 수 있다. 예로는 구조화할 수 있는 정보(예: 디렉토리명, 화면번호)가 있는 로그 데이터, 사용자가 방문한 웹 페이지 URL.Uniform Resource Locator 데이터 등이 있다.

〈그림1-4〉 **디지털 데이터의 구분**

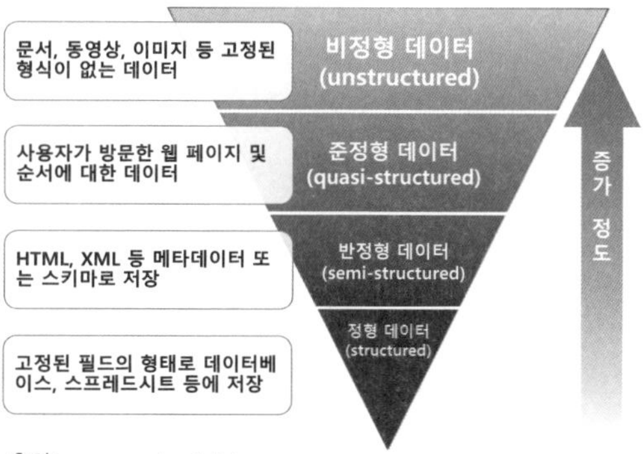

문서, 동영상, 이미지 등 고정된 형식이 없는 데이터	비정형 데이터 (unstructured)
사용자가 방문한 웹 페이지 및 순서에 대한 데이터	준정형 데이터 (quasi-structured)
HTML, XML 등 메타데이터 또는 스키마로 저장	반정형 데이터 (semi-structured)
고정된 필드의 형태로 데이터베이스, 스프레드시트 등에 저장	정형 데이터 (structured)

증가 정도

출처: www.mycloudwiki.com

• **비정형 데이터**   고정된 필드에 저장되어 있지 않은 데이터로, 어떤 특정한 형식으로 구성되지 않는다. 예를 들면 텍스트 문서, PDF 파일, 이메일, 프레젠테이션, 동영상, 음성, 이미지 등의 데이터가 있다.

〈그림1-5〉 **정형 및 비정형 데이터의 증가 추이**

출처: IDC, 2016.

정형 데이터는 그 자체로 의미 파악이 가능하고 계산을 할 수 있어 특정 목적 분석, 통계 작성 등에 활용하기 쉽다. 그러나 비정형 데이터는 데이터의 구조가 복잡하여 전문적인 처리·분석 과정을 거친 다음에야 활용할 수 있게 된다. 오늘날 디지털 세계에서 생성되는 데이터의 90%가 구조화되지 않은 비정형 데이라고 한다. 〈그림 1-5〉에서 보듯이 증가 속도가 정형 데이터에 비하여 월등히 빠르다.

한편, 유엔 경제사회국.UN Department of Economic and Social Affairs 은 데이터 원천.source의 유형을 기준으로 빅데이터를 사회관계망.Social Networks, 사업거래내역.Traditional Business Systems 및 사물인터넷.Internet of Things(IoT) 데이터로 구분하였다.

먼저, 사회관계망 데이터는 인간의 경제·사회 활동 과정에서 생성되고 기록된 정보이다(human-sourced information). 페이스북, 트위터, 블로그, 비디오, 사진, 텍스트 메시지 등이 이에 해당된다. 빅데이터의 상당부분을 차지하고 매우 다양한 정보를 포함하고 있다.

다음으로, 사업거래내역 데이터는 공공기관의 행정활동이나 기업의 사업활동 과정에서 생성되는 정보이다(process-mediated data). 관계형 데이터베이스에 수록된 행정 또는 상거래내역 정보인데 그 형태가 매우 정형적인.structured이다. 상거래기록, 은행·증권 등 금융거래기록, 의료기록, 신용카드 사용실적 등이 여기에 해당된다. 그리고 사물인터넷 데이터는 인터넷에 연결된 각종 센서, 컴퓨터 등 기계장치가 작동되는 과정에서 기록되고 생성되는 정보이다(machine-generated data). 교통량 정보, 홈 오토메이션, 이동전화 위치추적 등이 이에 해당한다.

이 중 거래내역 데이터와 사물인터넷 데이터는 정형적 데이터에 가깝다. 반면 사회관계망 데이터는 매우 비정형적이고 불규칙적인 형태를 갖는데 데이터의 활용에 기술적인 어려움이 많다는 점이 특징이다.

〈표1-4〉 빅데이터의 원천에 따른 분류

원천	사회관계망 (Social-networks)	사업거래내역 (Traditional Business Systems)	사물인터넷 (Internet of Things)

종류	• 소셜미디어(페이스북, 트위터 등)
	• 블로그, 코멘트
	• 개인문서
	• 사진
	• 동영상(유튜브 등)
	• 인터넷 검색
	• 모바일 데이터
	• 사용자 생성 지도
	• 이메일
		• 공공기관 생성 데이터
		  - 의료기록
		
		• 기업 생성 데이터
		  - 상업적 거래
		  - 은행/증권 기록
		  - 전자상거래
		  - 신용카드
			• 센서 데이터
			  (고정센서)
			  - 홈자동화
			  - 기후/오염 센서
			  - 교통센서/웹캠
			  - 과학센서
			  - 보안 비디오/사진
			  (이동센서)
			  - 휴대폰 위치
			  - 자동차
			  - 위성사진
			• 컴퓨터 시스템 데이터
			  - 로그
			  - 웹로그

출처: Classification of Types of Big Data, UN Department of Economic and Social Affairs, 2015.

3. 빅데이터 출현 배경

오늘날 데이터가 넘쳐나는 가장 중요한 원인은 정보통신기술.ICT의 혁신적 발달이라고 할 수 있다. ICT의 발달에 따라 인터넷 사용이 보편화되고 스마트폰, 태블릿 PC 등 모바일 기기의 사용이 확산되었다. 그리고 〈그림1-6〉에서 보듯이 트위터, 페이스북, 유튜브 등 소셜미디어 이용자가 증가[11] 하면서 소셜네트워크 서비스.SNS가 대중화되었

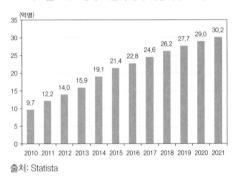

〈그림1-6〉 세계 소셜미디어 이용자수 추이

출처: Statista

다. 이러한 변화로 인하여 〈그림1-7〉에 나타난 것처럼 디지털 정보의 양이 과거와 비교해 폭발적으로 증가하고 있다. 다음으로, 하둡[12] .Hadoop, NoSQL, 아파치 스톰[13].Apache Storm 등과 같이 새롭고 혁신적인 정보처리 기술의 등장도 빅데이터가 출현하게 된 중요한 배경이다. 이러한 기술로 인해 과거에는 불가능하거나 어려웠던 대규모 데이터의 관리와 분석이 가능해졌다. 이러한 다양한 오픈소스[14] 기술 가운데 하둡은 Google, IBM, NY Times 등 다양한 분야의 글로벌 기업들

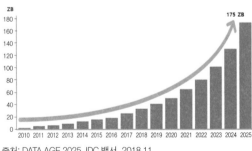

〈그림1-7〉 매년 신규 생성 글로벌 데이터 총량(datasphere) 추이

출처: DATA AGE 2025, IDC 백서, 2018.11.

에 의해 대규모 데이터 관리·분석의 원천 기술로 활용되고 있다.

그리고 인간이 사용하는 다양한 기기에 지능형 센서가 부착됨에 따라 소위 사물인터넷.Internet of Things(IoT) 세상이 된 것도 빅데이터의 폭발적인 증가를 가져왔다. 사물인터넷의 확산에 따라 실시간으로 데이터를 인터넷으로 주고받을 수 있게 되었다. 사물인터넷 관련 기술의 비약적 발전으로 수많은 기기에서 데이터가 생성되고 있다. 앞으로 공장의 기계뿐만 아니라 자동차, 가전제품, 대형마트의 상품 등 거의 모든 사물에 센서가 부착될 것으로 보인다.

한편, 이러한 기술적 배경 이외에 데이터 관련 법규나 제도 변화도 데이터의 증가 요인이었다. 또한 보존 대상 데이터가 확대되고, 보존 기간의 확대, 그리고 기록방식의 디지털화도 데이터의 증가를 설명하는 요인으로 빼놓을 수 없다. 병원진료 기록(엑스레이 등)과 문화콘텐츠(영화, 음악 등)의 저장이 디지털 방식으로 이루어지고 있고, 과거 자료의 보존도 디지털 방식으로 전환되고 있다.

이에 따라 전 세계적으로 새로운 부가가치 창출의 원천으로 빅데이터에 대한 관심이 크게 높아졌다. IDC와 가트너.Gartner는 '빅데이터' 및 이를 통한 가치의 창출을 핵심적인 기술 트렌드 가운데 하나로 선정하기도 했다.

4. 빅데이터도 역시 데이터

우리는 종종 추가적인 단어, 즉 수식어를 써서 어떤 평범한 의미의 명사.noun 단어에 좀 색다른 의미를 부여한다. 미국의 유명한 코메디언이었던 조지 칼린.George Carlin은 사람들이 수식어를 지나치게 좋아한 나머지 점보 새우.jumbo shrimp와 좋은 슬픔.good grief과 같은 어찌 보면 모순된 표현[15]을 만들어냈다고 얘기한 적 있다. 따라서 모순된 표현이라고까지 할 수는 없지만 data라는 단어가 형용사인 'big'이라는 단어에 의해 수식되어 함께 쓰인 것은 그렇게 놀랄 일이 아니다.[16] 인터넷이 세계를 연결하고, 모바일 기술의 혁신적인 발전이 뒤따르면서, 인간과 기계들은 엄청난 양의 데이터를 만들어내기 시작했다. 생성되는 데이터가 너무 많아지자 사람들은 '데이터'를 설명하기 위한 '마땅한 수식어'를 찾으려 하였다. 누가 빅데이터라는 용어를 처음 썼

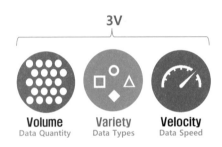

는지 논란은 있지만, 그 용어는 누군가에 의해 사용된 후 어쨌든 널리 퍼졌다.[17] 빅데이터가 과거 우리가 알던 데이터와 다른 이유를 설명하기 위해 사람들은 3V-Volume(엄청난 양), Velocity(매우 빠른 생성·처리 속도), Variety(정형 또는 비정형 형태로 제공됨)에 대해 이야기하기 시작했다.[18] 곧 네 번째 V인 Veracity(진실성: 데이터 소스 및 공급의 일관성 결여로 인해 모든 데이터가 정확하지 않을 수 있음)가 추가되었다. 그리고 다섯 번째 V—Value(데이터의 영향력)에 대해 많이 이야기 한다. 마지막으로, 여섯 번째 V—Vulnerability(취약성: 데이터베이스 위반, 정보 유출 등이 종종 발생함)도 빼놓을 수 없다. 사물인터넷.IoT의 등장으로

데이터의 증가가 폭발적이다. 사실, 데이터의 양은 너무 커서 이제 '큰'.big이란 단어도 더 이상 적절한 수식어가 아닐 정도이다.

다양한 이름의 데이터

많은 사람들이 "빅데이터가 무엇인가"라고 물어본 적이 있을 것이다. 사람마다 데이터를 다르게 인식하고 중시하는 점이 다른 것 같다. 초기에 빅데이터는 간단히 말해 기존 데이터베이스 관리 능력을 초과하는 데이터세트 자체를 의미하였다. 하지만 점점 더 많은 사람들이 빅데이터라는 용어를

데이터는 물론 가치를 추출하고 결과를 분석(주로 '예측분석')하기 위한 기술까지 포괄하는 것으로 인식하게 되었다. 또 다른 사람들에게 그것은 단지 무수히 많은 1이나 0과 같은 숫자들을 의미하기도 한다. 우리가 부딪치는 문제는 빅데이터란 용어가 너무 '일반적이고 포괄적'이라는 점이다. 요즘 자주 쓰이는 빅데이터라는 용어에 대한 이해를 높이기 위해 등장하는 6가지의 다른 이름이 있다.[19]

빅 데이터.Big Data　인간 게놈.genome 연구를 예로 들어 데이터의 폭발적인 증가를 설명하기도 한다. 즉 일반적인 인간 게놈 스캔은 약 200 GB의 데이터를 생성하고 스캔된 인간 게놈의 수는 7개월마다 두 배로 증가한다고 알려져 있다. 이렇게 되면 2025년까지 인간 게놈 데이터가 40 EB에 이르게 되는 것이다. 이것은 현재 유튜브.YouTube에 저장되어 있는 100 PB보다 약 400배나 더 많은 것이다. 빅데이터는 전형적인 예측분석.Predictive Analytics 문제를 다루지만 어떤 추세를 찾거나 엄청난 양의 데이터를 수집하여 과학 지식의 경계를 넓히는 데에 기여한다. 이처럼 빅데이터는 '커다란' 문제들과 관련되어 있다.

패스트 데이터.Fast Data   빅데이터가 이미 저장 또는 새로 생성된 '대량'의 데이터라는 측면을 강조하는 용어라면, 패스트 데이터는 엄청난 속도로 생성되어 빠르게 흘러들어오는 데이터로, '실시간' 처리·분석의 중요성에 초점을 맞춘 용어라 할 수 있다. 우리 주변에서 일어나는 모든 문제들이 전부 다 중대한 것은 아니다. 통찰력이 신속하게 요구될 때가 있다. 빠른 데이터의 세트가 아무리 크더라도, '지금 바로' 충분한 해결책을 제공할 수 있을 때에야 가치가 있다. 즉, 거의 실시간으로 약간 덜 정확한 교통량 예측이 지금부터 한 시간 후의 완벽한 분석보다 나을 수 있다.

다크 데이터.Dark Data   사진, 음성, 동영상, 필기 메모카드, 보안장치로부터 수신되는 데이터 등은 전형적인 비정형 데이터로 빅데이터의 상당부분을 구성하고 있다. 저장 공간을 차지해 비용을 발생시키며 자칫하면 보안 위험을 야기하기도 한다. 저장되어 있으나 구조화되어 있지 않아 분석하기 쉽지 않은 데이터, 혹은 짧은 기간 보관되다가 유용성이 없어 사용되지 않고 지워지는 데이터를 다크 데이터라고 한다.[20] 이러한 데이터는 이미 생성되어 있는 정보이지만 쉽게 접근할 수 없는 경우가 많다. 데이터의 90%가 구조화되지 않은 비정형 데이터로 추정되고 있으며 앞으로 더욱 많이 생성될 것이다.

로스트 데이터.Lost Data   제조장비, 화학 보일러, 산업기계, 그리고 상업용 건물과 산업 플랜트 내부에서 수많은 정보 데이터들이 만들어진다. 이러한 로스트 데이터는 기술적으로 손실된 것이 아니라 단지 활용되고 있지 않은 것이다. 엄밀히 따지면 잃어버린 것이 아니라, 그것이 생성된 후 종종 장치 내 운영시스템에 머물러 있는 것이다. 그래서 '운영 데이터'.Operational Data라고도 불린다. 매킨지 사는 해상 석유굴 착장치에 부착된 3만여 개의 센서로부터 엄청난 양의 데이터가 생성 되지만 그 데이터의 1%만이 의사결정에 사용되고 있다고 추정하였다.

뉴 데이터.New Data 뉴데이터를 바람직한 데이터라고 할 수 있다. 뉴 데이터는 얻을 수 있고 얻고 싶어 하지만, '지금 당장'은 수집되지 않 을 가능성이 있는 정보이다.

글로벌 물관리 전문 벤처기업인 이스라엘의 타카두.TaKaDu 사의 누 수 지점 발견을 위한 센서 데이터 활용, 전등 전문 벤처기업인 미국의 인라이티드.Enlighted 사의 실내 조명 패턴 분석을 위한 LED 고정 장 치내 모션센서 활용, 제약 IT기업인 미국의 진저아이오.Ginger. io 사의 양극성 질환.bipolar disorder 환자 원격 모니터링을 위한 스마트폰 센 서의 위치 데이터와 행동 패턴 사용 등은 뉴 데이터 활용을 위한 시도 들이다. 이처럼 다양한 방식의 지능형 센서의 성능이 개선되고 이를 활용할 수 있게 됨에 따라 훨씬 더 많은 새로운 데이터를 얻을 수 있다.

스마트 데이터.Smart Data 다양한 형태의 데이터가 실시간으로 폭증 하는 가운데 잡음.noise도 커지는 환경에서 의미있는 신호와 패턴을 찾는 것이 더욱 힘들어지고 있다. 이렇게 급변하는 환경에서 조직은 시의적절하게 스마트한 의사결정을 내리기 위한 데이터가 필요하다. '스마트 데이터'는 정형·비정형 데이터를 모두 아우르는, 물리적 특성 을 강조하는 원시 데이터 수준의 빅데이터보다는 품질 수준이 높아 바로 분석하여 활용할 수 있는 데이터를 의미한다. 스마트 데이터는 컨텍스트에 맞게 정리되고 필터링된, 다시 말해 데이터 품질을 높여 분석에 바로 이용 가능하거나 경우에 따라 의사결정 시 활용할 수 있는 형태로 변환되어 준비된 빅데이터라고 할 수 있다. 빅데이터 개념은 이해하기 위해 결합되고 처리되어야 하는 다양한 대규모의 원시정보라는 의미가 강하므로 일부에서는 빅데이터 대신 '스마트 데이터'라는 용어를 쓰기도 한다.

한편 디지털 마케팅 데이터 관리업체인 엑셀레이트.eXelate 사에 따르면, 스마트 데이터가 갖추어야 할 특성은 아래와 같이 3가지이다.[21]

- **정확성**.Accurate   데이터는 새로운 가치를 창출할 수 있을 정도로 양질의 정확한 정보를 전달해야 한다.

〈그림1-8〉 **스마트 데이터 특성(3A)**

출처: eXelate, 2013.5.1.

- **행동성**.Actionable   데이터는 조직이 즉시 실행할 수 있는 특성을 가짐으로써 가치 창출을 위한 원동력으로 작동할 수 있어야 한다.
- **신속성**.Agile   데이터는 실시간으로 얻을 수 있어야 하며 기술조건, 사업 여건 등 급변하는 환경에서 분석 가능하도록 유연성을 갖추어야 한다.

이러한 데이터의 다양한 명칭은 각기 다른 것이 아니라 데이터의 어떤 측면을 강조하느냐에 의해 다르게 불려진 것으로 모두 다 넓은 의미의 빅데이터라고 할 수 있다.

5. 빅데이터로부터 가치 포착

빅데이터의 중요성은 고급 분석기법을 사용하여 데이터에서 가치를 얻을 수 있다는 데에 있다. 데이터베이스에 저장되어 있는 데이터는 그

자체만으로 누구에게도 이득을 가져다주지 않는다. 데이터가 많다고 해서 반드시 더 성공적인 결과를 가져다주지 않는다.[22] 그러나 우리는 보유하고 있는 데이터를 분석하여 통찰력을 얻기를 희망한다. 대부분의 조직에서 빅데이터 사업에 관심을 보이는 이유는 약간씩 다를 수 있지만 근본적인 목적은 데이터 분석을 통해 '어떤 성과'로 대표되는 가치있는 것을 달성하는 데 있다. 조직이 통찰력을 얻어 궁극적으로 어떤 성과를 거두기 위해서는 다양한 분석용 소프트웨어를 사용해야 한다. 소프트웨어 공급자는 빅데이터 분석 솔루션을 설명하기 위해 비즈니스 인텔리전스[23].Business Intelligence(BI), 데이터 마이닝, 머신러닝, 예측분석, 인지 컴퓨팅 등과 같은 다양한 용어를 사용한다. 얼마 전까지만 해도 데이터 분석은 전문가들의 전유물로 인식되었으나 정보통신기술.ICT의 급격한 발달로 데이터 접근성이 높아지고 분석도구가 일반화되면서 전문가들만의 영역이 아니라 많은 사람들이 알아야 하는 것으로 인식의 전환이 일어나고 있다. 학계 또는 산업계에 잘 알려진 데이터 분석 유형은 4가지이다.[24]

기술분석.Descriptive Analytics　가장 기본적인 데이터 분석 방식으로 데이터가 담고 있는 내용을 사실적으로 기술한다. 이 방식은 과거에 '무슨 일이 있었는가?'.What happened?라는 질문의 답을 찾는 것이다.

데이터베이스에 저장된 데이터를 토대로 분석(예: 제품 판매량, 고객의 불만이나 반응 등)하기 때문에 비교적 단순한 분석이다. 대부분의 조직에서 주간·월간·분기·연간 보고서를 작성할 때 이러한 분석방법을 적용한다. 분석 결과를 어떻게 해석하고 어떤 행동을 취할지 판단하는 것은 사람이다.

진단분석.Diagnostic Analytics 축적된 데이터를 토대로 과거에 발생한 일에 대해 이해하게 되면, 그 다음으로 중요한 질문은 '왜 일어났는가?'.Why did it happen?이다. 진단 분석은 어떤 일이 일어난 이유를 찾기 위한 것이다(예: 분기별 매출액 차이 이유, A제품이 특정지역에서 많이 팔린 이유 등). 이 단계에서 복잡하지는 않지만 진단 방법(패턴·추세, 상관관계 분석 등)이 등장한다. 이러한 분석 도구는 조직내 분석 담당자들이 예를 들면 매출 감소나 비용 증가와 같은 특정 현상의 원인을 이해하도록 하는 데 도움을 준다. 이 분석에서도 기술분석과 마찬가지로 해석을 어떻게 하고 행동으로 무엇을 할지 판단하는 것은 사람이다.

예측분석.Predictive Analytics 조직이나 기업은 과거로부터 단지 교훈을 얻는데 그치지 말고 다음에 '무슨 일이 일어날 것인가?'.What will happen? 예측할 필요가 있다. 예측분석은 과거 데이터를 기반으로 향후 일어날 사건(예: 조직의 미래, 특정 고객의 행동, 상품별 수요 변화 등)에 대하여 예측하기 위해 인공지능, 데이터 마이닝, 머신러닝, 의사결정나무[25] 등 다양한 통계기법을 사용한다. 예측분석의 경우에도 분석결과로부터 대안 도출에 이르기까지 사람의 개입이 필요하다. 많은 조직들이 현재 예측분석을 실시하고 있으며 이를 다양한 분야에 적용하고 있다.

처방분석.Prescriptive Analytics   처방분석은 기술분석, 진단분석 및 예측분석으로부터 얻은 결과에 기초하여 앞으로 어떤 일(문제 또는 이익)을 위해 '무엇을 해야 하나?'.What should we do?에 대한 답(예: 사업의 경우 예측결과에 기초하여 마련한 최선의 방침)을 제공한다. 다양한 행동의 결과를 예측하기 위해 정교한 모델과 머신러닝·딥러닝 알고리즘 등을 사용한다. 처방분석에서는 복잡한 고급 기법들이 조직이 취해야 할 최선의 방침을 사람 대신 고찰하여 제시한다. 사람의 개입을 최소화하여 예측결과를 기반으로 기계가 인간 대신 처방까지 제시하는 단계로 새로운 규칙을 찾아내기 위한 고도의 전문지식과 경험, 즉 데이터 과학.Data Science을 필요로 한다. 분석관련 개발자들은 이러한 기술·도구를 개발하는 과정에 있으며 아직은 대부분의 조직이 이러한 수준의 고급 분석 방법을 조직에 도입한 것은 아니다.

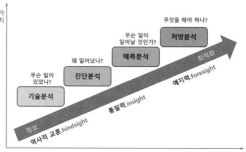

〈그림1-9〉 **빅데이터 분석 유형별 가치 및 난이도**
(The Gartner Analytics Ascendancy Model)

출처: Gartner 2012.

데이터 분석의 유형이 4가지로 구분되기는 하였지만 각 유형이 서로 단절된 것은 아니다. 과거와 현재에 대한 이해를 기초로 미래에 대한 예측이 가능하며, 나아가 최선의 처방 제시도 가능하기 때문이다. 위 〈그림1-9〉의 가로축에서 오른쪽으로 갈수록 분석의 난이도(성숙도·복잡성)가 높아지며 세로축에서 위로 갈수록 분석을 통해 더 많은 가치를 얻을 수 있음을 의미한다. 데이터 분석은 데이터를 정보.Information로서 활용하여 과거에 기초한 깨달음(역사적 교훈.hindsight)을 주며 현재를 진단하고 이해(통찰력.insight)하는 단계를 넘어 미래에 대처(예지력.foresight)하는 최적화.optimization 단계에까지 확장되고 있다.

데이터 분석 모형.Analytics Ascendancy Model을 다른 형태로 수정하여 나타낸 〈그림1-10〉을 보면, 4가지 유형 가운데 기술·진단·예측분석에서는 분석 결과로부터 대안 도출에 이르기까지 사람의 개입이 필요하다. 반면 처방분석의 경우 예측분석을 통해 도출된 결과를 바탕으로 최적의 의사결정을 자동으로 도출해 준다. 따라서 사람의 개입이 최소화되거나 불필요해 진다.

〈그림1-10〉 **빅데이터 분석의 4가지 유형별 가치 및 의사결정 수준**

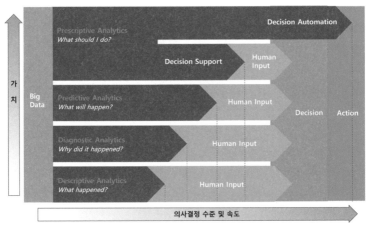

출처: Gartner(2014)를 수정한 DEFINITIVE Business Solutions(2018) 재인용

한편 최근에 처방분석과는 별도로 인지분석.Cognitive Analytics이라는 고급 분석법이 추가되기도 한다.[26] 이러한 내용은 〈그림1-11〉에

〈그림1-11〉 **빅데이터 분석 유형별 의사결정 수준(확장)**

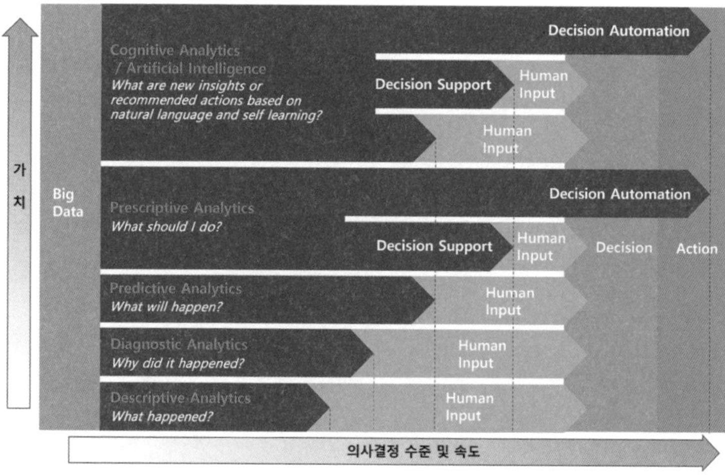

출처: Gartner(2017), 저자가 일부 수정

그려져 있다. 인지분석 단계에서는 인공지능·머신러닝·딥러닝 알고리즘, 인지 컴퓨팅 시스템 등과 같은 지능형 기술을 결합해서 특정 분석 업무를 수행한다. 기본적으로 인지분석은 인간 두뇌의 지각, 추론, 학습[27] 능력 등을 모방·구현한 기술을 분석에 활용하는 것이다.

6. 여러 종류의 데이터: 빅데이터, 행정 데이터, 서베이 데이터

빅데이터(좁은 의미)는 통계 작성을 위한 목적으로 표본 설계를 통하여 수집되는 기존 서베이 데이터는 물론 행정 데이터와도 그 특성에 있어 차이가 있다(〈표1-5〉 참조).

서베이 데이터는 엄밀한 표본 설계를 통해 수집되므로 모집단에 대한 대표성을 부여할 수 있고 통계적 편의.bias도 비교적 작은 편이다. 정부 등 공공기관의 업무수행 과정에서 기록되어 사후적으로 데이터 형태로 존재하는 행정 데이터는 대체로 서베이 데이터와 빅데이터의 중간적인 속성을 지닌다. 건강보험공단의 환자 진료내역 등 일부 행정 데이터는 빅데이터의 한 형태로 볼 수도 있다. 빅데이터는 기존 서베이 데이터와 비교할 때 모집단 대표성을 결여하고 있고 포괄범위 면에서도 명확히 평가하기 어려우며 통계적 편의가 발생할 가능성이 있다. 그러나 적은 비용으로 적시성이 높은 정보를 얻을 수 있으며, 경우에 따라 부수적인 정보도 획득할 수 있다는 점에서 유용성이 있다.

〈표1-5〉 **서베이 데이터, 행정 데이터와 빅데이터의 특성 비교**

구　　　　분	서베이 데이터	행정 데이터	빅데이터
• 수집 방식	통계 목적 사전 표본 설계	업무 수행 관련 사후 수집	통계 목적 사후 수집 가능
• 부차적 정보 확보 가능성	낮음	높음	높음
• 대표성 및 포괄범위	설계에 의해 확인 가능	대체로 알려져 있음	평가 어려움
• 통계적 편의	없음	가능성 있음	가능성 있음 (편의 크기는 측정 불가)
• 지속적 확보 가능성	지속성 강함	지속 가능	지속성 약함
• 용량	처리 가능한 크기	처리 가능한 크기	용량이 커서 처리하기 어려움
• 적시성	낮음	서베이 자료에 비해 높일 수 있음	높음
• 비용	높음	낮음	줄일 수 있음

출처: Rob Kitchin, 「Big data and official statistics: Opportunities, challenges and risks」, 2015.

2장

데이터 혁명과 데이터 경제

기존의 산업과 정보통신기술이 융합되는 4차 산업혁명을 '데이터 혁명'이라고도
한다. 사람들의 행동은 물론 생각까지도 데이터로 쌓이고 있다. 웹사이트는 방문
자의 클릭 하나하나를 데이터로 기록하며, 스마트폰은 우리가 있는 위치와 움직
이는 속도를 실시간으로 저장한다. 차가 이동할 때마다 나오는 배기가스처럼 우
리가 모바일 기기와 웹서비스를 비롯하여 여러 인터넷 기술을 사용할 때마다 수
많은 데이터가 생기고 있는 것이다. 데이터는 이제 산업을 굴러가게 하는 중요한
자원으로 데이터 경제의 핵심이다.

이 장에서는 데이터 경제를 활성화시키기 위해 주요국이 추진하고 있는 전략사업
을 간략히 소개한 후, 데이터 경제가 무엇이고 어떻게 구성되는지 살펴본다. 원유
에 비견될 정도로 중요한 자원이지만 가치 창출을 극대화하기 위해서는 최대한
널리 사용되어야 하는 '공공재'라는 점에서 데이터를 인식하고, 경제적 가치 창출
과 관련하여 데이터의 입수로부터 최종 활용에 이르기까지의 과정, 즉 데이터 가
치사슬에 대해 이야기한다. 그리고 우리가 직면하고 있는 데이터 경제의 앞날을
위해 해결해야 할 중요한 과제가 무엇인지 생각해 본다.

1. 빅데이터, 디지털 흔적

우리의 활동은 인터넷이 가능한 스마트폰, 태블릿 등 컴퓨터 네트워크와 사물인터넷.IoT 등을 통해 연결되고 있다. 이러한 연결은 정보통신기술.ICT 혁신의 결과이다. 전자상거래, 카드결제, 검색서비스 등 인터넷과 ICT에 기반한 '디지털 경제'가 빠르게 확산되고 있다.

디지털 흔적

우리의 행동은 물론 생각까지도 데이터로 축적되고 있다. 웹사이트는 방문자의 클릭 하나하나를 데이터로 기록하며, 스마트폰은 우리

출처: @Pexels

의 위치와 움직이는 속도를 실시간으로 저장한다. 차가 이동할 때마다 나오는 배기가스처럼 우리가 모바일기기와 웹서비스를 비롯하여 여러 인터넷 기술을 사용할 때마다 수많은 데이터가 생기고 있다. 그래서 비유적

인 표현으로 디지털 배기가스 또는 잔해.Digital Exhaust라는 말이 생겼다. 디지털 발자국.Digital Footprint 또는 디지털 흔적.Digital Traces이라는 표현도 함께 쓰인다. 즉 우리가 어디에서든지 모바일기기와 웹서비스를 이용할 때마다 다량의 데이터가 생성·축적되어 흔적처럼 남기 때문이다. 이러한 표현들은 사람들의 온라인 활동과 선택의 부산물로 생긴 데이터를 일컫는데 부정적인 의미도 내포하고 있다. 즉 핵심적이지 않거나 가치가 별로 없는 빅데이터를 말하기도 한다.[1]

  사람들은 디지털 흔적 또는 배기가스인 데이터를 기존 조사방식에

의한 정보인 이른바, '스몰 데이터'.small data와 구분하기 위해 '빅데이터'.big data라고 불렀다. 빅데이터로부터 새로운 가치를 창출하려는 시도가 오랜 기간 지속되어 왔다. 수많은 데이터의 활용을 위한 협업이 필요하였는데 그 과정에서 데이터의 생산, 인프라 제공, 연구 등 다른 역할을 수행하는 사람들이 생겨났다.

새로운 경제적 가치 창출을 중시하여 2017년 유럽연합 집행위원회(이하 'EU집행위').European Commission(EC)는 디지털 경제 대신 '데이터 경제'.Data Economy라는 말을 쓰기 시작했다.[2] 데이터 경제에서는 데이터가 화폐, 부동산 또는 지적 재산권에 견줄만한 새로운 형태의 '가치있는 자산'으로 인식되기까지 한다. 스마트폰과 같은 휴대용 미디어의 보급으로 길찾기, 금융거래, 쇼핑활동 등 우리의 일상생활이 데이터로 기록되고 있고 이러한 데이터에 기반해 부가가치(수익)를 만들어 내는 산업들이 성장하고 있다.

「사피엔스」Sapience라는 책을 쓴 유발 하라리.Yuval N. Harari 교수의 비유가 재미있다. 지나치게 데이터 의존적인 우리의 일상을 '데이터 종교'.Data Religion라고 비유하였다. 그는 인류 역사를 유신론.Theism, 자유주의.Liberalism, 그리고 데이터주의.Dataism로 나누고, 데이터주의를 21세기의 '신흥종교'라고까지 했다. 우리 자신보다 우리에 대해 더 잘 알고 있는 수학적 알고리즘에 의존하는 세태를 풍자한 것이다. '무슨 책을 살까?', '교차로에서 좌회전? 아니면 우회전?'과 같은 선택 상황에서 우리는 데이터 기반 검색 포탈이나 내비게이션이 하라는 대로 하고 있지 않은가!

데이터 혁명

정보통신기술이 기존의 산업과 서비스에 융합되고 여러 첨단 신기술과 접목되어 경제, 과학, 문화 등 모든 분야의 패러다임을 바꾸고

있는 4차 산업혁명을 '데이터 혁명'.Data Revolution이라고도 한다. 데이터의 역할이 매우 커서일 것이다. 데이터 규모의 급증과 함께 빅데이터의 분석을 위한 고급 기법들도 획기적으로 발전하였다. 대표적인 기법은 '빅데이터 애널리틱스'.Big Data Analytics와 '인공지능'.AI 기법이다.[3] 전자는 수학적·통계적 알고리즘을 이용하여 빅데이터 세트를 분석하는 기술을 말한다. 후자는 인간의 지능을 필요로 하는 업무를 처리할 수 있도록 하는 컴퓨터 시스템 개발과 이에 관한 이론이라고 정의할 수 있다.[4]

데이터는 새로운 가치 창출을 위한 촉매제로서 서로 연결되고 분석되어 모든 분야의 발전을 이끌고 있다. 다시 후술하겠지만 데이터는 기존의 생산요소인 사람과 자본을 능가하는 핵심 자원으로 중시되고 있다. 주요 선진국들은 디지털화로 인해 대량으로 생성되는 데이터의 가치를 간파하고 이를 활용하기 위한 전략과 추진과제를 마련하여 추진하고 있다.[5]

먼저, 미국의 과학기술정책국.Office of Science and Technology Policy(OSTP)은 '빅데이터 R&D 이니셔티브'.Big Data R&D Initiative(2012.3)를 통해 데이터 활용 정책을 제시하였다. 6개의 연방부처 및 기관이 참여하고 있으며 빅

데이터 분석 및 시각화 기술개발, 데이터 접근 개선, 전문인력 양성 등을 목표로 한다. 또한 '빅데이터 협의 실무그룹'.Big Data Interagency Working Group(BD IWG)은 '빅데이터 R&D 전략계획'을 발표(2016.5)하였다. 동 계획은 범부처 차원에서 빅데이터 7대 R&D 전략과 18개 세부과제를 제시함으로써 미래의 빅데이터 환경 변화에 대응하기 위한 것이다. 주요 내용은 빅데이터 기술 개발과 의사결정 도구 R&D 지원, 빅데이터 인프라 구축 등 데이터 혁신 생태계 지원, 데이터 공유 및 관리 촉진을 위한 정보보호와 보안, 윤리적 접근 추구, 빅데이터 전문가 육성 등이다.

다음으로 EU집행위는 '유럽 디지털 단일시장 전략'.Digital Single Market Strategy for Europe을 채택(2015.5)하여 역내 디지털 경제를 활성화하는 한편 정책과제 중의 하나로 '데이터 경제' 개념을 제시하였다. 16가지 핵심과제 중 하나로 2016년 말까지 데이터 경제의 구축을 위해 역내 자유로운 데이터 이동 촉진을 위한 '유럽 데이터 이니셔티브'.European Free Flow of

〈그림2-1〉 **유럽 디지털 단일시장 관련 인포그래픽**

출처: EU집행위

Data Initiative를 제안하고 '유럽 클라우드 이니셔티브'.European Cloud Initiative 추진 계획을 발표하였다. 또한 '데이터 경제 육성정책'.Building a European Data Economy을 마련(2017.1)하여 역내 통합 디지털 플랫폼인 Digital Europe을 기반으로 데이터 접근·분석·활용 강화를 통한 새로운 데이터 사업 창출을 모색 중이다. 데이터 접근권 강화, 기술표준 제정, 법적 책임 명확화 등이 핵심 내용이다. 특히, 데이터 이용 관련 법적 책임의 경우 일반정보보호규정[6],General Data Protection Regulation(GDPR)을 통해 개인정보 보호 강화와 데이터의 합법적 유통을 동시 추구하고 있다.

일본 정부는 '일본 ICT 활성화 전략'을 발표(2012.7)하여 5대 중점 전략의 하나로 '데이터 활성화 전략'을 포함하였다. 세부 과제로는 데이터 개방 및 활용 환경 마련, 추진체계 정비, 데이터 과학자 육성, 데이터 관련 연구개발, 글로벌 협력 등이 제시되었다. 그리고 '미래투자전략-Society 5.0 실현을 위한 개혁'(2017)을 통해 건강수명 연장, 이동혁명 실현, 공급망 첨단화, 쾌적한 도시 만들기, 핀테크 육성 등 5대 신성장 전략분야를 위한 데이터 활용 기반을 구축한다는 방침이다. 동 개혁안은 새로운 사회의 인프라로서 '데이터기반(현실데이터 플랫폼)'을 구축하고 데이터의 활용을 위한 제도 정비, 교육·인재 역량 강화, 혁신벤처 선순환 시스템 구축 등을 내용으로 하고 있다.

중국과학원은 '비전 2020: 과학기술 발전동향 및 중국의 전략적 선택' 보고서(2013)를 통해 2020년까지 전략적 추진이 요구되는 혁신 과학기술 분야의 하나로 빅데이터 분야를 선정하고 빅데이터 활성화 전략을 제시하였다. 빅데이터 연구 플랫폼 구축과 활용도구 개발을 시급한 과제로 보았다. 또한 공업정보화부는 빅데이터산업 발전계획을 발표(2017.1)하여 2020년까지 빅데이터 산업의 매출을 1조 위안까지 확대, 글로벌 빅데이터 선도기업(10개 이상)과 응용서비스 기업(500개)을 육성하기로 하였다. 주요 내용은 데이터 개방 확대, 플랫폼·오픈소스 기술 지원, 빅데이터 전문S/W 수준 향상, 전문인재 양성, 데이터 거래소 등 데이터 생태계를 조성하는 것이다.

한편 우리나라(관계부처합동)는 '데이터 산업 활성화 전략: I-KOREA

4.0 데이터 분야 계획, I-DATA⁺를 발표(2018.6) 하였다. 3대 추진전략으로 데이터 이용제도 패러다임 전환, 데이터 가치사슬 全주기 혁신, 글로벌 데이터산업 육성기반 조성을 설정하였으며, 이의 추진을 위하여 개인정보 자기통제권 확립(MyData 선도입), 데이터 안전활용, 산업별 데이터·AI데이터 전방위 구축, 공공·전산업 클라우드 이용 확산, 개방형데이터 거래체계 구축, 데이터 기반 산업경쟁력 제고, 빅데이터 활용 사회문제 해결강화, 빅데이터 선도기술 확보, 전문인력 양성, 빅데이터 전문기업 성장 지원 등 11개의 세부과제를 선정하였다.

지금까지 살펴본 것처럼 주요국들은 데이터 경제의 발전을 위해 공통적으로 국가 차원에서 중요 데이터의 접근성 제고, 데이터 분석기술 개발, 데이터 활용 확대, 데이터 분석 전문인력 양성, 안전한 데이터 활용제도 확립 등 종합적인 대책을 수립하여 추진하고 있다.

2. 데이터로 작동하는 세상: 데이터 경제

미러 월드

디지털 트윈.Digital Twins이라는 말이 있다. 다양한 센서와 네트워크를 통해 물리적으로 실재하는 것을 동일하게 복제한 것을 뜻한다. 디지털 혁명을 거치면서 디지털 트윈은 단순한 복제 이상의 의미를 갖는다. 디지털 트윈 기술은 예일대 컴퓨터 과학 교수인 데이비드 겔런터.David Gelernter가 예상한 미러 월드[7].Mirror Worlds를 채워나가고 있다. 미러 월드는 데이터에 기반하고 데이터로 작동하는 새로운 세계를 의미하기 때문에 데이터 경제를 잘 설명하는 표현인 것 같다.

데이터 경제라는 용어는 2011년 데이비드 뉴먼.David Newman이 작성한 가트너.Gartner 보고서에서 처음 등장하였다.[8] 뉴먼은 보고서에서 응용프로그램, 소프트웨어, 하드웨어가 아닌 빅데이터, 오픈데이터.open data, 연결데이터.linked data 등 데이터의 경제적 측면이 경쟁이득을 가져다주며 데이터의 활용으로 다른 산업의 발전을 촉진하고 새로운 제품·서비스를 창출하는 경제를 '데이터 경제'라고 일컬었다.

약 3년 후인 2014년부터 EU집행위가 디지털 단일시장 전략의 일환으로 데이터 주도 경제.Data-driven Economy 또는 데이터 경제.Data

Economy라는 개념을 쓰기 시작하였다. 이후 EU집행위는 2017년 '데이터 경제 육성정책'을 발표하면서 데이터에 접근하고 활용할 수 있도록 협업하는 과정에서 데이터 생산, 연구·조사, 인프라 공급 등 서로 다른 역할을 담당하는 다양한 시장 참가자들로 구성된 생태계를 '데이터 경제'라고 불렀다.[9] 이러한 정의는 데이터의 생성, 수집, 저장, 처리, 분배, 전달 등을 모두 포괄하는 개념이다. 유럽연합.European Union(EU)은 데이터 경제 육성정책을 통하여 데이터의 유통을 촉진하는 한편 새로운 데이터 비즈니스 모델을 발굴하기 위해 역량을 모으고 있다. 새로운 디지털 기회를 열고 디지털 경제.Digital Economy 또는 Digitalized Economy의 글로벌 리더로서 유럽의 입지 강화를 통해, 데이터 경제가 성장과 일자리 창출의 동인이 될 수 있다고 보고 있다. 데이터 경제에서 시장 참가자들은 일상생활을 개선하기 위하여, 큰 잠재력을 가진 다양한 앱(예: 교통 관리, 수확 최적화, 원격 의료지원)을 개발하여 데이터로부터 가치를 추출할 수 있다.

디지털 리얼티.Digital Realty는 「2018 데이터 경제보고서」.The Data Economy Report 2018에서 정교한 소프트웨어 및 기타 도구를 통해 매

우 상세한 대량의 비즈니스 및 조직 데이터를 매우 빠른 속도로 저장, 검색 및 분석하여 생성된 금융·경제적 가치를 디지털 경제로 정의하였다.

　한편, 우리나라의 대통령직속 4차산업혁명위원회에서는 좁은 의미에서 데이터를 공급하는 '생산자'와 데이터를 중개하는 '중개자' 그리고 데이터와 데이터를 분석한 정보를 소비하는 '소비자' 간의 데이터 거래 및 관련된 비즈니스 영역을 데이터 경제라고 정의하였다. 넓은 의미로는 데이터 경제가 비즈니스 영역의 데이터 거래에만 국한하지 않고 데이터와 관련된 기술, 사회·문화, 경제 및 정책을 모두 포괄한다고 보았다.[10]

참가자

데이터 경제는 데이터 시장(즉, 원시 데이터에서 파생된 상품 또는 서비스 형태의 디지털 데이터가 거래되는 시장)이 경제에 미친 모든 영향을 포함한다. 즉 디지털 기술 발전에 힘입어 가능해진 데이터의 생성, 수집, 저장, 처리, 배포, 분석, 정밀화, 전달 및 활용을 모두 포함한다. 이와 함께 데이터 경제는 데이터 공급자와 사용자가 경제에 미친 직·간접 효과, 그리고 유발 효과까지도 대상으로 한다.[11]

　IBM에 따르면, 데이터 경제 체계.Data Economy Framework는 생태계 안에서 담당하는 역할에 따라 데이터 표현자.Data Presenters, 통찰력 제공자.Insight Providers, 플랫폼 소유자.Platform Owners, 데이터 결합자/데이터 관리자.Data Aggregators/Data Custodians, 데이터 생산자.Data

<표2-1> 데이터 경제 체계의 구성

데이터 표현자 (Data Presenters)	사용자 인터페이스 (User Interface)		사용자 경험 (User Experience)	
	조사와 발견 (Investigation and Discovery)		사용자 관여 (User Engagement)	
통찰력 제공자 (Insight Providers)	통계방법론 (Statistical & Computational Methods)	분석개발환경 (Development Environment for Analytics)	알고리즘/로직/규칙 (Algorithms/Logic/Rules)	
	시멘틱 모형 (Semantic Model)	분석 라이브러리 (Analytics Library)	머신러닝 (Machine Learning)	
플랫폼 소유자 (Platform Owners)	개발 환경 (Development Environment)		앱용 클라우드/호스트 (Cloud/Host for Apps)	
	연계형 API (APIs for Connectivity)		장치 개발 (Devices Discovery)	
데이터 결합자/관리자 (Data Aggregators/ Data Custodians)	데이터 표준화 (Data Normalization for Common Transmission)		이종데이터 수집 (Heterogeneous Data Collection from Disparate Devices)	
데이터 생산자 (Data Producers) • 사물인터넷 중심 (IoT Focused) • 빅데이터 중심 (Big Data Focused)	데이터 접근 (Data Access)	데이터 통제 (Data Control)	데이터 수집 (Data Collection)	
조력자 (Enablers)	네트워크 (Network)	센서/칩 (Sensors/Chips)	분석엔진 (Analytics Engines)	하이브리드 클라우드 (Hybrid Cloud)

출처: IBM, The Rise of the Data Economy, 2016.

Producers 등으로 구성된다.[12] 특히, 데이터 생산자가 데이터를 생성하는 소스는 일반적인 빅데이터 소스와 사물인터넷.IoT 소스로 나누어진다. 전자는 비즈니스 응용프로그램, 소셜미디어, 웹사이트, 오픈소스, 금융거래, 설문조사, 총조사.census 및 디지털화된 문서 등의 데이터를 포함한다. 후자는 물리적 기술을 통해 생성되는 모든 데이터, 예를 들면 내장형 칩, 기기 부착형 센서/웨어러블, 휴대전화, 자이로스코프.gyroscope 센서 등으로부터 만들어지는 데이터을 포함한다.

IoT 장치를 통해 자동 생성되는 대량의 데이터는 2가지 측면에서 기회를 제공할 수 있다. 사물인터넷이 성능 면에서 점점 더 우수해지고 상호 연결되며, 지능이 높아짐에 따라 데이터는 기하급수적으로 증가할 것이다. 그 결과 생산성 향상, 공급사슬 효율화, 제품 불량률 개선, 안전도 개선, 자산관리의 효율성 제고 등을 위한 새로운 접근법이 요구될 것이다. 이는 데이터 경제에서 비용 절감을 위한 새로운 기회로 연결될 것이다. 또한 데이터 자산화, 기존 또는 새로운 상품과 서비스 개선, 이익 증가 등 가치 면에서도 경제에 크게 기여할 수 있다.

데이터 경제에서 구글, 유튜브, 아마존, 네이버 등과 같은 플랫폼 소유 기업들은 정보나 구매 상품을 검색할 수 있도록 서비스를 제공하며 데이터 생산자와 이용자 그룹을 연결해 주는 역할도 한다. 그들은 또한 플랫폼 이용자들에 의해서 생겨난 수많은 데이터를 활용함으로써 플랫폼을 다시 최적화할 수 있다. 데이터 결합자/관리자는 데이터 결합, 품질 관리, 감시 등을 담당한다. 통찰력 제공자는 데이터 분석을 통해 의미있는 패턴이나 사실을 찾아내 판단하고 미래를 예측할 수 있도록 하는 역할을 한다. 마지막으로 데이터 표현자는 데이터 이용자들에게 데이터를 제공하거나 판매하는 등의 역할을 수행한다.

3. 데이터의 가치사슬과 진화

가치사슬

데이터는 어떤 면에서 원유처럼 소유 또는 거래할 수 있는 자원이지만 데이터를 통한 가치 창출을 극대화하기 위해서는 최대한 널리 공유되고 활용되어야 하는 공공재.public goods이기도 하다. 데이터를 활용하는 궁극적인 목적은 신제품·서비스 생산, 생산성·효율성 제고, 일자리 창출 등 경제적 가치를 만들어 내는 것이다. 데이터 경제에서 이러한 가치사슬.value chain은 일반적으로 데이터의 입수로부터 최종 활용에 이르기까지 아래 〈그림2-2〉와 같이 크게 4단계로 나눌 수 있다.

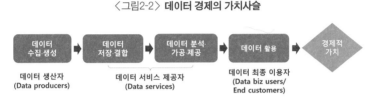

〈그림2-2〉 데이터 경제의 가치사슬

출처: EC(2017), IDC(2017) 등 참조

데이터 수집·생성　다양한 소스로부터 데이터를 수집하거나 생성하는 단계이다. 소매업, 운송업체, 서비스 업체 등과의 일정한 관계를 통해 데이터를 얻는 '직접 수집'과 이동통신서비스를 이용하는 제3자의 위치정보 기록 등을 통해 데이터를 입수하는 '간접 수집'이 있다. 수집 이외에 데이터를 일정한 형태로 변형하여 데이터를 생성하기도 한다.

데이터 저장·결합　수집·생성된 데이터를 저장하고 일정 기준에 따라 결합하는 단계로 금융업, 소매업, 운송업, 전기가스수도업, 공기업 등과 같은 전통산업 부문, 그리고 소셜네트워크 또는 서비스 제공업체에 의해서 데이터가 저장되고 병합된다.

데이터 분석·가공·제공　다양한 소스의 데이터를 분석하거나 가공하여 통찰력과 가치를 도출하고, 분석결과를 고객에게 제공(판매·유통)하는 단계이다. 기존 기업이나 기관들이 적절한 기술과 역량을 보유한 경우 직접 이러한 활동을 수행하지만 그렇지 않을 경우 외부 데이터 브로커 및 공급업자들에 의해 이루어진다.

데이터 활용 기업·정부·공공기관 등 비즈니스 수요자는 데이터를 활용함으로써 신제품 생산, 생산성 제고, 고객 서비스 향상 등을 도모하는 한편 소비자, 시민 등 최종 사용자들은 데이터 기반 혁신 고품질의 제품·서비스를 저렴한 가격으로 소비할 수 있다.

데이터의 진화

데이터를 많이 축적하고 이를 통해 경제적 가치를 만들어 내는 과정에서 데이터의 중요성은 "데이터→정보→지식→지혜"의 관계를 통해 살펴볼 수 있다.

데이터, 정보, 지식은 인간의 경제활동과 관련하여 궁극적인 가치 창출의 과정에서 중요한 요소로 기능한다. 과거 경제성장의 핵심적인 요소가 인적·물적 자원이었다면 데이터 경제시대에는 이들 3가지 요소가 핵심적인 자원 역할을 한다. 그 자체로는 큰 의미가 없는, 하지만 관찰하고 수집이 가능한 객관적 사

〈그림2-3〉 **데이터의 진화 피라미드 (DIKW 모형)**

출처: Debra M. Amidon(1997) 등 참조

실.Facts인 데이터는 가장 밑에 위치한다. 데이터의 가공·처리 과정을 거

치고 데이터간 상관관계 속에서 도출된 의미인 정보.Information가 그 위에 자리한다. 다음에는 데이터에 기초해 얻어진 정보를 구조화하고 해석하여 유의미한 정보를 분류하고 개인적인 경험을 결합하여 내재화한 지식.Knowledge이 위치한다. 마지막으로 축적된 지식과 새로운 아이디어가 결합되어 형성된 창의적인 통찰력인 지혜.Wisdom가 가장 높은 자리에 있다. 데이터는 정보와 지식, 그리고 지혜의 원료 역할을 하는 것이다.

🔍 Zoom-in 데이터와 정보의 차이

우리가 살고 있는 디지털 세계는 소프트웨어에 의해 만들어지고 정의된다. 디지털 세계의 성장은 무엇보다도 인터넷과 온라인 소셜 네트워크 서비스.SNS가 가능한 스마트폰과 태블릿 사용의 급속한 확산에 힘입은 바 크다. 이러한 세계에서 데이터는 다양한 정보원으로부터 생성된다. 즉 온라인 기술에 의존하여 살고 일하는 개인, 정보통신기술.ICT을 이용하여 사업을 운영하는 조직, 그리고 인터넷에 연결된 다양한 "스마트" 전자 장치로부터 나온다.

개인은 웹 검색, 전자우편 송수신, 영상·음성 파일 공유, 콘텐츠 업로드·다운로드 등 다양한 활동을 통해 데이터를 생성하고, 데이터 자체 또는 데이터에 기반한 수많은 정보를 소비한다. 21세기에 들어 조직은 정보에 대한 의존도가 높아지고 있다. 조직 관계자들은 사업 운영 등을 위해 데이터 또는 정보에 지속적이고 빠르며, 안전하게 접근할 수 있기를 바란다.

'데이터'와 '정보'라는 용어는 밀접하게 연관되어 있으며, 보통 두 가지가 상호 교환적으로 사용되기도 한다. 데이터는 그 자체로 유용하기 위해 처리되어야 하는 사실들의 집합으로 정보를 파생시킬 수 있다. 예를 들어, 조직의 연간 판매량 수치의 집합은 데이터이다. 데이터가 처리·구성 되고 특정한 맥락에서 제시될 때 그것은 유용한 방법으로 해석될 수 있다. 이 처리되고 의미를 가진 데이터를 정보라고 한다.

'데이터'와 '정보'는 각기 다른 단어로 인식하건, 상호 교환적으로 쓸 수 있건, 서로 복잡하게 연결되어 있다. 그것들이 상호 교환적으로 쓰이는지의 여부는 데이터 또는 정보라는 단어가 쓰인 문맥과 문법적 상황에 의존한다.

〈표2-2〉 데이터와 정보의 비교

	데이터(Data)	정보(Information)
의미	원시적이고 체계화되지 않은 사실로 그 자체로는 큰 의미가 없음. 처리되어 정리될 때까지는 단순하고 쓸모없어 보임	데이터가 처리·정리 과정을 거쳐 구조화되어 특정한 맥락에서 제시된 것으로 데이터간 상관관계 속에서 유용한 의미를 갖게 된 것임
어원	"데이터"는 원래 "무엇이 주어진 것"을 의미하는 단수 라틴어 datum에서 유래함. 초기 사용은 1600년대로 거슬러 올라감. 시간이 지남에 따라 "data"는 datum의 복수가 됨	"정보"는 1300년대로 거슬러 올라가는 오래된 단어로 고대 프랑스어와 중세 영어에서 기원. 일반적으로 교육·지도 또는 소통활동 등과 관련하여 "알려주는 행위"를 말함
예	어떤 학생의 키 수치 또는 시험 결과 점수	어떤 반 또는 전교생들의 평균 키 또는 시험 점수는 주어진 데이터를 이용하여 도출할 수 있는 정보임

출처: https://www.diffen.com

4. 데이터의 위력

디지털 시대의 원유

2017년 5월 이코노미스트 지는 데이터를 '디지털 시대의 원유'라 명명하고 '세계에서 가장 가치있는 자원이며 미래의 연료'라고까지 했다. 인간 생활에서 원유가 중요했듯이 데이터도 그럴 것이라는 이야기다. 같은 달에 월스트리트저널도 유사한 내용의 글을 실었다. 데이터는 자동차나 플라스틱처럼 중요한 존재라며, '원유 정제소'에 비유되는 '데이터센터'는 온라인 서비스를 더욱 발전시키고, 수많은 기기들이 연결됨에 따라 데이터 경제가 크게 확대될 것으로 보았다.

데이터 플랫폼 기업의 성장

데이터를 분석하는 능력은 기업의 가치를 결정짓는 중요한 요소가 되고 있다. 한 때 석유 등 자연광물을 발굴하는 기업들이 높은 수익을 창출했지만 최근에는 빅데이터로부터 가치 있는 정보를 발견해 내고 이를 활용하는 기업들이 높은 가치를 지닌 기업으로 인정받고 있다. 이코노미스트지 표지에도 표현되어 있듯이 구글, 아마존, 페이스북 등과 같은 세계적인 데이터 플랫폼 기업들

〈그림2-4〉 데이터의 중요성을 강조한 이코노미스트지 표지

Regulating the internet giants

The world's most valuable resource is no longer oil, but data

The data economy demands a new approach to antitrust rules

출처: Economist, May 6, 2017.

은 통계학, 컴퓨터 과학 등 다양한 분야의 전문가들을 채용하여 데이터를 분석하고 이를 활용하고 있다.

　데이터 경제의 모습은 가히 놀랄만하다. 2020년 3월 기준, 미국 주식 시가총액 상위 5대 기업은 모두 데이터 플랫폼과 분석기술을 통해 새로운 사업모델을 창출한 기업들이다(애플, 마이크로소프트, 아마존, 구글, 페이스북). 10년 전인 2008년 시가총액 1위에서 3위까지 모두 정유 또

는 에너지 회사가 차지했던 것에 비하면 커다란 변화이다(페트로차이나, 엑슨모빌, GE). 우리나라의 경우에도 네이버가 시가총액 4위(2020년 5월 22일 기준) 기업으로 부상하는 등 데이터 경제가 감지된다.

데이터 경제에서 급속히 발전하고 있는 기술분야는 머신러닝.machine learning(ML)이다. 머신러닝은 인공지능.AI의 한 분야인데, AI는 다시 컴퓨터 과학의 일부이다. 쉽게 말해 머신러닝은 컴퓨터에게 해야 할 일을 직접 지시하는 대신 관련 데이터를 주고 문제를 스스로 해결하도록 한다. 머신러닝의 원리는 여러 분야에서 오래전부터 활용되고

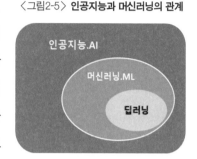

〈그림2-5〉 **인공지능과 머신러닝의 관계**

있다. 컴퓨터 번역, 음성인식 시스템, 검색엔진, 그리고 아마존의 개인화 알고리즘은 머신러닝의 원리가 응용된 대표적인 사례다. 자율주행 자동차나 암세포 조직검사에도 이러한 기술이 이미 적용되고 있다.

시장조사기관인 위키본.Wikibon에 따르면 하드웨어와 소프트웨어, 서비스를 모두 포함한 세계 빅데이터 시장은 2011년 약 80억 달러에서 2020년에는 약 570억 달러 규모로 성장하고, 앞으로 7년 후인 2027년에는 1,030억 달러 규모로 더욱 성장할 것으로 예상된다(〈그림 2-6〉 참조). 2012년부터 2027년까지 매년 약 18%씩 성장하는 것이다.

조사기관과 시점이 다르지만 지역별로는 EU의 경우 데이터 경제의 규모가 2016년에 3,000억 유로(EU GDP의 1.99%) 규모에 이른 것으로 보이며, 2020년에는 7,390억 유로(EU GDP의 4%)에 이를 것으로 보인다(European Commission, 2017). 미국의 경우 개인정보 활용이 비교적 용이한 환경 하에서 세계 최대 규모의 데이터 브로커 시장(약 1,500억 달

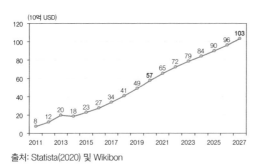

〈그림2-6〉 **세계 빅데이터 시장 규모 추이**

(10억 USD)

출처: Statista(2020) 및 Wikibon

러 규모) 등 민간기업 위주로 데이터 거래 활발하다. 액시엄.Acxiom 사와 같은 세계 최대 데이터 브로커 기업이 데이터 가공·분석을 통해 맞춤형 서비스를 제공하고 있다. 우리나라의 경우 데이터 경제의 개념과 유사한 지표인 데이터 산업 시장[13] 규모는 2010년 8조 6,374억 원이었으나 2019년에는 16조 8,693억 원으로 추정되어 약 10년 만에 2배 가까이 성장하였다.

5. 데이터 경제의 과제

데이터 경제의 앞날을 위해서는 해결해야 할 과제가 많다. 우선 빅데이터 활용에 대한 사회적 합의가 필요하다. 빅데이터 산업의 발전은

개인정보 보호 문제와 맞물려 있다. 소셜미디어 상의 메시지나 흔적, 개인정보를 포함하는 빅데이터 분석 시 사생활이 침해될 수 있다. 빅데이터의 활용 확대와 개인정보 보호 강화라는 규제 간 균형을 찾기 위한 효과적인 법·제도 마련이 중요하다.

　다음으로 데이터 분석 전문인력 양성이다. 수많은 데이터의 활용을 위해서는 수집된 데이터를 다루는 전문인력의 통계학적 소양이나 분

산처리 능력, 그리고 통합적 사고와 해석 능력을 갖춘 인재를 체계적으로 육성해야 한다. 정부는 전문가 양성을 위해 다양한 교육제도(학위과정 운영, 자격증 발급, 수준별 교육 등)를 내실화해야 하며, 기업은 인력 재교육 등 자체 교육프램을 마련·운영할 필요가 있다.

끝으로 데이터의 활용과 이를 통한 가치 창출이 강조될수록 데이터의 체계적 종합관리, 즉 데이터 거버넌스 data governance(DG)가 중요하게 된다. 양적으로 크고 다양하며, 빠르게 생성·처리되는 빅데이터의 속성상 데이터 거버넌스 확립은 복잡하고 어려울 수밖에 없다. 데이터 분석을 통해 통찰력을 얻고 중요한 의사결정 등에 활용하기 위해서는 데이터의 입수·관리, 품질 제고, 개인정보 보호 등이 큰 그림 하에서 함께 이루어져야 한다.

3장

빅데이터, 데이터 과학과 통계

최근 빅데이터를 분석하고 활용하는 일이 전 세계적인 관심사로 떠오르고 있다. 급속히 대량으로 생성·축적되고 있는 빅데이터를 잘 활용하면 많은 경제적 이득을 얻을 수 있다고 사람들은 말한다. 여러 분야에서 빅데이터를 활용할 수 있겠지만, 통계의 작성이나 경제분석 등과 관련하여 빅데이터를 활용하는 이슈에 대한 논의가 활발하다.

이 장에서는 새로운 형태의 자산으로서 빅데이터의 활용 가능성, 특히 공식통계 작성에 대하여 이야기 한다. 디지털 시대 도래에 따른 통계작성 환경 변화에 대해 살펴보며 현재 통계작성에 활용되고 있는 데이터 과학이 무슨 학문인지 알아보며 데이터 과학과 통계학의 관계를 정리한다. 또한 데이터 과학자의 역할을 소개하며 데이터 과학의 기법들이 통계작성에 있어 기여할 수 있는 부분이 무엇인지도 생각해 본다.

1. 글로벌 화두, 빅데이터

3V로 잘 요약되듯이, 디지털 경제의 확산과 소셜네트워크 활성화, 사물인터넷.IoT의 보급 등으로 다양한 분야.Variety에서 대량.Volume의 데이터가 빠른 속도.Velocity로 생성·축적되고 있다. 국내외의 많은 공공기관과 기업들이

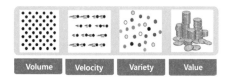

이들 빅데이터를 분석하여 가치.Value 있는 정보를 얻어내기 위해 노력하고 있다.

수년 전부터 유엔.UN, 국제통화기금.IMF, 경제협력개발기구.OECD, 국제결제은행.BIS 등 국제기구들을 중심으로 빅데이터의 활용에 대한 논의가 활발히 펼쳐지고 있다. 또한, 세계 각국의 중앙은행, 통계편제 기관들도 빅데이터의 중요성을 인식하고 경제정책 수행이나 경제분석, 통계편제 등에 빅데이터를 활용하여 업무의 양적·질적 개선을 도모하려는 연구가 폭넓게 진행되고 있다.

이런 상황에서 통계 작성기관들은 과거에 얻기 힘들었던 다양한 정보를 빅데이터로부터 적시에 포착하고 이를 정책 수행 등에 반영하기 위한 노력을 기울이고 있다.

하지만, 빅데이터의 활용에 있어 신중한 접근이 필요하다. 빅데이터는 모집단 대표성을 확보하기 어렵고, 여러 가지의 잡음.noise과 가성상관관계.spurious correlation 등의 문제로 전통적인 통계기법을 그대로 사용하기 어렵다는 점이 그 이유이다. 따라서 빅데이터를 적절히 분석하여 정책 수행이나 통계 편제 등에 활용하기 위해서는 이론적 타당성이 검증된 통계기법의 개발이 긴요한 상황이다. 표본조사

방식으로 작성되던 기존 통계에 비해 빅데이터에 기반한 통계는 확률적 모형에 크게 의존하고 있다. 빅데이터의 활용과 통계 편제의 관점에서 시사하는 바 크다.

빅데이터 활용에 있어 중요한 이슈들 중 또 다른 하나인 차원축소.Dimensionality Reduction 기법이다. 빅데이터의 수많은 변수들을 요약하여 의미 있는 변수들을 찾아내기 위한 방법이다. 빅데이터 분석과 활용을 위해서 매우 중요하다 하겠다.

사회구성원들이 복잡한 경제현상을 잘 파악하고, 이를 통해 일상생활에서 합리적인 의사결정을 내릴 수 있도록 하기 위해서는 정확한 통계데이터가 적시에 제공되어야 한다. 실시간 대량으로 축적되고 있는 빅데이터는 그러한 목적으로 활용될 수 있다는 데 통계전문가들은 주목하고 있다.

2. 데이터 과학과 통계

디지털 시대의 키워드, '데이터'

정보통신기술.ICT에 기반한 '디지털 경제'가 빠르게 확산되면서, 이제 사람들의 행동, 더 나아가 생각까지도 데이터로 생성되어 쌓이는 시대가 되었다. 우리의 일상 생활은 모바일 기기와 웹서비스의 이용 없이는 불가능한 시대가 되었다.

이처럼 우리가 맞이하고 있는 디지털 경제에서 핵심 키워드는 바로 '데이터'이다. 데이터가 창출하는 경제적 가치가 강조되면서 '데이터 경제'.Data Economy라는 용어가 널리 쓰이고 있다. 데이터는 소프트웨어나 하드웨어 산업은 물론 각종 콘텐츠 산업을 견인하는 촉매제로서 그 활용도가 높아지면서, 많은 사람들은 기존의 화폐, 부동산이나 지적 재산권과 같은 자산.asset으로 간주하고 있다.

이러한 시대적 상황은 통계의 생산과 이용 환경에도 적지 않은 변화를 가져왔다. 먼저, 경제·사회 활동의 '이정표'.milestone로서 통계의 역할이 더욱 커지고 있다. 미국 IT전문 시장조사기관인 IDC에 따르면 데이터의 양이 2년마다 두 배로 늘어나, 이미 저장단위가 1조 기가바이트.GB에 달하는 제타바이트.ZB 시대에 진입했다. 디지털 기술의 발달, 인터넷 사용의 대중화, 모바일기기의 성능 향상으로 인하여 데이터의 확산 속도가 빨라졌다. 이런 상황에서 정부는 물론이고 개인과 기업 등 경제·사회 주체가 경제활동 또는 일상생활 속에서 과거에 비하여 통계나 데이터를 많이 찾고 있다. 우리가 살고 있는 세상은 말 그대로 데이터로 넘치고 있는 것이다.

구슬은 꿰어야 보배: 한계와 가능성

그러나 데이터 경제 시대에 대용량·비정형의 빅데이터와 같은 형태의 정제되지 않은 데이터의 범람은 이용자들에게 오히려 혼란을 초래할 수 있다. 경제주체가 의사결정하는 데 필요한 정보로서 그 역할을 충실히 할 수 없다는 것이다.

우리가 잘 알고 있는 "구슬이 서 말이라도 꿰어야 보배다"라는 속담은 빅데이터의 한계와 가능성을 가장 함축하고 있다. 데이터가 경제주체의 의사결정에 필요한 정보로써 활용될 수 있도록 하려면 많은 노력이 필요하다. 다량의 데이터를 입수·저장하고, 이를 처리·가공하여 추출한 시의성 높고 가치있는 정보를 활용할 수 있도록 하기 위한 일련의 여러 과정이 앞에 놓여있다.

또한, 데이터 경제 시대에 데이터의 활용도를 높이기 위해서 정책 당국이 관심을 가지고 해결해야 할 과제가 있다. 2장에서 언급하였듯이, 다양한 경로를 통해 수집된 '데이터의 활용'과 '개인정보 보호'라는 규제의 사이에서 균형을 찾는 일이다. 관련법령을 정비한다거나 신규 제정하는 한편

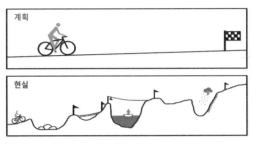

〈그림3-1〉 **데이터 활용을 위한 계획과 현실**

출처: SAS Institute Inc, 2016

사회적 합의로 만들어진 법을 엄격히 집행할 필요가 있다. 아울러 통계데이터 전문가들은 데이터가 가지고 있는 정보의 손실을 최소화하면서도 실시간으로 데이터를 만들어 내고 있는 개인이나 기업들의 프라이버시(자산·부채 규모 등 개인과 기업의 자세한 정보 등)가 제3자에 의해 악용되지 않도록 정교한 통계적 기법이나 방안 개발에 힘써야 한다.

3. 데이터 과학

이안 굴드.Ian H. Gould가 편집·발간한 "IFIP guide to concepts and terms in data processing"[1]에 따르면, '데이터'란 어떤 프로세스에 의해 전달 또는 가공될 수 있는 공식화된 방식으로 표현된 객관적인 사실.facts 또는 생각.idea을 말한다.

데이터 과학.data science은 우리들 주변에 존재하는 데이터를 "다루는" 과학이며, 데이터 과학과 데이터의 관계는 다른 분야에서도 그대로 적용된다. 사실 데이터 과학은 빅데이터가 나오기 전부터 존재해 왔다.

빅데이터는 데이터 과학을 필요로 하지만, 데이터 과학은 반드시 빅데이터가 있어야만 하는 것은 아니라는 것이다. 물론 빅데이터로 인해 데이터 과학의 활용 범위가 확대되면서 더욱 주목을 받고 있다.

오늘날 데이터 과학 분야는 데이터 관련 숙련된 전문가를 위한 가장 유망하고 수요가 많은 경력 경로 중 하나로 발전하고 있다. 데이터 시대가 도래하면서 영리를 추구하는 기업이건, 정부 또는 민간단체와 같은 비영리조직들의 공통적인 관심은 어떻게 하면 대량의 데이터로부터 가치를 창출할 것인가에 있다. 이러한 관심을 실현하기 위한 실무적인 필요성 때문에 데이터 과학이라는 학문이 생겨났다. 통계학이나 컴퓨터 과학과 같은 기존의 학문만으로는 이러한 필요성을 해결할 수 없다는 인식에 바탕을 두고 생겨난 것이라는 의미이다.

데이터 과학에 관한 정의는 매우 다양하지만 일반적으로 데이터의 수집·저장에 필요한 데이터 처리 기술과 분석에 관한 지식(통계학, 데이터 마이닝, 머신러닝 등)을 기반으로 수많은 데이터로부터 일정한 패턴을 찾아내고 통계적 추정, 예측 모델링 등을 통해 새로운 정보를 창출하고, 이를 활용하는 방법을 연구하는 융합과학.Convergence Science으로 설명할 수 있다.[2]

요즘에는 데이터 과학이라는 용어를 자주 듣지만 처음 등장한 것은 전설적인 컴퓨터 과학자인 피터 나우어.Peter Naur 교수의 1974년 저서인 "Concise Survey of Computer Methods"(Studentlitteratur, Sweden)에서라고 한다. 이 책에서 그는 데이터 과학을 「데이터를 '다루는'.dealing 과학」이라고 정의하였다. 나아가 데이터 과학은 데이터(고전 통계학의 가장 기본이 되는 요소)를 단지 '분석'.analyzing하는 것이 아니라 컴퓨터를 사용하여 그것을 '다루는' 것과 관련된다고 하였다. 나우어 교수는 책에서 데이터를 '다루는 일'.dealing은 데이터를 분석하기 전에 일어나는 데이터의 정제.cleaning, 처리.processing, 저장.storing, 가공.manipulating과 그 이후 이어지는 분석도 모두 포함하는 것이라고 보았다.[3] 그 이후 1996년 국제분류학회연합.IFCS에서 공식적으로 데이터 과학이라는 용어가 쓰였고, 2002년에는 학회지인 「데이터 과학 저널」.Data Science Journal 이 발간되면서 많이 알려지게 되었다. 온라인 위키피디아 사전은 데이터 과학의 개념적 과정을 〈그림3-2〉와 같이 제시했다.

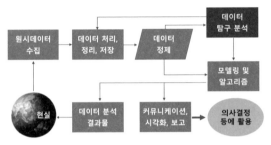

〈그림3-2〉 데이터 과학의 개념적 과정

출처: https://en.wikipedia.org/wiki/Data_analysis, Schutt & O'Neil, 2013.

위 그림에서 보면, 먼저 데이터 소스에서 원시 데이터를 수집.raw data collection하고, 이를 처리.data processing하여 정리·저장해야 한다. 즉 비정형 데이터를 정형 데이터로 바꾸는 등 분석 가능한 형태로 변환하여 원하는 장소에 저장한다. 다음 작업은 이상치 제거, 노이즈 데이터 교정 등 데이터를 정제.dataset cleaning한다. 데이터의 품질 관리도 이 단계에서 이루어진다. 여기까지는 주로 전산과학.Computational Science 또는 컴퓨터 과학.Computer Science의 영역이다.[4]

다음 이어지는 단계는 데이터 탐구 분석.Exploratory Data Analysis과 모델링·알고리즘.models & algorithms 적용이다. 이는 주로 통계학이나 응용수학의 영역인데 탐구 분석의 경우 데이터에 포함된 의미있는 메시지를 이해하기 위해 다양한 통계적 기법을 써서 분석하게 된다. 모델링·알고리즘 적용 단계에서는 변수간 상관관계 또는 인과관계를 파악하기 위해 수학적 모형이나 알고리즘이 고려된다. 다음 단계로는 분석내용에 대하여 관계자들간 커뮤니케이션하는 한편 알기쉽게 시각화하여 보고.communicate, visualize and report 하는 등 최종적으로 이해관계자들에게 정보를 제공하여 조직이 중요한 의사 결정을 할 때 활용할 수 있도록 하는 것이다. 이는 경제학, 경영학, 산업공학 등과 관련된 영역이라고 할 수 있다. 데이터 분석 결과물.data product은 현실을 충실히 설명할 수 있어야 한다. 데이터 결과물의 현실 설명력은 다시 원시 데이터 수집 과정에 피드백되어 데이터 수집에 필요한 가이드라인으로 작용할 수 있다. 이러한 일련의 과정을 볼 때, 데이터 과학은 컴퓨터 과학, 통계학, 응용수학과 해당 전문영역(경제학, 경영학, 산업공학 등)이 융합된 학문이라고 할 수 있다.

데이터 과학을 설명하는 다양한 벤다이어그램이 있다. 먼저, 〈그림3-3〉은 데이터 과학이 매우 '종합적인 학문'.Multidisciplinary이라는 것을 의미한다. 동시에 데이터 과학이 얼마나 복잡하고 모호한 분야인지 말해준다.

〈그림3-3〉 **데이터 과학의 복잡한 개념도**

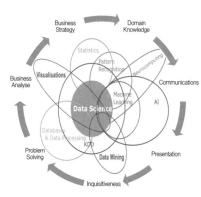

출처: Bredan Tierney, 2012.

하지만 좀 더 단순해진 〈그림3-4〉에 있는 2개의 벤 다이어그램을 보면 이해하기 쉬워진다. 3개의 원으로 이루어진 벤다이어그램에서 각 원이 설명하는 내용은 약간 다른데, 특히 해킹 기술이 컴퓨터 과학이라는 용어로 바뀌어져 있다.[5] 두 그림 모두 가운데에는 '데

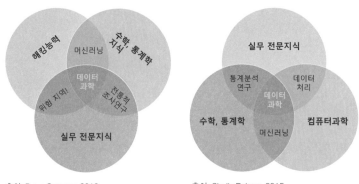

〈그림3-4〉데이터 과학을 설명하는 벤 다이어그램

출처: Drew Conway, 2010   출처: Shelly Palmer, 2015

이터 과학'이 자리하고 있다. 두 그림을 통해 알 수 있는 것은 컴퓨터 과학(컴퓨터 도구 활용능력), 수학, 통계학, 실무 전문지식.substantive/domain expertise 등이 데이터 과학에서 요구된다는 것이다.

데이터 과학이라는 분야를 하나의 단위 학문으로 지향하는 대학교들이 생기고 있다. 그러나 아직은 초기 단계이고 다양한 기술과 지식을 보유하고 거기에다 동시에 커뮤니케이션과 프리젠테이션 능력까지 갖추는 것은 쉽지 않다. 데이터 과학에서 요구하는 것을 모두 갖춘 전지전능한 사람은 아마 존재할 수 없을 것이다. 따라서 데이터 과학은 기술이나 전문지식에 강한 사람들과 커뮤니케이션에 강한 사람들이 섞여 하나의 프로젝트를 수행하는 '팀 경기'와 같다고 할 수 있다.[6]

4. 21세기 가장 유망한 직업?

데이터 과학 분야에서 전문성을 갖추고 데이터를 다루는 사람을 '데이터 과학자'.data scientist라고 부를 수 있을 것이다. 데이터 과학은 이미 전도 유망한 분야로서 알려져 있으며, 이러한 분위기 속에서 「하버드 비즈니스 리뷰」Harvard Business Review는 데이터 과학자를 '21세기의 가장 유망한 직업'.Sexiest Job of the 21st Century이라고 부르기까지 하였다.[7] 이러한 표현을 처음으로 쓴 사람은 「하버드 비즈니스 리뷰」HBR에 글을 썼던 두 사람 중 한 명인 패틸.Dhanurjay(D. J.) Patil이다. 그는 2008년 비즈니스 네트워크 인맥 사이트인 링크드인닷컴.LinkedIn.com에서 일할 때 자신의 직업을 효과적으로 정의하기 위해 그러한 표현을 썼다고 한다.[8] 데이터 과학자를 간단히 데이터로부터 예측하는 전문가라고 하는 경우도 있지만, 보통은 빅데이터 세상에서 복잡한 문제 해결에 필요한 기술적 능력을 갖추고 새로운 것을 발견하고 해결하기 위해 노력하는 호기심이 많은 새로운 유형의 데이터 분석 전문가라고 정의한다. 이렇듯 데이터 과학자라는 용어는 비교적 최근에 만들어진 것이다. 이 당시는 조직이나 기업들이 방대한 양의 데이터를 구성하고 분석하는 일에 능숙한 데이터 전문가의 필요성을 인식하기 시작한 때였다. 2009년 발간된 매킨지 사.McKinsey & Company 기사에서 구글의 수석 경제학자이자 버클리대학교 정보과학, 비즈니스 및 경제학 교수인 할 배리안.Hal Varian은 기술의 영향과 다양한 산업의 재구성에 적응하는 것이 중요하게 될 것이라고 예견했다.[9]

데이터 과학자들은 디지털 시대의 상징과 같은 사람들이 되었다. 10여 년 전만 해도 그들은 크게 관심을 끄는 존재가 아니었지만 대량의 빅데이터 시대가 도래하면서 주목을 받기 시작하였다. 요즘에는 데이터 과학자를 양성하는 프로그램이 운영되고 있지만 초기에는 많은 경우 통계학자나 데이터 분석가.data analyst가 데이터 과학자로서 역할을 시작하였다. 경제학자나 비즈니스 분야와 같은 비기술적 배경을 가진 전문가도 데이터 과학자로서 역할을 하기도 한다. 하둡.Hadoop과 같은 데이터 저장 및 처리 기술이 발전하고 빅데이터의 활용 필요성이 커지면서 데이터 과학자들의 역할이 크게 확대되고 있다. 데이터는 이제 전통적인 IT 전담부서에서 다루어지는 부차적인 것이 아니라 창조적 호기심을 기반으로 새로운 가치와 통찰력을 가져다 줄 수 있는 핵심적인 정보로서 인식되고 있다.

데이터 과학 분야의 3인방

앞서 설명하듯이 초기에는 통계학자나 데이터 분석가가 데이터 과학자 역할을 수행한 것으로 이해되고 있으나 최근에는 이 둘에 또 다른 전문가인 데이터 엔지니어.data engineer를 추가하여 서로 구분하기도 한다.

데이터 과학자 고도의 기술적 능력과 지식을 가지고 복잡한 문제를 해결하기 위해 탐구하는 호기심을 가진 새로운 종류의 데이터 분석 전문가이다. 데이터 과학자는 어떤 경우 데이터 분석가와 동일한 업무를 수행하기도 하지만 고급 알고리즘 및 통계 전문지식을 보유할 필요가 있다. 또한 머신러닝 및 딥러닝 모델을 구축하고 이를 사용하여 데이터를 이해하는 방법 (데이터 분석가가 보유하지 않은 기술)을 알고 있어야 한다. 이러한 기술을 통해 데이터 과학자는 개방형 질문에 대한 답을 얻어내고 숨겨진 통찰력을 찾아내는 역할을 한다. 데이터를 통해 얻은 결과를 종합하여 주요 이해관계자에게 전달하여 조직 내 전략적 의사결정에 활용할 수 있도록 한다. 데이터 과학자는 일반적으로 데이터 엔지니어에게 필요한 데이터 아키텍처.data architecture(DA) 개발 또는 유지 관리 등과 관련된 능력을 반드시 보유할 필요는 없다.

◇ 필요한 기술: 프로그래밍 기술(SAS, R, Python), 통계학 및 수학 지식, 스토리텔링 및 데이터 시각화, Hadoop, SQL, 머신러닝 등

데이터 분석가　데이터 분석가는 의미있는 결과를 얻어 활용할 수 있도록 분석 도구를 사용하여 통계 데이터를 수집, 구성 및 해석하는 일을 한다. 데이터 분석가는 데이터 과학자에게 필요한 데이터 해석을 위한 고급 전문지식이나 데이터 엔지니어의 소프트웨어 엔지니어링 능력이 반드시 필요하지 않다. 그러한 지식이나 능력은 기초 수준이면 되며 꼭 그러한 분야의 전문가가 될 필요는 없다. 수학, 통계,

〈그림3-5〉 **데이터 과학 전문가 영역**

경제학 또는 수학과 관련된 다른 분야에 대한 지식을 가지고 있는 사람들이 데이터 분석가가 될 수 있다. 또한 데이터 분석가는 대개 고도의 전문가는 아니지만 다방면의 지식을 가진 제너럴리스트 generalist이므로 다른 팀이나 역할에 적합하여 데이터에 기반하여 의사 결정을 내릴 수 있다.[10]

◇ 필요한 기술: 프로그래밍 기술(SAS, R, Python), 통계학 및 수학 지식, 랭글링[11], 데이터 시각화 등

데이터 엔지니어　데이터를 입수하고 관리한 후 데이터 분석가와 데이터 과학자가 분석 또는 이용할 수 있도록 하는 역할을 한다. 이들은 데이터 파이프 라인 및 인프라의 개발·개선, 데이터의 품질관리 및 최

적화에 중점을 두면서 데이터 과학자들의 요청에 대응하기 위해 데이터를 변환하고 전송하는 일을 한다. 입수 및 저장되는 데이터를 분석하는 데에는 참여하지는 않는다. 데이터 엔지니어는 데이터 분석가 및 데이터 과학자에게는 필수적인 기술이 아닌 고급 소프트웨어 개발 기술을 보유해야 한다.

◇ 필요한 기술: 프로그래밍 언어(Java, Scala), NoSQL 데이터베이스 (MongoDB, Cassandra DB), 프레임워크(Apache Hadoop) 등

　　이와 같이 3명의 전문가들은 서로 다른 일을 하는 것으로 구분되지만 어떤 기술은 세 전문가 모두에게 필요하기도 하며, 또 다른 기술은 특정 전문가에만 필요한 경우도 있다. 데이터의 복잡성이 상존하는 가운데 용어들이 호환적으로 사용되기도 하며 다른 기술 조합이 요구되기도 한다. 실제 현실에서 각 전문가들의 역할이 중복되거나 공유되는 일이 많다. 이러한 이유 때문에, 데이터 과학자가 데이터 분석가 역할을 한다거나 데이터 엔지니어가 데이터 분석가 역할을 해야하는 경우도 있다.

데이터 과학자가 하는 일

지난 10여 년이 지나는 동안 데이터 과학자들은 조직에 필요한 중요한 자산이 되었다. 이러한 전문가들은 높은 수준의 기술력을 가진 다재다능하고 데이터 중심적인 개인으로, 복잡한 알고리즘을 구축하고 이를 이용하여 질문에 답하고 조직의 전략을 추진하는 데 사용되는 대량의 정보를 체계화하고 결합할 수 있다. 데이터 과학자들의 지식과 능력은 조직 전체의 다양한 이해관계자들에게 가시적인 결과를 전

달하는 데 필요한 커뮤니케이션 능력과 리더십의 경험과 결합된다.

데이터 과학자의 역할에 관한 명확하고 정형화된 설명은 없다. SAS 연구소는 그들이 수행하는 전형적인 역할을 아래와 같이 7가지로 요약한다.[12]

- 많은 양의 비정형 데이터를 수집하여 보다 유용한 형식으로 변환한다.
- 데이터 기반 기법을 사용하여 비즈니스 관련 문제를 해결한다.
- 쌔스.SAS, 통계패키지 알.R 및 파이썬.Python을 포함한 다양한 프로그래밍 언어를 이용하여 작업한다.
- 통계 검증 및 배포를 포함하여 통계에 대해 확실히 이해한다.
- 머신러닝.Machine Learning, 딥러닝.Deep Learning 및 텍스트 분석.Text Analytics과 같은 분석 기법을 기반으로 한다.
- IT 및 비즈니스 부문과 커뮤니케이션을 하여 협력한다.
- 비즈니스의 핵심에 도움이 되는 추세를 알아내는 것뿐만 아니라 데이터 내에서 우선 순위와 패턴을 찾아낸다.

데이터 과학자의 역량 데이터 과학자가 갖추어야 할 직무역량은 무엇이고 어떠한 경로를 거치면 될까? 데이터 과학자를 설명하기 위한 매우 복잡한 벤 다이어그램이 인터넷에 소개되어 있다.[13] 〈그림3-6〉에 따르면 데이터 과학자라는 용어는 매우 모호할 수밖에 없다. 데이터 과학자를 정형화된 방식으로 정의할 수는 없다. 인터넷을 검색해 보면 그 의미가 서로 약간씩 다르다는 점을 발견할 수 있다.

데이터 과학자는 경제학, 경영학, 산업공학 등과 같은 전문분야에 대하여 아는 동시에 통계학과 수학에 대한 지식, 그리고 컴퓨터 프로

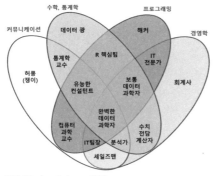

〈그림3-6〉 데이터 과학자의 직무역량

출처: Stephen Kolassa, 2016.

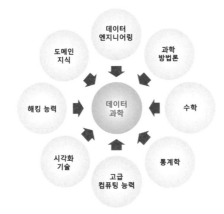

〈그림3-7〉 데이터 과학의 파생

출처: Wikipedia, Calvin Andrus, 2012.

그래밍 능력, 데이터베이스에 대한 이해 등이 필요하다.

데이터 과학자는 비전문가인 상대방에게 기술적·분석적 결과를 설명할 수 있는 지식과 커뮤니케이션 능력을 보유하는 한편, 호기심 많고 결과 지향적일 필요가 있다. 그들은 데이터 웨어하우징, 마이닝, 알고리즘을 구축하고 분석하기 위한 모델링에 초점을 맞춘 프로그래밍 지식뿐만 아니라 통계학과 선형대수 등 강한 수학적 배경을 가지고 있다. 데이터 과학자가 갖추어야 할 기술과 지식은 아래와 같이 크게 4가지 영역으로 구분할 수 있다.

- **수학과 통계학에 관한 지식** 데이터 분석을 위한 통상의 통계학 지식은 물론 머신러닝 등 분석 방법에 대한 이해를 위해서는 선형대수 등의 수학적 지식도 있어야 한다.
- **프로그래밍 능력 및 데이터베이스에 대한 이해** 통계학 및 수학 지식을 바탕으로 통계 패키지 활용 능력과 프로그래밍 능력을 갖춰야 한다. 대규모 데이터를 다루어야 하므로 데이터베이스와 분산처리

등에 관한 이해도 필요하다.

- **도메인 지식/감성**.soft skills 전문 분야에 대한 지식과 함께 데이터가 생성되고 이를 분석하는 현장에서 통용되는 암묵지(暗默知)[14].tacit knowledge에 관하여 이해할 수 있어야 하며, 수치 계산 코딩 기법과 같은 프로그래밍 능력, 알고리즘적 사고능력을 보유한 전문가로서의 마음자세.Hacker mindset를 유지하는 것이 중요하다.

- **커뮤니케이션 및 시각화 능력** 데이터 주도적 통찰을 고위 간부나 실무 동료들에게 효율적으로 전달(스토리텔링)하기 위하여 커뮤니케이션하는 능력과 데이터를 시각화하는 기술을 요구한다.

🔍Zoom-in 데이터 과학자는 슈퍼맨?

데이터 과학자는 전문 분야에 대한 지식과 프로그래밍 능력을 갖추고 있는 동시에 여러 사람들과 어울려 어떤 프로젝트를 주도하는 활동가로서, 그리고 효율적인 프리젠테이션과 스토리텔링까지도 담당해야 하는 말 그대로 '슈퍼맨'.Superman이라고 할 정도이다. 사실 통계학, 프로그래밍, 커뮤니케이션 등 모든 분야를 완벽하게 안다는 것은 불가능한 일이다. 어떤 하나의 분야에 대해 완벽하게 알기 위해서는 상당한 비용과 시간이 필요하다. 따라서 본인이 가진 강점을 바탕으로 다른 분야의 지식까지 확장해 나가야 한다.

조직이나 기업들이 점점 더 크고 다양한 데이터세트를 수집함에 따라, 많은 전문가들은 숙련된 데이터 과학자에 대한 수요는 계속 증가할 것이라고 예상하고 있다. 이러한 예상을 배경으로 데이터 과학자는 "21세기의 가장 유망한 직업"이라고 불렸던 것이다. 그러나 데이터 과학자 역할의 현실은 로맨틱하기만 한 것은 아니다. 데이터 과학자의 대부분의 시간은 통찰력을 발견하여 이를 활용하는 데 쓰이기보다는 검색, 전처리와 가공[15] 및 컨텍스트 작성 등 데이터를 유용한 형태로 바꾸는 데 쓰인다는 것이다.[16] 이러한 과정은 경우에 따라서는 매우 복잡하고 지루하며 반복적인 작업을 수반하기도 한다.

〈그림3-8〉 **데이터 과학자의 초능력**

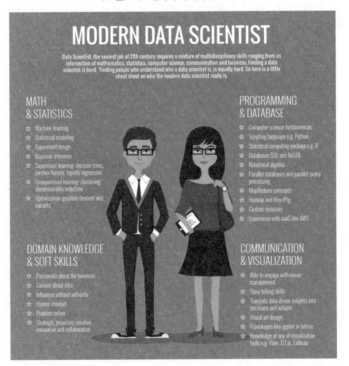

출처: Marketing Distillery

5. 데이터 과학과 공식통계

"데이터 과학=통계학"?

빅데이터의 등장과 함께 데이터 과학.Data Science이라는 분야가 새로운 유형의 학문으로 발전하고 있지만, 사실 이전에도 통계학 분야가 데이터를 기초로 하여 통계를 만들고 궁극적으로는 정보.Information와 지식.Knowledge을 창출하는 데 중요한 역할을 하였다.

데이터 과학자는 '컴퓨터 과학자(또는 소프트웨어 개발자)보다 통계학을 잘하고 통계학자보다 컴퓨터를 잘 다루는, 즉 코딩을 잘하는 사람'이라는 말이 있다.[17] 데이터 과학이 융

합 분야라는 점에서 어느 정도 맞는 부분도 있지만 기존의 학문들 가운데 데이터 과학과 가장 관련이 있는 학문은 통계학이라 할 수 있다. 현재 활동하고 있는 많은 데이터 과학자들이 통계학자를 거친 경우가 많고 통계학적 개념이나 분석방법들이 데이터 과학에서 활용되기 때문이다.

통계학 분야에서 일부 학자들은 통계학이라는 학문이 환경의 변화에 맞게 변해야 한다는 주장을 하였다. 예를 들면, 미국의 컴퓨터 과학자이자 통계학자인 윌리엄 클리브랜드.William S. Cleveland는 2001년에 통계학 분야를 확장하고 그것을 데이터 과학으로 이름을 바꿀 것을 제안하였다. 이 새로운 분야는 데이터 분석과 컴퓨팅을 더욱 중시하는 방향으로 설계되었다. 그러나 현재 미국의 많은 대학들이 통계학과와 함께 데이터 과학과를 두고 있는 경우가 많다. 클리블랜드의 꿈이 완전히 실현되지 않았다는 이야기이다.

전통적인 통계학 이론을 바탕으로 작성된 통계지표들은 전체 모집단.population을 대상으로 조사하여 만들어진 것이 아니다. 예를 들면, 우리나라의 가계금융·복지조사, 기업경기조사 등과 같이 서베이 방식에 의해 작성되는 통계 수치들은 전체 모집단이 아닌 일부 표본.sample을 조사해서 추정하여 작성한 값들이다. 또한 통계학이 다루는 데이터는 대체로 정형 데이터에 한정되어 있다. 데이터 과학의 발전은 통계의 작성 방법이나 새로운 통계의 개발에도 영향을 주고 있다. 데이터 과학도 통계학과 마찬가지로 데이터를 다루며 분석 방법도 통계학에서 가져온 것이 많지만, 다루는 대상이 일부가 아니라 전체 데이터로 확장된다는 것이 다른 점이라고 할 수 있다. 그리고 데이터 과학은 정형 데이터에 국한되어 있지 않고 비정형 데이터도 포함하여 다룬다.

통계 작성에 데이터 과학이 필요

오늘날 국제기구, 각국 통계청, 그리고 중앙은행은 데이터 과학을 통계 작성에 접목하기 위해 노력하고 있다. 빅데이터에 대한 관심이 증가하고 있는 가운데 데이터 과학에서의 분석방법론인 인공지능.AI이나 머신러닝.ML 등의 기술을 통계 작성에 활용하기 위한 시도가 계속 이루어지고 있다. 빅데이터의 공식통계 활용 방안에 대한 본격적인 논의는 유엔.UN, 유럽연합통계청[18].Eurostat, 경제협력개발기구.OECD 등 국제기구를 중심으로 진행되고 있다. 유엔 통계위원회.UN Statistical Commission는 2013년 제45차 회의에서 빅데이터 이슈를 정식의제로 다루었으며, 이어 2014년에 공식통계를 위하여 빅데이터에 관한 '글로벌 실무그룹'.Global Working Group(GWG)을 자체 산하에 설치하였다.[19] GWG는 새로운 데이터의 출처와 새로운 기술의 사용에 관한 글로벌 프로그램을 위한 전략적 비전과 방향을 설정하고 조정하는 역할을 담당하고 있다. 국가통계시스템이 빠르게 변모하는 데이터 환경에서 적절히 대응하도록 도와주는 역할도 한다. 또한 GWG는 국제 통계커뮤니티와 함께 새로운 데이터 솔루션 개발에 협력하고 함께 학습하기 위한 디지털 협력 환경 조성의 일환으로 UN 글로벌 플랫폼을 구축하였다. 유엔은 인공지능.AI과 머신러닝.ML 기술과 결합된 빅데이터가 각국의 데이터 격차.data gaps를 해소하고, 통계 운영을 보다 비용 효율적으로 하며, 서베이 방식에 의한 통계 작성을 대체할 수 있을 것으로 보고 있다. 한편 유럽연합통계청.Eurostat, 경제협력개발기구.OECD 등도 주요국의 통계 작성기관과 함께 빅데이터 활용을 위한 국제적 논의와 프로젝트에 동참하고 있다.

많은 나라들은 빅데이터, 행정 데이터 등을 활용하여 공식통계를 만들기 위해서는 창의적 사고능력.mindset과 새로운 기술을 보유한 통계학자들이 있어야 한다고 인식하고 있다. 통계 커뮤니티에서는 이들을 데이터 과학자와 혼용해 부르기도 한다. 공식통계 작성 목적으로 다량의 데이터를 처리하려면 분석적 사고능력, 정보통신기술.ICT에 대한 전문성(예: 프로그래밍 기술)을 가지고 데이터에서 가치있는 정보 또는 지식을 추출하고자 하는 데이터 과학자의 역할이 매우 중요해졌다. 공식통계 작성에 기여할 수 있는 데이터 과학자는 다양한 분야에서 나올 수 있다. 네덜란드의 경우 통계학, 수학, (바이오)화학, 물리학, 경제·계량경제학 배경을 가지고 IT에 능한 박사급 데이터 과학자들을 고용하고 있다.[20] 영국의 경우 2017년 통계청.ONS 내부에 데이터 과학 캠퍼스.Data Science Campus(DSC)를 신설하는 등 국가의 통계당국이 나서서 직접 데이터 과학에 대한 투자를 주도하고 있다. 이러한 움직임이 시작된 것은 데이터를 보다 효과적으로 사용하는 데 어려움을 겪고 있기 때문이다. 공식통계는 많은 사람들에게 영향을 미치는 공공재.public goods이므로 강건하고 투명하며 목적에 맞아야 한다는 인식하에 새로운 기술과 데이터에 대한 탐구가 추진된 것이다. 또한 국가의 통계 작성기관들이 대학들과 협력하여 데이터 과학에 관한 교육 프로그램을 운영하기도 한다.[21]

이렇게 데이터 과학을 활용하여 공식통계를 작성하려는 이유는 첫째, 기존 통계의 품질[22]을 개선하기 위해서이다. 1인가구 및 맞벌이 가구 증가로 인해 경제주체를 대상으로 서베이를 실시할 때 어려움이 많아지고 정보보호 요구, 관심도 저하 등에 따른 무응답 또는 정확한 답변 회피로 통계의 현실 설명력이 저하되고 있다. 온라인 데이터, 행정 데이터 등 다양한 빅데이터를 활용하면 통계품질 저하 문제를 일부 해결할 수 있다고 보는 것이다.

둘째, 통계 작성 시 조사응답자의 부담을 줄일 수 있다. 빅데이터를 활용할 경우 조사응답자에게 물어보는 방식이 아니기 때문에 응답자의 부담이 발생하지 않는다. 무작위로 수집된 빅데이터를 사후적으로 의미 있는 통계로 가공하는 방식은 사전적인 설계와 조사과정을 거쳐야 하는 전통적 서베이 방식에 비해 비용이 많이 들지 않는다.

세 번째 이유는 새로운 정보 또는 지식을 발견하기 위함이다. 실시간으로 생성·축적되는 데이터는 다양한 부가정보로서 가치가 있어 정부정책 프로그램의 효율성을 제고하고 경제주체의 활동에도 유용하게 활용될 수 있다. 또한 이러한 새로운 정보를 활용함으로써 웰빙 지표의 개발, 농업이나 환경 관련 통계 개발, 소비자신뢰지표 작성 방식 개선 등이 가능할 것이다.

Part 02
데이터 거버넌스에 대한 이해

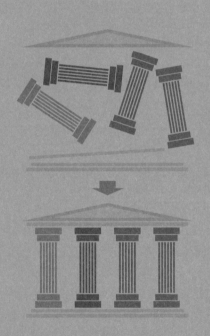

데이터 경제 시대를 맞아 기업이나 민간·공공기관 등 많은 조직들이 데이터를 활용하기 위해 노력하고 있다. 이러한 상황에서 데이터 거버넌스가 잘 구축되어 있지 않으면, 즉 사전 계획이나 절차에 근거하지 않고 주먹구구식으로 대응할 경우 데이터의 잠재 가치를 효율적으로 활용할 수 없을 것이다. 데이터 정책·기준·지침 제정, 데이터 품질 관리, 데이터 표준화·통합, 그리고 데이터 보안·준수는 데이터 거버넌스의 궁극적인 목표인 동시에 핵심요소이다. 이러한 요소는 건축물을 안정적으로 굳게 떠받들고 있는 기둥(pillars)과 같은 역할을 한다.

배움은 결코 정신을 지치게 하지 않는다.
Learning never exhausts the mind.

- 레오나르도 다빈치(Leonardo da Vinci, 1452~1519)

Part2는 4장 빅데이터 시대 데이터 거버넌스,
그리고 5장 데이터 거버넌스의 구현과 과제, 2개의 장으로 구성되어 있다.

4장에서는 데이터의 효율적 활용을 위한 인프라인 데이터 거버넌스의 개념과
중요성을 살펴본다. 데이터 거버넌스를 이해하기 위해 IT 거버넌스에 대해서 간략
히 알아본다. 그리고 데이터 거버넌스를 구성하는 요소와 원칙을 알아본다.

5장에서는 데이터 거버넌스 구축 시 고려 사항, 모범사례(기본지침, 세부 실
행지침) 등에 대해 이야기 한다. 또한 거버넌스의 개념도를 그려보고, 이미 공개된
데이터 거버넌스 개념도의 실제 사례를 소개한다. 데이터 거버넌스에 영향을 줄
수 있는 것에 대해 생각해 본다.

빅데이터 시대의 데이터 거버넌스(DG)

조직 내에서 데이터의 위력은 이미 잘 알려져 있다. 데이터를 관찰하고 분석하여 통찰력을 얻을 수 있다. 데이터는 조직의 '힘' 또는 '자산'이 될 수 있다. 그러나 데이터 거버넌스가 제대로 갖춰지지 않으면 중요한 의사결정을 할 때 품질이 낮은 데이터가 사용됨으로써 바람직하지 못한 결과가 초래될 수 있다. 급격히 생성되는 수많은 데이터의 수명을 제대로 관리하지 못함으로써 IT 비용이 급격히 늘어날 수도 있다. 또한 이름, 주소 등 개인정보 데이터가 유출되어 악용될 수도 있다.

이 장에서는 데이터 거버넌스가 무엇이고 왜 중요한지 살펴본다. 데이터 거버넌스에 대해 설명하기 위해 IT 거버넌스가 무엇인지도 간략히 알아본다. 빅데이터 출현 이후 그 활용을 위해 유행처럼 확산되고 있는 데이터 플랫폼이 무엇인지 간단히 살펴보고, 데이터 거버넌스 구성요소와 원칙 등에 대해서도 이야기 한다.

1. 데이터 거버넌스·관리

최근 글로벌 기업, 여러 민간·공공기관 등 조직들은 데이터를 조직의 중요한 자산으로 인식하고 체계적으로 관리하기 위해 노력하고 있다. 전사적인 데이터베이스의 구축과 활용뿐만 아니라 데이터 거버넌스.Data Governance(DG) 구축을 통해 보다 효율적인 데이터 관리체계를 실현하려고 한다. 특히, 빅데이터 시대에는 대량이고.Volume 다양하며.Variety, 빠른 속도로.Velocity 생성·처리되는 데이터를 다루어야 하므로 데이터 거버넌스 문제가 더욱 어렵고 중요해졌다.

빅데이터 시대라는 환경 변화로 기존의 데이터 거버넌스에 비해 더욱 '확장된' 데이터 거버넌스 구축을 통하여 조직의 '자산'인 빅데이터를 효율적으로 활용할 필요성이 제기되었다. 그리고 업무 영역, 기관의 성격 등을 충분히 고려하여 조직 단위의 데이터 거버넌스를 설계해야 함은 물론이다. 끊임없이 진화하고 있는 데이터 거버넌스의 핵심 개념은 조직이 새로 수집하거나 이미 보유하고 있는 다양한 정보의 전반적인 관리, 저장, 사용, 보호 및 폐기 등을 위한 기본 원칙이라고 할 수 있다.

거버넌스와 관리의 차이

데이터 거버넌스에 대해 설명하기 전에 거버넌스라는 개념을 이해할 필요가 있다. 많은 경우 영어의 Governance라는 단어는 행정, 지배(구조), 통치(방식) 또는 (국가 또는 공공) 경영, 관리 등 분야별 의미가 다르게 번역된다.[1] 그러나 영어의 Management라는 단어 때문에 Governance를 '관리'라는 의미로 번역하는 것은 적절하지 않을 수도 있다. Governance라는 단어는 마땅한 우리말로 나타내기가 어렵다. 그래서 거버넌스라고 그대로 읽고 통상 관리라는 뜻으로 번역되는 Management라는 단어와 그 개념이 어떻게 다른지 설명하기도 한다.

조직의 운영과 관련하여 거버넌스와 관리라는 용어를 구별하는 것은 어렵지 않다. 대부분의 조직은 두 단어에 대한 이해에 따라 다른 개인 구성원, 하위 그룹 또는 협의체.forum에 위임하여 서로 다른 종류의 사안에 대해 결정하게 한다.[2] 거버넌스란 조직의 목적, 가치 및 구조를 아우르는 핵심 정책 집합인 전략 방향, 재원조달 계획, 그리고 이들과 관련된 감독 및 의사결정을 위한 통합 관리체계를 의미한다. 조직이 거버넌스에 근거하여 의사결정을 하기 위해서는 이를 위한 지침이 마련되어 있어야 한다. 대부분의 의사결정 협의체에서 모든 위원들은 운영이사회(종종 이사회라고 함)에 참여하고 정관 변경과 같은 특정 거버넌스 결정에 대한 투표권이 있다. 관리란 조직의 일상 업무와 관련된 통상적인 결정과 사무적인 업무를 말한다. 통상적인 관리에 기초해 의사결정하는 이유는 운영이사회(예: 이사회)와 문서화된 세칙 등에서 정의한 목표와 가치 달성을 지원하거나 구현하기 위해서이다. 일부 협의체 조직에서는 모든 구성원들이 관리업무에 참여한다.[3]

거버넌스와 관리의 구분 이유

거버넌스와 관리 개념을 분리하는 이유는 4가지이다. 첫째 이유는, 이 둘을 분리하면 모든 측면에서 책임성.accountability이 향상된다. 둘째, 성과와 적합성 간의 균형을 유지함으로써 이해 관계자를 위한 가치에 초점을 맞춘 올바른 (조직) 거버넌스를 구축할 수 있다. 국제정보시스템감사

통제협회[4]. ISACA가 제시한 코빗5[5]. COBIT5 프레임워크에 따르면 거버 넌스는 이해 관계자의 요구 사항과 조건을 평가하도록 한다. 이는 조 직의 기본적인 목표의 존재 여부를 결정하는 데 도움이 된다. 셋째, 우선순위를 따라 의사결정을 해서 사업의 추진 방향을 설정하는 데 도움이 된다. 마지막이지만 가장 중요한 이유는 조직내에서 이미 합 의된 방향, 목표의 이행과 성과 등을 점검하는 데 도움이 된다.

여기서, 마지막 이유는 거버넌스의 가장 중요한 책무가 EDM(평 가. evaluation, 방향 설정. direction 및 점검. monitoring)이라는 것을 의미한다.

- 합의된 조직 목표를 결정하기 위해 평가
- 우선순위 결정 및 의사 결정을 통한 방향을 설정
- 합의된 방향 및 목표에 대한 성과, 준수 및 진행 상황을 점검

프레임워크라는 개념이더라도 언제나 '고정된 표준'은 아니다. 대부 분의 조직이 요구하는 것을 충족하기 위해 프레임워크는 필요시 수정 될 수 있는 것이다. 거버넌스와 관리의 분리가 없다면 여러 측면에서 책무 또는 책임성과 관련하여 리스크가 발생할 수 있다.

〈그림4-1〉 데이터 거버넌스와 관리의 범위(예시)

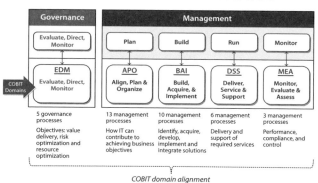

출처: Inspiring MeMe®, 2017

2. 더욱 중요해진 데이터 거버넌스

4차 산업혁명 시대가 도래하면서 데이터 거버넌스는 조직 내에서 자주 언급되는 주제가 되었다. 데이터 거버넌스에 대한 정의는 후술하겠지만 거버넌스 자체의 의미만큼이나 무수히 많다. 다양한 정의는 각자 자신의 시각에서 생긴 것이다. 즉, 사람들은 오랜 기간 나름의 기준을 가지고 데이터 거버넌스가 무엇을 의미하는지 설명하려고 해왔다. 그러나 명확해지는 대신 훨씬 더 혼란스러운 상황이 초래되었다. 한 가지 확실한 것은 데이터 거버넌스는 더욱 중요해질 것이라는 점이다. 실제로 데이터 거버넌스는 조직이 업무의 개선이나 새로운 사업 추진 등을 위해 데이터를 이용하려고 할 때 더욱 중요하게 될 것이다. 데이터가 전략적 사업에 필요한 중요한 자산으로 계속 중심적인 역할을 할 것이므로, 조직은 데이터를 통제하고 관리하는 방법을 이해할 필요가 있다.[6]

우선, '데이터 거버넌스'와 '데이터 관리'를 구별하는 것이 중요하다. 이러한 구분은 단순히 기술적 또는 기능적 요소 때문만이 아니라, 거의 모든 조직에서 어떤 작업과 다른 작업을 수행하는 사람이 각기 다르기 때문이다. 데이터 거버넌스는 기본적으로 데이터에 대한 의사결정 전반을 다룬다. 여기에는 데이터의 의미, 활용처, 정확성 및 준수해야 할 규칙을 결정하는 작업도 포함된다. 이것은 다른 의미도 가지고 있다. 예를 들어, 우리가 데이터를 올바른 방식으로 사용하려면, 단지 눈앞에 있는 것을 취하는 대신 목적에 맞는 데이터를 찾을 수 있어야 한다. 만약 우리가 그 데이터의 정확성을 판단하려면 부정확함을 줄이는 방법을 알아야 한다. 이러한 결정 프로세스는 데이터를 이해하고 사용하는 담당자가 수행하는 모든 기타 활동을 의미한다.

일단 데이터 거버넌스의 개념이 명확하게 인식되면, 이를 구성하는 몇 가지 요소들을 고려해야 한다.[7]

- **데이터 객체 및 소스 식별** 가장 기초적인 것으로 모든 보안요건 및 규정을 충족하는 방식으로 중요도(가치)에 따라 데이터의 객체[8].data object 및 소스를 파악한다.
- **업무 용어집** 데이터의 모든 변화를 구별하고 잘못된 비교를 방지하기 위한 데이터에 대한 상세한 기록.records으로 모든 기술 이해당사자와 비기술 이해당사자 사이의 소통에 사용한다.
- **데이터 품질** 데이터의 상태와 신뢰도 수준, 그리고 데이터 정책 준수를 통해 데이터의 품질을 관리한다.
- **역할과 책임** 조직에서 데이터의 관리 및 유지를 누가 책임지는지를 결정한다.

이 4가지 요소는 매우 중요하지만, 충분하지 않다. 데이터 이용자들은 데이터를 이해하고 의미하는 것이 무엇인지 알고 싶어 한다. 그들은 데이터의 품질관리를 요구하며, 발견된 문제가 해결되기를 원한다. 또한 그들은 데이터에 대한 책임이 누구에게 있는지 뿐만 아니라 어떤 시스템, 업무 프로세스 조직, 제3의 데이터 출처, 애플리케이션, 업무 담당부서 등이 특정 데이터세트와 관련되어 있는지 알고 싶어 한다.

이를 위해서는 다음과 같은 3가지가 사항이 필요하다.

- 데이터를 찾는 방법
- 데이터 문제를 파악하고 해결하는 방법
- 데이터의 모든 측면에 걸친 연관성을 만드는 방법

관점에 따라 다른 개념 급변하는 데이터 환경에서 정부, 기업 등의 조직 구성원들이 다양한 빅데이터를 통해 가치를 창출하고 이를 조직 운영에 활용하기 위해 노력하고 있다. 데이터 거버넌스의 개념은 계속 진화해 왔으며, 따라서 획일화된 교과서적인 정의가 있을 수 없고 매우 다양하다. 이러한 정의들은 각 개인 또는 조직들의 관점에서 생긴 것이다.

- **글로보독스**.Globodox 조직이 보유하고 있는 정보의 전반적인 관리, 저장, 사용 및 보호를 관리하는 원칙이라고 정의한다. [9]
- **이팸**.epam 조직 운영 상의 실패 및 보안 침해의 위험을 최소화하면서 데이터 저장과 정보 수집에 대한 관리를 통해 조직에 가치를 제공하기 위하여, 역할 및 책임, 프로세스 및 IT 시스템의 내부 구조 전반에 대해 정의하고 실행하며, 모니터링하고 보고하는 체계라고 정의한다.
- **Master Data Management**.MDM **연구소** 조직에서 데이터를 기업 자산으로 활용할 수 있도록 인력, 프로세스 및 기술을 공식적으로 종합관리하는 체계라고 정의한다.
- **데이터 거버넌스 연구소**.DGI 정보 관련 프로세스에 대한 의사결정 권한 및 책임 시스템으로, 누가 어떤 정보를 가지고, 언제 어떤 상황에서 어떤 방법을 사용하여 어떤 조치를 취할 수 있는지를 설

명하는 합의된 모델에 따라 실행되는 체계라고 정의한다.

- **테크노피아**.Techopedia 회사 또는 조직의 주요 데이터 자원.resources 전반을 관리하는 것을 의미한다. 이 용어는 보안 문제 및 전반적인 IT 아키텍처에서 데이터 이동 방식을 포함하여 데이터 사용, 저장 및 유지 관리 등의 요소들을 포함한다. 원시 정보는 대부분의 사업 및 조직에서 핵심 자원이기 때문에 데이터 거버넌스는 많은 대기업 에 있어서 IT 전략 중심의 논리적 영역이다.

- **세마치**.Semarchy 중요한 데이터 자산을 기업 전체에 걸쳐 공식적 으로 관리하는 일련의 과정이다. 신뢰할 수 있는 정보가 중요한 업 무 프로세스, 의사결정 및 회계에 이용되도록 한다.

이렇게 다양한 정의가 있지만 여러 정의를 망라한 위키피디아의 정 의가 눈에 띈다. 데이터 거버넌스란 '기업에서 사용하는 데이터의 가용 성, 유용성, 일치성, 무결성, 보안성을 관리하기 위한 정책·기준과 프로세스를 만들고 적용하며 프라이버시, 보안성, 데이터 품질, 규정 준수를 강조'하는 종합적인 데이터 관리체계를 말한다. 이러한 관리체계에는 데이터의 품질 관리, 메타데이터 관리, 마스터데이터 관리, 프라이버시 관리, 데이터 수명 주기.life cycle 관리, 데이터 접근

〈그림4-2〉 **데이터 관리 기능** (The DAMA-DMBOK2 Guide Knowledge Area Wheel)

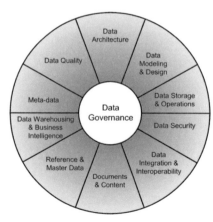

출처: https://www.dama.org

및 권한 부여, 데이터 통합 등의 관리 및 통제 기능들이 포함된다. 조직은 이와 같은 관리체계를 통해 데이터를 효과적으로 사용하고 반복적이고 확장 가능하도록 관리 활동을 수행할 수 있다.

3. IT 거버넌스

우리는 데이터 거버넌스라는 용어와 함께 'IT 거버넌스'라는 용어도 자주 듣는다. 사람들은 이 두 개념을 종종 혼동해 사용하기도 한다. 데이터 거버넌스와 IT 거버넌스는 매우 유사하기도 하고 상호의존적인 목표를 가지고 있기 때문이다. 이 두 개념을 구분하는 가장 간단한 방법은 다루는 대상이 무엇인 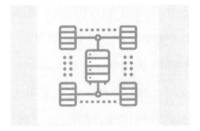 지 살펴보는 것이다. 데이터 거버넌스는 '데이터'라는 자산을 다루는 반면 IT 거버넌스는 '정보기술'이라는 자산을 다룬다는 데 가장 큰 차이가 있다. 그런데 이 두 개념은 서로 밀접한 관계에 있다. 데이터 거버넌스는 IT 거버넌스의 하위개념으로 인식되기도 한다.

넓은 의미에서는 같은 목표
넓은 의미에서, 두 프로세스 모두 보다 큰 가치를 창출하기 위해 조직의 자산을 최적화하는 것을 목표로 한다. IT 거버넌스와 데이터 거버넌스는 조직의 운영에서 매우 불가분의 관계에 있고 필수적인 프레임워크이다. 데이터 거버넌스를 달성하기 위해서는 잘 구축된 IT 거버넌스가 전제되어야 한다는 점에 대해서는 의견이 일치한다. 조직 내

많은 업무들이 IT에 대한 의존도가 심화됨에 따라 이전부터 IT 거버넌스의 중요성이 더욱 강조되어 왔다. 이는 IT 자원이나 조직 운용을 위한 효율적인 관리체계가 구축되어 있으면 사업의 요구, 환경 변화 등에 신속하게 대처할 수 있으며, 조직의 목표를 보다 효과적으로 달성할 수 있기 때문이다.

IT 거버넌스란 IT 투자[10]가 기관이나 기업 등 조직의 사업 목표를 뒷받침할 수 있도록 하는 프레임워크라 정의할 수 있다. 보다 구체적으로는 IT 자원, 정보 및 조직을 기관이나 기업이 추구하는 전략과 목표와 연계해 뒷받침하고 추진하며 제반 과정을 관리하기 위한 의사결정 및 책임에 관한 메커니즘인 것이다. IT에 대한 투자는 기업의 경우 수익 창출, 기업이 아닌 기관의 경우에는 업무수행 성과의 극대화 이전에 '비용'의 감소에 초점을 맞춰 실행되는 경향이 있다. 오늘날 IT 없이는 조직의 운영, 활용 자원의 최적화, 수익 창출이 불가능할 정도로 중요한 요소가 되었으며 이와 관련한 거버넌스 구축도 함께 중요한 과제가 되었다. IT 거버넌스에는 기본적으로 다음 사항이 포함된다.[11]

- 조직의 기술 자산을 최대한 활용
- 기업의 IT 전략 및 투자가 사업 목표에 부합하는지 확인
- 리스크 관리 계획 및 프로세스 수립
- 관련 제반 규정의 준수

IT 거버넌스가 주는 효과

어느 조직이든 IT 부서 구성원과 비IT 부서 구성원이 있다. 체계적인 IT 거버넌스는 서로 다른 구성원간 소통을 원활하게 하고 업무협조를 효율적으로 할 수 있게 하는 기초 역할을 한다. IT 거버넌스 구축을

통해 얻을 수 있는 주된 효과는 다음과 같다.

- 명확한 목표 설정과 성과 측정
- 투자/비용에 대한 투명성 확보
- 리스크 관리 및 정보 보안 강화
- 외부 IT 환경(신기술의 출현 등) 변화에 신속히 대처
- 구성원 간 소통 확대 및 요구사항 반영

　이렇게 IT 거버넌스가 매우 중요한 개념으로 인식되기 시작한 계기가 있다. 1990년대와 2000년대 초반 기업 관련 대규모의 사기 사건이 발생한 이후 '그램-리치-블라일리 법'.Gramm-Leach-Bliley Act(GLBA), '사베인-옥슬리 법'.Sarbanes-Oxley Act 등이 제정되면서 IT 거버넌스는 기업들이 활용해야 하는 핵심 프레임워크가 되었다. 그러나 오늘날 IT 거버넌스 개념은 기업에만 적용되는 것이 아니라 정부조직, 중앙은행, 비영리단체.NPIs 등 거의 모든 조직에도 해당된다. 어떤 조직이든 IT에 대한 재무적·기술적 책임과 관련된 규정을 준수해야 한다.

　조직의 IT 거버넌스를 구현하기 위한 프레임워크는 다양하다. 예를 들면 COBIT, ITIL, FAIR 등이 있다. COBIT는 국제정보시스템감사통제협회.ISACA에서 개발·발전시킨 기업 IT의 통제 및 관리를 위한 종합적인 프레임워크이다. ITIL.Information Technology Infrastructure Library는 IT 서비스를 관리하는 데에 초점을 맞추어 IT 서비스가 비즈니스 핵심 프로세스를 지원하도록 만드는 데 목적이 있다. FAIR.Factor Analysis of Information Risk는 조직이 위험을 정량화하도록 도움을 주는 새로운 모델로 주로 사이버 보안과 운영 위험에 초점이 맞춰져 있다.[12]

IT거버넌스 프레임워크 예시: COBIT2019　COBIT(Control Objectives for Information and Related Technologies)은 정보기술 보안 및 통제에 관한 표준을 제공하는 글로벌 공인기관인 국제정보시스템감사통제협회.ISACA에서 개발한 IT 거버넌스.governance의 실현을 위한 지침이다. 1996년 처음 발표(COBIT1) 되었으며, 이후 COBIT2(1998년), COBIT3(2000년), COBIT4(2005년), COBIT4.1(2007년), COBIT5(2012년)로 개정되어 왔다. 처음에는 회계사를 위한 감사.audit 프레임워크이었지만 개정이 지속되면서 그 범위가 확대되었다. 즉 감사, 통제, 관리, 그리고 IT 거버넌스라는 개념으로 대상영역이 확대되었고, COBIT5에서는 'IT 거버넌스'와 '관리'를 구분하고 사업 부문과 IT 부문을 모두 포괄한 '기업 IT 거버넌스'로 더욱 발전하였다.

〈그림4-3〉 **COBIT의 변화**

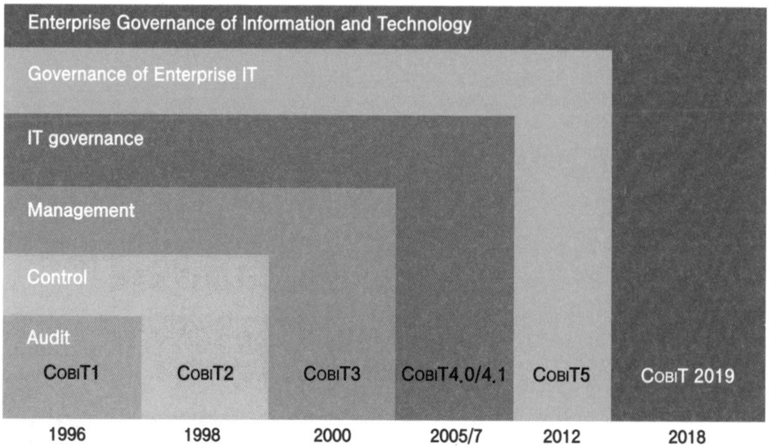

출처: www.isaca.org/cobit

〈표4-1〉 COBIT5의 특징

특 징	설 명
① 사업 초점 (Business Focused)	- 사업 목적을 위해 IT의 유기적 연계에 초점을 맞추는 활동
② 절차 지향 (Process Oriented)	- 체계적인 절차를 통해 Input, Task, Output, RACI(R&R) 정의에 초점을 맞추는 활동
③ 통제 기반 (Control Based)	- 프로세스의 하위 세부 Task들을 통제하여 Risk 제거에 초점을 맞추는 활동
④ 측정 주도 (Measurement Driven)	- 사업목적에 일관성을 갖는 프로세스 성과지표 설정, 측정 및 모니터링에 초점을 맞추는 활동

〈표4-2〉 COBIT5의 원칙

원 칙	관련 아키텍처	설 명
① 이해관계자 요구 충족	목표 계층구조	- 효과, 위험, 자원 평가에 대한 의사결정시 관련된 모든 의사 결정자를 고려
② 조직의 모든 부문 포괄	절차 가이드	- IT 조직이나 기능에만 한정된 것이 아니라 조직 내 모든 거버넌스와 연계·통합
③ 통합적 프레임 워크 적용	지식베이스	- IT와 관련된 모든 업무, 조직, 지침, IT 시스템을 통합하는 모델로 활용
④ 총체적인 접근 방법 적용	7대동인 (enabler)	- IT의 효과적 관리를 위해 모든 구성요소를 총체적으로 고려
⑤ 거버넌스와 관리 분리	거버넌스와 관리	- 거버넌스 영역: 고위경영진의 평가, 의사결정 및 모니터링 활동 포함 - 관리 영역: 실무진의 IT기획, 시스템 구축, 운영, 모니터링 활동 포함

〈그림4-4〉 COBIT5의 원칙   〈그림4-5〉 COBIT5의 동인(Enabler)

 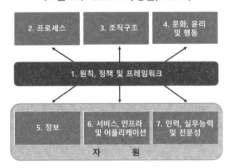

출처: ISACA, COBIT5, 2012.

COBIT5의 거버넌스 및 관리의 핵심 영역 거버넌스 내에 아래의 5개 목표 달성을 위한 프로세스를 두고 각 프로세스 별로 평가.Evaluation, 방향설정.Direction 및 모니터링.Monitoring 활동(EDM)이 정의된다.

[거버넌스 목표 프로세스]

① EDM1. 거버넌스의 프레임워크 설정과 유지관리

② EDM2. 효익 제공

② EDM3. 리스크의 최소화

④ EDM4. 자원 활용의 최적화

⑤ EDM5. 이해관계자의 투명성 확보

관리 내에는 IT 목표를 넘어 조직의 목표 달성을 위한 거버넌스 전체의 방향설정과 같은 구체적인 활동 프로세스(PBRM), 즉 기획.Plan, 구축.Build, 운영.Run 및 모니터링.Monitor이 있다.

[관리: 4개 도메인의 프로세스]

① Plan: Align, Plan, Organize (APO)

  - 프레임워크 관리, 전략 관리, 혁신 관리, 포트폴리오 관리, 예산/비용 관리, 인적자원 관리, 품질 관리, 보안 관리 등

② Build: Build, Acquire, Implement (BAI)

  - 프로그램/프로젝트 관리, 가용성/용량 관리, 요구사항 관리, 변경 관리, 지식 관리, 자산 관리, 구성 관리 등

③ Run: Deliver, Service, Support (DSS)

  - 운영 관리, 서비스/사고 관리, 문제 관리, 연속성 관리, 비즈니스 프로세스 통제 관리 등

④ Monitor: Monitor, Evaluate, Assess (MEA)

　- 성과/준수 평가 및 준수, 내부 통제 시스템 평가 및 진단, 외부
　　요구사항 평가 및 진단

〈그림4-6〉은 거버넌스와 관리의 핵심영역의 관계를 보여주고 있다. 전술하였듯이 COBIT5에서는 거버넌스와 관리를 명시적으로 구분하였다. 사업 요구사항에서 시작하여 4개의 도메인들이 관리되는 것을, IT 거버넌스에서와 마찬가지로 평가(E), 방향설정(D), 모니터링(M) 등의 프로세스와 이러한 관리 위의 거버넌스를 설명하고 있다. 각 도메인의 여러 하위 프로세스들은 피드백 과정을 통해 소통되고 순환된다.

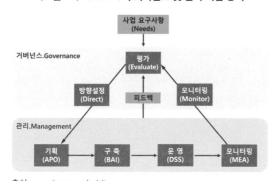

〈그림4-6〉 **COBIT 5의 거버넌스 및 관리 핵심 영역**

출처: www.isaca.org/cobit

2018년에 ISACA는 COBIT5을 다시 개정하면서, 앞서 설명한 〈그림4-3〉에서 보듯이 기존의 버전 번호를 쓰지 않고 'COBIT2019'로 불렀다. COBIT2019는 좀 더 유연하고 협력적이며 나아가 기술의 발전과 보안 요구 등에 대응해 거버넌스 전략을 구축할 수 있도록 도입된 프레임워크[13]로 가장 넓은 개념의 전사적 IT 거버넌스이다. COBIT2019는 COBIT5에서 분리되었던 '거버넌스' 내에 5개의 프로세스(거버넌스의 목표이기도 함)와 관리 목표 4개(기획, 구축, 운영, 모니터링)를 그대로 유지하고 있다.

거버넌스 목표	관리 목표			
EDM Evaluate, Direct and Monitor	**APO** Align, Plan and Organize	**BAI** Build, Acquire and Implement	**DSS** Deliver, Service and Support	**MEA** Monitor, Evaluate and Assess

출처: ISACA, COBIT2019, 2018.

데이터 거버넌스가 부각되는 이유

지금까지 살펴보았듯이, IT 거버넌스는 매우 중요하다. 디지털 혁신에 따른 데이터에 대한 인식이 크게 달라짐에 따라 오늘날 많은 조직들이 데이터 거버넌스에 집중하여 데이터로부터 통찰력을 얻고 이를 활용해 가치(조직운영 성과)를 극대화하려고 한다. 데이터에 보다 중점을 두고 거버넌스를 확립하는 것이 필요하게 되었다.

빅데이터 시대를 맞아 '데이터 거버넌스'가 부각되는 이유를 구체적으로 살펴보자. 조직은 데이터 거버넌스를 통해, 이용자가 데이터의 유용성을 인식할 수 있게 하고 보유하고 있는 데이터를 활용하도록 하여 데이터로부터 더 많은 가치를 얻고자 한다. 이러한 여러 측면을 입체적이고 종합적으로 관리할 수 있는 역량은 잘 설계된 데이터 거버넌스를 통해 나온다. 데이터 거버넌스는 기존 데이터의 오류와 누락 등을 점검할 수 있게 한다. 데이터 거버넌스가 잘 구축되어 있다는 것은 새로운 데이터의 속성이 잘 파악되고 이를 지원하는 새로운 메타 데이터[14].matadata도 잘 마련되어 있다는 것을 의미하는 것이다.

앞서 보았듯이, 데이터 거버넌스에 대한 정의가 너무 많다 보니 혼란스럽기까지 하다. 이러한 상황에서 데이터 거버넌스는 더욱 강조될 것이다. 실제로 데이터 거버넌스는 조직이 사업의 효율성을 제고하고 업무 수행을 개선하기 위해 데이터를 사용하려고 할 때 더욱 중요한 기능을 수행하고 있다.

데이터가 전략적인 조직 운영이나 사업을 위한 자산으로서 계속 중심적인 역할을 수행함에 따라, 데이터를 체계적으로 통제하고 관리하는 방법을 조직과 그 구성원들이 이해해야 할 필요성이 커지고 있다. 그동안 지식이 확대되고 엄청난 양의 데이터를 저장·처리하는 기술의 비약적인 발전으로 빅데이터의 활용가능성 크게 높아졌다. 이러한 상황에서 많은 조직들이 기존의 IT 관리체계(거버넌스)가 데이터 거버넌스를 보장하지 못한다는 점을 인식하기 시작하였다. 데이터 거버넌스는 단순히 IT 거버넌스의 일부로 그치는 것이 아니라 조직의 업무수행 프로세스, 의사결정, 업무 개선, 새로운 가치 창출 등을 위한 종합적이고 전략적인 데이터 관리체계로 그 중요성이 강조되고 있다.

데이터 거버넌스에 관한 다양한 정의 안에는 3가지의 중요한 요소가 들어 있다.[15]

- 데이터 입수·입력 및 유지 관리에 관한 규정과 규칙(합의된 정책, 정의, 양식적 규칙 등)을 제정
- 정해진 제반 규칙들을 조직의 구성원들이 실행
- 데이터의 관리: 조직 내의 데이터 관리자와 사용자가 정해진 규정이나 규칙에 따라 데이터와 관련된 다양한 작업을 수행

이 3가지 요소가 조직 내에 함께 존재하고 제대로 작동할 때, 데이터 거버넌스가 잘 마련되었다고 할 수 있다. 그런데 성공적인 데이터 거버넌스를 위한 선결요건은 2가지이다. 즉, 거버넌스를 가능하게 하

는 '수단'이 있어야 하며, 이를 수행하는 구성원들의 적극적인 '관심 또는 노력'이 뒤따라야 한다.

4. 빅데이터 출현의 영향

대량으로, 그리고 비정형적인 형태로 생성되는 빅데이터 환경에서 기업, 민간 또는 공공기관 등 많은 조직들이 빅데이터 플랫폼.Big Data Platform을 운영하고 있거나 만드는 것을 계획하고 있다. 또한 데이터와 관련한 거버넌스를 조직 운영에 있어 매우 중요한 인프라로 인식하고 있다. 빅데이터 플랫폼이나 거버넌스는 모두 빅데이터의 가치를 극대화하는 데 필요한 요소들인 것이다. 조직이 무슨 데이터를 보유하고 있고 무슨 데이터를 입수해야 하는지, 그러한 데이터의 용도와 의미, 그리고 유용성을 모르면 가치있는 정보와 통찰력을 얻을 수 없어 최신의 데이터 기반 업무 수행을 할 수 없을 것이다.

플랫폼 열풍과 데이터 플랫폼

'플랫폼' 전성시대이다. 디지털 플랫폼, 모바일 플랫폼, 플랫폼 비즈니스, 플랫폼 기업, 클라우드 컴퓨팅 플랫폼, 하둡 플랫폼, (빅)데이터 플랫폼, 오픈데이터 플랫폼, 플랫폼 경제 ….

플랫폼.platform은 '구획된 땅'을 뜻하는 'plat'과 '형태'란 뜻의 'form'이 결합해 생긴 단어다. 사전적 의미는 기차나 버스를 타거나 내리려는 사람들이 있는 승강장처럼 철로나 도로보다는 약간 높게 만든 평평한 장소이다. 이러한 승강장에는 교통편을 기다리는 승객들을 위해 신문이나 잡지, 음식료품 등을 판매하는 가게들이 자리하고 있으며 광고도 설치되어 있는 경우가 많다.[16] 교통수단과 승객이 공존하는 승강장이 본래의 기능을 하는 동시에 부가적인 수익을 창출할 수 있는 물리적 기반인 것이다. 이것 때문에 플랫폼의 의미가 더욱 확장될 수 있었다.

사전적 의미는 하드웨어적인 관점에서 비롯되었지만 요즘에는 의미가 더욱 확장되어 무형의 소프트웨어와 다양한 서비스 제공 측면에서도 플랫폼 개념이 널리 쓰이고 있다. 많은 경우 정보통신기술 관련 용어의 앞뒤에 쓰여 어떤 시스템, 솔루션, 앱.Application을 위한 '도구' 또는 '기반'을 뜻하게 한다. 이러한 플랫폼 개념의 진화적 확장은 다음과 같이 3가지 측면으로 설명할 수 있다. 첫째 하드웨어 플랫폼은 이미 설명했듯이 일상에서 우리가 자주 접하는 물리적 구조물, 즉 기차역, 우주발사대, 태양광 발전 저장시설은 물론 개인컴퓨터, IBM 메인서버 등 전산장비 같은 것을 말한다. 둘째, 기본 소프트웨어 플랫폼은 다양한 소프트웨어의 작동 기반이 되는 마이크로소프트 사의 Window11, 구글 사의 Android10, 애플 사의 iOS10 등과 같은 운영체제.OS가 해당된다. 셋째, 응용소프트웨어 플랫폼은 다양한 SNS, 앱스토어 등 자체적인 환경을 구축하여 플랫폼화된 서비스를 의미한다.[17]

이렇듯 플랫폼의 개념이 범용화를 통해 하드웨어적인 부문에서 점차 기본 소프트웨어로 이동하고, 다시 응용소프트웨어로 더욱 확장되어 왔다고 할 수 있다. 플랫폼의 개념이 널리 쓰이게 된 계기가 된 것은 스마트폰과 같은 이동기기의 확산이었다. 스마트폰이 널리 보급됨에 따라 다양한 운영체제와 응용프로그램이 개발된 데다 SNS의 대중화로 새로운 형태의 플랫폼 비즈니스가 출현하게 되었다.

또한 이러한 진화적 개념 이외에 경제학적, 비즈니스적, 컴퓨터공학적, 그리고 ICT 산업적 차원에서 플랫폼 개념을 설명하는 시도가 있다.[18] 우선, 경제학적 관점에서 플랫폼은 소비자와 생산자를 연결시켜 거래를 중개하는 장소, 즉 '시장'을 의미한다. 둘째, 비즈니스 관점으로는 다수의 기업 관계자들이 참여하여 일정한 규칙에 따라 가치를 창출하는 토대가 플랫폼이다. 컴퓨터공학 측면에서는 플랫폼이 특정 소프트웨어를 구동시키기 위해 다른 소프트웨어와 하드웨어가 결합된 기반인 것이다. 넷째, ICT 산업 차원의 플랫폼이 있는데 이는 컴퓨터공학의 기술적 관점을 토대로 경제학적 및 비즈니스적 관점이 융합된 개념이다. 즉, 소비자, 생산자 등 플랫폼 관계자들이 알아야 하는 기술적 구성요소.component와 이를 관리하는 기본 전략과 제반 규칙이 있다. 플랫폼 개발단계에서는 공급자가 있으며 플랫폼 개발에 함께 참여하는 협력사도 있을 수 있다.[19] 기술적 요소는 소프트웨어와 하드웨어, 그리고 이를 포괄하는 아키텍처를 포함한다. 전략과 규칙은 플랫폼의 기술적 요소를 활용하여 여러 이해관계자들이 가치를 창출할 수 있도록 한다.

데이터 경제 시대가 도래하면서 기업들과 정부 및 공공기관들은 다양한 가치 창출을 통해 조직의 목표를 달성하기 위하여, 기반 환경인 플랫폼을 개발하는 프로젝트에 관심을 보이고 있다. 이러한 프로젝트는 반드시 데이터를 활용하는 형태는 아닐 수 있지만 대부분의 경우 데이터의 활용을 극대화하는 것을 중요한 목적으로 삼고 있다. 요즘 많이 거론되는 (빅)데이터 플랫폼은 조직이 새로운 통찰력.insight을 찾아 가치를 창출할 수 있도록 하기 위한 전반적인 데이터 프로세스 환경을 의미한다. 빅데이터 플랫폼의 핵심 역할은 무엇보다도 데이터의 수집에서부터 저장·처리·관리, 그리고 분석에 이르기까지 전 과정을 지원함으로써 원시 데이터로부터 새로운 통찰력을 발굴하고, 궁극적으로 가치 창출로 이어지게 하는 것이다.

데이터 플랫폼은 데이터 수집·저장·처리·관리 등을 맡는 '관리 플랫폼'과 데이터 분석을 담당하는 '분석 플랫폼'으로 나눌 수 있다.[20]

데이터 관리 플랫폼   관리 플랫폼은 수집, 저장, 처리·관리 단계로 세분할 수 있다. 먼저, 데이터 '수집' 단계에서는 Open 검색 API[21], Nutch[22], Flume[23], Scoop[24] 등을 통해 다양한 데이터 소스로부터 정형 또는 비정형 데이터를 수집하게 된다. 빅데이터 '저장' 단계에서는 향후 분석·활용할 수 있도록 저장하거나 필요시 일부 변형하여 저장한다. 데이터 저장 기술에는 분산 파일 시스템.Distributed File System, 병렬 DBMS.Data Base Managed System 등이 있다. 다음으로 빅데이터 '처리·관리' 단계에서는 저장된 데이터에서 유용한 정보를 추출하기 위하여 데이터를 가공하고 분석할 수 있도록 지원한다. 또한 데이터의 품질 관리, 보안 등도 이 단계에서 이루어진다. 빅데이터의 분산병렬과 실시간 처리를 위한 기술에는 구글의 맵리듀스.MapReduce, 하둡.Hadoop의 맵리듀스 등이 있다.

데이터 분석 플랫폼   이 단계에서는 데이터 마이닝, 머신러닝, 소셜네트워크 감성분석, 인공지능 등 다양한 분석 기술을 적용하여 데이터를 분석하는 과정을 지원한다. 데이터 분석 도구는 통계패키지 알.R, 파이썬.Python, 쌔스.SAS, 에스피에스에스.SPSS 등이 있다. 데이터의 잠재 가치를 추출하여 조직의 목적에 활용할 수 있도록 하기 위한 중요한 단계이다. 방대한 양의 비정형 데이터로부터 정보를 추출하기 위해서는 무엇보다 분석 기술 역량의 확보가 중요하다.

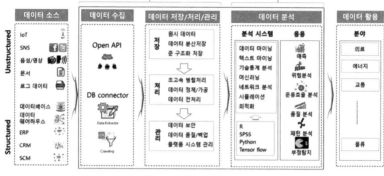

출처: ETRI Insight, 한국전자통신연구원 미래전략연구소, 2019.

 Zoom-in 데이터 플랫폼의 유형 및 사례*

* 출처: "해외 데이터 플랫폼 유형 및 사례 보고서", 한국정보화진흥원 (2018.12).

데이터 마켓플레이스 플랫폼 개방형으로 데이터 수요자와 공급자를 연결하여 필요한 데이터를 공유하고 유통과 거래를 지원한다. 데이터 수집, 가공, 검증, 컨설팅 등 여러 기능들을 선택적으로 제공한다.

- 수요자와 공급자가 참여하여 데이터를 공유·유통함으로써 수익을 창출: DATAHUB, DatastreamX
- 각종 데이터를 수집하여 고객의 비즈니스 니즈에 맞게 공급: Cruchbase, Datafiniti 등
- 학술자료: Figshare

- 의료데이터: DATEVA, Human API
- 통계데이터: KNOEMA
- CRM데이터: Salesforce

데이터 수집 플랫폼 다양한 출처로부터 데이터를 수집하여 수요자가 활용할 수 있도록 가공·표준화하여 제공하며 키워드, 트렌드 등 자문 분석 기능도 수행한다.

- 블로그, 포럼, 게시판, 뉴스 등 공개 데이터 중심으로 수집: DATASOFT, TWINGLY

데이터 분석 플랫폼 클라우드 자원 등을 활용하여 기업이나 데이터 분석가가 통찰력을 얻을 수 있도록 데이터 분석, 시각화 도구, 기초 데이터 등 분석 환경을 제공한다. 사용자 데이터를 플랫폼에 업로드하여 분석하거나 플랫폼에서 제공하는 데이터를 분석하여 활용할 수 있도록 한다.

- 강력한 분석도구 제공 플랫폼: Tableau, DataHero
- 분석도구, 유로 데이터 제공 플랫폼: Qlik

데이터 과학 플랫폼 금융, 의료 등 전문지식을 AI가 학습할 수 있도록 라벨링/태킹하여 양질의 학습용 데이터세트를 제공하며, 자연어처리기법(NPL) 및 AI 학습용 알고리즘, GPU/인프라 등 AI 학습 환경도 제공한다.

- 텍스트, 이미지, 영상, 음성 등 다양한 형태의 AI 학습용 데이터 세트 제공 플랫폼: FigureEight, Alegion
- 표준 모델화된 AI 학습모델 플랫폼: DataRobot

'빅' 데이터 거버넌스

데이터 거버넌스는 잠재력 있는 데이터의 활용을 위한 조직 차원의 노력에 있어서 매우 중요하다. 빅데이터 시대에 '데이터 거버넌스'라는 용어 대신 '빅데이터 거버넌스'라는 용어가 쓰이기도 한다. 조직이 보유하고 있는 모든 '빅데이터'의 관리 지침, 표준화, 전략 및 방향을 수립하고, 빅데이터를 입수·관리하고 활용할 수 있도록 하는 조직 및 서비스 구축 체계가 '빅데이터 거버넌스'이다.[25] 최근에는 다양한 '빅' 데이터를 기존의 데이터와 통합하여 그 활용방안에 대해 모색하고 있는 상황이기 때문에 군이 접두어인 '빅'을 붙이지 않고 데이터라는 용어로 통칭하기도 한다. 따라서 '빅데이터 거버넌스'라는 용어 대신 '데이터 거버넌스'라는 용어가 많이 쓰인다. 이런 점에서 보면 빅데이터 거버넌스는 데이터 거버넌스의 일부라고 할 수 있다. 실제 데이터 거버넌스 프레임워크를 구축한다는 말은 당연히 기존의 데이터 거버넌스에 빅데이터를 포함한다는 것을 의미한다고 할 수 있다.

오늘날 조직은 금융이나 실물 자산 이외에 새로운 형태의 가치인 빅데이터와 같은 '디지털 자산'을 관리해야 한다. 디지털 자산은 효과적으로 활용될 경우 조직(여러 산업 분야)의 의사결정에서 중요한 역할을 수행할 수 있다. 이러한 자산은 기존의 금융 및 물리적 자산과는 확연히 다르다. 세이버메트릭스[26], sabermetrics와 같은 스포츠 데이터로부터 자율주행차의 이동에 이르기까지 빅데이터는 여러 분야에서 의사결정을 하는 방법을 개선하기 위한 기초자료 역할을 한다. 10여 년 전까지만 해도 데이터를 비용 효율적인 방식으로 일관성있게 수집, 통합, 분석 및 처리할 수 있는 강력한 기술이 없었다. 그렇기 때문에 빅데이터의 활용과 관련한 최근의 환경 변화는 극적이라 할만하다.

빅데이터를 통한 진정한 혁신을 실현하려면 조직은 실용적인 통찰력을 창출하는 방식으로 데이터를 관리해야 한다. 통찰력은 조직이 올바른 결정을 내리도록 하는 데 도움이 된다. 이를 위해 조직은 데이터 거버넌스 전략에 있어 적절한 정책·기준, 절차 및 모범 사례를 일관되게 구현해야 한다. 대부분의 조직들이 적시에 안전하고 정확한 데이터 관리를 지원하기 위한 정책, 절차, 책임범위 및 시스템을 이미 마련하고 있는 경우도 많이 있다. 따라서 데이터 거버넌스를 위한 기본적인 구성 요소들이 갖추어져 있을 수 있다. 그러나 다음과 같은 고려사항들로 인해 효과적인 데이터 거버넌스를 구축하기 위해서는 대대적인 개편이 필요할 수 있다.[27]

거버넌스 구현 접근방식

잘 구축된 데이터 거버넌스 프레임워크는 조직 내 여러 수준에서 빅데이터 플랫폼이 효율적으로 운영될 수 있도록 지원하는 역할을 한다. 빅데이터는 몇 가지 측면에서 데이터 거버넌스에 관한 기존의 이해를 변화시켰다. 빅데이터의 각 측면은 데이터 자산을 효과적으로 관리하기 위한 새로운 접근 방식을 요구하고 있다.[28]

데이터 자산의 다양성 빅데이터 시대에 들어 서로 다른 유형의 데이터 자산의 수와 그 범주가 증가하고 있다는 점은 가장 중요한 특징이다. 전례 없을 정도의 대규모 양, 빠른 생성 속도, 다양한 소스 등으로 정의되는 빅데이터의 시대가 도래하고 빅데이터 분석의 필요성이 중대됨에 따라 디지털 자산을 관리하는 방식이 크게 달라졌다. 오늘날 빅데이터 환경의 일부인 웹·소셜미디어 데이터, 사물인테넷.Internet of Things(IoT) 센서 정보, 거래 데이터, 맵리듀스.MapReduce 작업과 같은 자산도 거버넌스 구축을 위한 정책 및 절차를 마련할 때 고려해야 한다.

자동화 데이터의 양과 다양성의 증가는 자동화를 요구한다. 데이터 거버넌스 초기에 사용하였던 스프레드시트와 같은 수작업 프로세스로는 데이터 변경 횟수와 거의 매일 데이터베이스로 유입되는 새로운 데이터를 감당할 수 없다. 수동 프로세스는 대량의 데이터를 처리하기에는 너무 느리고 성가심을 초래한다. 데스크톱 도구, 스프레드 시트 또는 문서 공유 사이트에 대한 관리 정보를 유지하는 일은 너무 느리고 번거롭기 때문에 사용자는 필요한 데이터에 즉시 접근할 수 없다. 데이터의 양이 증가하고 기술이 향상됨에 따라 많은 조직들은 공급업체에서 제공하는 고급 데이터 거버넌스 툴을 사용하기 시작했다. 특정 응용 프로그램을 사용하여 다른 업무 활동을 자동화하듯이 적절한 방식, 예를 들면 머신러닝, 클라우드 컴퓨팅, 자동화 엔진 등의 기술을 사용하여 데이터 거버넌스 체계를 자동화해야 한다.

데이터 공유·결합 데이터 공유는 간단한 과정이 아닌 경우가 많다. '데이터 호수'.data lake 프로젝트는 모든 데이터들이 쉽게 활용될 수 있도록 환경을 조성하는 것을 목표로 한다. 이를 위해 데이터를 소유한 여러 부서들은 데이터를 통제된 방식으로 상호 제공하여 공유한다는 데 동의해야 한다. 데이터 공유 요구사항들이 명시적으로 협의되면 데이터 사용자가 데이터를 이용해 할 수 있는 것과 할 수 없는 것이 정해진다. 데이터의 공유는 궁극적으로 이전에는 가능하지 않았던 데이터의 결합을 통해 새로운 가치를 창출할 수 있다. 데이터 공유를 보다 촉진하기 위해서는 업무 용어집과 데이터 카탈로그의 작성이 필요하다.

다양하고 유연한 프로세스　빅데이터 시대에 거버넌스에 대한 접근 방식은 '필요한대로 수행'하는 상향식[29].bottom-up이어야 한다. 이는 거버넌스를 위한 자동화 시스템이 명확한 운영모델을 가지고 있어야 하며 매우 유연하고 협업적이어야 한다는 것을 의미한다. 이 운영모델은 데이터의 품질과 신뢰성뿐만 아니라 제공, 사용, 변경 및 폐기 방법 등 전체 수명주기를 고려하여야 하며, 일련의 과정을 자동화함으로써 끊임없이 증가하는 다양한 데이터를 처리할 수 있어야 한다.

데이터의 물리적 분리의 한계　민감한 데이터를 식별하고 해당 데이터를 관리하기 위하여 데이터의 물리적 분리를 시도하는 경우가 있다. 그러나 빅데이터 환경에서 데이터를 물리적으로 분리하는 것은 쉽지 않다. 어떤 데이터가 민감하고 누가 그에 대하여 책임을 지는지 판단해야 한다. 데이터 거버넌스 구축시 이러한 것들을 고려해야 한다.

빅데이터 출현으로 도전에 직면　조직의 IT 도구를 변환시키는 강력한 요인인 빅데이터의 출현으로 인하여 리스크와 비용 문제 등과 같은 다양한 과제들이 생겨났다. 이러한 리스크와 비용 문제들은 데이터 거버넌스 체계 구축을 고려하게 함으로써, 그리고 조직이 직면한 변화에 대응하기 위해 거버넌스 체계를 빅데이터에 적용함으로써 해결되고 줄어들 수 있다.

데이터는 조직을 위한 필수재 데이터는 조직의 생명선과 같다. 데이터를 입수하고 처리하는 인프라와 플랫폼은 모든 변경 사항과 데이터 사용 및 처리 필요량을 감당할 수 있어야 한다. 높은 수준의 신뢰성과 보안성이 확보되지 않으면 조직은 데이터를 활용할 수 없으며 새로운 데이터 소스와 통찰력을 얻을 수 없다. 이렇게 되면 조직은 신속하게 경쟁력을 갖출 수 없다. 데이터는 특히 조직의 경쟁력 면에서 핵심 요소가 되었다.

5. 데이터 거버넌스의 구성요소와 원칙

구성요소
데이터 거버넌스 프로젝트를 구현하기 위해서는 기술 장벽을 극복하여 필요한 데이터를 입수·유지하고 해당 데이터를 처리할 수 있는 새로운 기능을 제공하는 등 유연한 프로세스가 필요하다. 새로 접근할 수 있는 데이터의 전 범위에 걸쳐, 각 프로세스에 유연성이 적용될 때 데이터를 체계적으로 관리하고 통제하는 것이 가능해진다. 데이터 거버넌스를 확립하기 위해 필요한 것은 크게 4가지로 요약된다.[30]

조직 구성원과 프로세스 데이터 거버넌스는 데이터와 관련하여 조직 구성원의 적절한 행위를 장려하는 동시에 위험을 초래하는 행위를 억제하기도 한다. 이러한 효과는 사실 기존의 데이터 관리 환경이든 오늘날의 빅데이터 환경이든 큰 차이가 없다. 데이터 거버넌스는 조직 구성원으로 하여금 데이터에 대한 책임자가 누구인지를 확인하고 협력할 수 있게 한다. 데이터의 용도와 사용방법을 명확하게 한다. 또한 데이터 관련 정책·기준을 수립하고 의사결정을 내리는 데 필요한 기준을 제공한다. 아울러 데이터 변경의 파급 영향을 파악하고 특정 정보나 측정기준,metrics의 출처를 이해하는 데 도움을 준다. 이러한 조직 구성원의 행위와 여러 프로세스는 어떤 환경에서든 필요하다.

적절한 기술과 인프라의 활용 이러한 프로세스는 매우 다양하다. 조직 내 타부문의 여러 이해관계자들이 각 프로세스에 참여한다. 또한 프로세스는 시간에 따라 달라지기도 하며, 특히 빅데이터의 경우 데이터의 양, 형태 및 변화 빈도가 증가한다. 이러한 프로세스는 한두 차례 수행되기도 하지만, 지속적인 거버넌스 수행을 위해서는 전용 시스템과 자동화가 필요하다. 대부분의 다른 사업의 프로세스에서와 마찬가지로 자동화는 체계적이고 효율적이어야 한다. 또한 다른 프로세스와 마찬가지로 데이터 거버넌스 자체가 측정·관리될 수 있어야 한다. 그리고 필요한 경우 데이터의 품질과 유용성이 제고되고 보안성이 확보되어야 한다. 이와 관련한 프로세스는 분야별 이해관계자들과 긴밀히 연결되어야 한다. 데이터를 활용하여 가치를 창출하는 사업 단위에서 일하는 개인들은 많은 경우 데이터의 의미와 사용처를 안다. 그러나 데이터 관리의 '기술적' 측면에 대해서는 충분히 알지 못한다. 따라서 그들의 투입 내용을 파악하고 그들에게 유용한 도움을 주려면 인적·기술적 인프라를 효율적으로 결합하고 분야별 이해관계자들의 요구사항을 충분히 고려해야 한다.

데이터 관리의 중요성 사전 파악 데이터 거버넌스의 구현을 위해서는 먼저 관리할 것이 무엇인지 파악해야 한다. 모든 정보 데이터는 거버넌스 내에 목록화되어야 하지만 데이터 거버넌스의 확립을 위해 반드시 고려해야 할 중요한 데이터가 존재한다. 이러한 중요한 데이터 요소들과 그 사례들은 조직의 의사결정, 이용자에 대한 서비스 제공 및 감시업무 담당자에 대한 보고를 위한 기초가 된다.

기존 프로세스와 모범 사례의 활용   어떤 조직에서는 추가적으로 발생하는 간접비용으로 인식하여 "공식적인" 데이터 관리 프로그램 마련을 주저하기도 한다. 그러나 사실은 거버넌스 프로그램의 토대가 되는 프로세스를 이미 갖추고 있는 경우가 많다. 즉 '작업절차'.workflow 또는 '업무 규칙'.business rules 등의 형태로 존재한다. 이러한 기존의 프로세스를 출발점으로 삼아 데이터로부터 가치있는 정보를 얻는 전략을 수립할 수 있다. 이런 점에서 공식적인 데이터 거버넌스를 마련하는 일은 반드시 새롭고 부담스러운 일은 아니라는 점을 인식할 필요가 있다.

실제로 대부분의 조직은 프로세스의 중요성을 어느 정도 인식하고 있으며 특정 기능이나 영역 내에서 이를 체계화하고 있다. 데이터 기반 조직으로의 전환에 있어 중요한 것은, 새로운 방식으로 데이터를 결합할 때 이로부터 통찰력이 생긴다는 것을 이해하는 것이다.

결국 데이터 거버넌스를 구성하는 여러 요소들을 종합하면, 데이터 거버넌스는 데이터를 관리하기 위한 전략.strategy을 수립하고, 인력 등 업무수행을 위한 조직의 구조.organization structure를 설정하고 정책.policy, 절차.process 및 표준.standard을 정의하여 공표하며, 적절한 기술과 인프라.technology and infrastructure에 대해 설명하는 한편 프로세스 전반에 대한 모니터링.monitoring 기

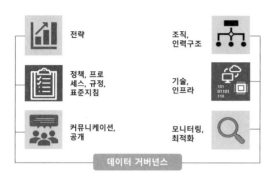

〈그림4-9〉 데이터 거버넌스 구성요소

전략

조직, 인력구조

정책, 프로세스, 규정, 표준지침

기술, 인프라

커뮤니케이션, 공개

모니터링, 최적화

데이터 거버넌스

준.metrics을 정의하고 모든 결과, 규칙, 변경사항 등을 조직 구성원들에게 설명·공개.communication and announcements하는 것을 목표로 한다.[31]

몇 가지 원칙

3원칙 앞서 언급한 조직구성원·프로세스·기술 등 여러 요소들은 거버넌스 환경을 지원하는 역할을 한다. 데이터 목록과 사전 메타데이터의 결합을 통해 데이터 정책과 활용에 관한 모니터링을 위해 필요한 정보를 얻을 수 있다. 데이터의 결합 시 분류와 조정.lineage and manipulations도 고려해야 한다. 워크플로우는 데이터의 입수, 추출·처리, 폐기 등 정보 생애주기 관리를 위한 절차를 제어한다. 또한 분산 인프라[32].distributed infrastructure 장치는 업무의 연속성, 처리의 신속성, 그리고 지속적인 데이터 가용성 지원 등에 도움이 된다.

정교하게 구축된 데이터 거버넌스 프레임워크에서 데이터는 정보보호의 원칙으로 알려진 CIA 3원칙을 따라 체계적으로 관리되어야 한다. 즉, 기밀성.Confidentiality, 무결성.Integrity, 가용성.Availability 등의 속성이 유지되는 방식으로 데이터가 관리, 저장 및 전송되도록 해야 한다. 이는 비인가된 접근으로부터 안전하고(기밀성), 비인가된 변경으로부터 보호되어야 하며(무결성), 필요할 때 권한이 있는 사용자가 이용(가용성)할 수 있어야 한다는 것을 의미한다. 데이터 거버넌스 참여하는 모든 관계자들은 이러한 3원칙을 실천해야 한다. 그리고 거버넌스 촉진 요인, 제약조건, 옵션, 데이터 관련 의사결정의 영향 등을 논의할 때 솔직하고 진실해야 한다.

 데이터 3원칙

IT 보안의 중요성에 대한 이해를 돕기 위해 개발된 보안 모델로, 데이터의 보안에도 그대로 적용된다.

기밀성. Confidentiality

가장 민감한 정보를 무단 접근으로부터 보호하는 것은 매우 중요하다. 보안 문제로서 개인정보 보호의 동의어는 기밀보호 또는 '기밀성'이라는 원칙이다. 기밀성은 정보에 대한 적절한 접근 단계를 정의하고 시행함으로써 지켜질 수 있다. 이를 위해서는 누가 정보에 접근할 수 있고 그 정보가 얼마나 민감한지 (즉, 기밀 위반시 피해의 크기로 판단) 입수된 다양한 정보로부터 분리하는 작업이 필요하다. 접근 제어와 암호화는 기밀성을 보장하기 위한 대표적인 보안 기술이다.

〈그림4-10〉 데이터 3원칙(CIA Triad)

무결성. Integrity

무결성 원칙의 핵심은 권한이 없는 당사자가 데이터를 수정하거나 삭제하지 못하도록 보호하고 권한을 부여받은 사람이 필요시 발생한 손상을 되돌릴 수 있도록 하는 것이다. 일부 데이터는 수정되어서는 안 되는데, 이는 순간적 변경 시 서비스 중단과 기밀성 침해로 이어질 수 있기 때문이다. 또한 파일을 실수로 삭제한 경우 최대한 되돌릴 수 있어야 한다. 권한이 부여된 담당자가 변경해야 하지만, 실행을 취소해야 하는 상황에서 무결성 보장을 위한 가장 일반적인 조치 중의 하나는 버전 제어시스템을 이용하는 것이다. 무결성을 확보하기 위한 보안 기술에는 접근 제어, 메시지 인증 등이 있다. 정보가 이미 변경되었거나 변경 리스크가 있는 경우에는 이러한 변경을 탐지하여 복구하는 침입 탐지나 백업 기술을 적용해야 한다.

가용성. Availability

시스템, 액세스 채널 및 인증 메커니즘은 필요 시 적절히 이용될 수 있도록 보호되어야 하며 제공하는 정보에 대해 모두 적절하게 작동해야 한다. 시스템이 지체 없이 작동하도록 하고, 합법적으로 권한을 부여받은 사람은 서비스 사용을 거절당하지 않아야 한다. 권한을 부여받은 자는 지속적으로 변하는 정보에 접근할 수 있어야 한다. 데이터의 가용성을 확보하기 위해서는 데이터의 백업, 중복성의 유지, 물리적 위협요소로부터 보호 등의 보안 기술을 적용해야 한다.

출처: Chad Perrin, June 30, 2008. [http://www.techrepublic.com/blog/
it-security/the-cia-triad/]

원칙의 확장 CIA 3원칙을 통해 데이터 거버넌스 원칙을 설명했지만, 데이터 관리를 보다 효율적으로 하려면 필요한 개념을 추가해야 한다. 투명성, 감사, 설명책임, 견제와 균형, 표준화, 변화관리 등의 원칙이다. 데이터 거버넌스 연구소.DGI는 성공적인 데이터 거버넌스와 관리 프로세스의 마련을 위해서는 보다 확장된 원칙이 필요하다고 주장한다. 이러한 원칙들은 모든 조직의 이해관계자들이 함께 모여, 궁극적으로 조직 내에 내재된 데이터 관련 여러 유형의 갈등을 해결하는 데 유용하다.

- **투명성**.transparency 데이터 거버넌스 및 관리 프로세스는 투명성을 갖추어야 한다. 모든 참여자와 감사자는 데이터 관련 의사결정과 통제가 어떻게 그리고 언제 프로세스에 도입되었는지 분명히 해야 한다.

- **감사**.Auditability 데이터 거버넌스의 적용을 받는 데이터 관련 의사결정, 프로세스 및 통제는 감사할 수 있어야 하며, 규정 준수 기반 및 운영에 대한 감사 요구사항을 지원하기 위한 문서도 함께 제공되어야 한다.

- **설명책임**.Accountability 데이터 거버넌스는 데이터 관련 의사결정, 프로세스 및 통제에 대한 책임 범위를 정의해야 한다.

- **관리**.Stewardship 데이터 거버넌스는 개별 기여자와 데이터 관리자 그룹의 관리 활동에 대한 책임을 정의해야 한다.

- **견제와 균형**.Checks and Balances 데이터 거버넌스는 데이터 생성/수집자, 데이터 관리자, 데이터 사용자, 표준 및 준수요건을 도입하는 사람 사이뿐만 아니라 업무부서와 IT 담당부서 간의 견제와 균형을 도입하는 방식으로 책임을 부여해야 한다.

- **표준화**.Standardization   데이터 거버넌스는 데이터의 표준화를 도입하고 이를 지원해야 한다.
- **변화 관리**.Change Management   데이터 거버넌스는 기준 데이터 값과 마스터 데이터 및 메타 데이터의 구조/사용에 대한 사전 예방적이고 사후 대응적인 변화 관리 활동을 지원해야 한다.

6. 데이터 거버넌스 담당자들

대부분의 조직에서 다양한 사람들이 데이터 거버넌스 과정에 참여하여 주어진 역할을 담당한다. 여기에는 조직의 임원, 데이터 관리 전문가 및 IT 담당직원뿐만 아니라 조직 시스템에서 관련 데이터 도메인에 익숙한 최종 사용자들도 포함된다. 이러한 참여자들이 주요 거버넌스에 대하여 책임을 진다.

데이터 관리 최고 책임자   수석 데이터 담당관.Chief Data Officer(CDO)이 있다면 데이터 거버넌스 프로그램을 총괄하는 최고 책임자로서 그 성공과 실패에 대한 최종 책임을 지는 경우가 많다. CDO의 역할은 프로그램에 대한 승인, 자금 및 인력 확보, 프로그램의 주도적 설정, 진행 상황을 모니터링하고 내부적으로 이를 전파하는 것을 포함한다. 만약 어떤 조직이 CDO를 두고 있지 않다면, 임원실의 다른 사업담당 임원이 동일한 역할을 담당하게 된다.

데이터 거버넌스 위원회/협의회   데이터 정책이나 기준에 대한 결정은 주로 조직 임원과 다른 데이터 책임자들로 구성된 데이터 관리기구,

즉 '데이터 거버넌스 위원회'.Data Governance Committee(DGC)나 '협의회'.Council에서 맡는다. 이러한 조직은 정기적·비정기적으로 회의를 개최하여 데이터 접근과 사용 등의 사항에 대한 데이터 거버넌스 기본 정책, 이와 관련된 세부 정책과 규칙을 승인하고 이를 구현하기 위한 절차를 승인한다. 또한 데이터에 대한 정의와 형식에 대한 부서 간의 의견 차이 등을 조정하기도 한다.

데이터 거버넌스 관리자 및 담당팀　어떤 경우에는, 수석 데이터 담당관인 CDO나 동등한 임원이 실제 데이터 거버넌스 프로그램 관리자.Manager일 수도 있다. 다른 조직에서는 데이터 거버넌스 관리자 또는 주도할 만한 사람을 임명하여 프로그램을 실행한다. 어느 경우이든, 프로그램 관리자는 일반적으로 데이터 거버넌스 담당조직(팀)을 이끈다. 때로는 데이터 거버넌스 담당조직이 프로세스 조정, 회의와 교육 세션 진행, 평가지표[33].metrics 점검, 내부 커뮤니케이션 주도 등의 업무를 수행한다.

데이터 관리자　데이터 관리자.stewards는 데이터세트의 일상적인 관리에 대한 책임을 진다. 그들은 또한 데이터 거버넌스 위원회가 승인한 정책과 기준 등 제반 규칙들이 이행되고 최종 사용자들이 이를 준수하는지 확인하는 일을 맡고 있다. 특정 데이터 자산과 도메인에 대한 지식이 있는 작업자는 일반적으로 데이터 관리 역할을 담당하도록 임명된다. 그것은 어떤 조직에서 정규직이고 다른 조직에서는 시간제 근무직일 수 있다. 또한 IT와 데이터 부문 관리직 경력이 혼합된 사람이 맡을 수 있다.

기타 참여자 데이터 아키텍처[34].DA, 데이터 모델링 담당자, 데이터 품질 분석자 및 엔지니어도 거버넌스 프로그램의 일부분이다. 또한 데이터 이용자와 분석담당 팀원들은 데이터 거버넌스 정책과 데이터 표준에 대한 교육을 받아야 하며, 잘못되거나 부적절한 방식으로 데이터를 사용하지 않도록 해야 한다.

5장

데이터 거버넌스의(DG)의 구현과 과제

데이터의 가치가 높아지고 활용이 강조되면서 조직 내에서 데이터의 체계적 관리, 즉 거버넌스를 확립하는 일이 중요해지고 있다. 빅데이터 시대를 맞아 대규모로 빠르게 생성되는 다양한 형태의 데이터를 다루어야 하기 때문에 데이터 거버넌스 확립은 중요한 과제이다. 데이터 거버넌스를 구축할 때 조직은 거버넌스의 각 기능과 속성이 잘 유지되도록 시스템의 안정성과 가용성 확보, 데이터 목록 작성, 데이터 탐색 용이성과 유효성 제고, 민감한 데이터 보호 등 여러 사항들을 고려하여야 한다.

이 장에서는 데이터 거버넌스 구축 시 고려할 사항, 모범사례(기본지침, 세부 실행지침) 에 대해 이야기 한다. 데이터 거버넌스의 중요성과 이득에 대한 이해를 바탕으로 거버넌스의 개념도를 그려보고, 이미 공개된 데이터 거버넌스 개념도의 실제 사례를 소개한다. 마지막으로, 거버넌스의 프레임워크는 필요 시 수정할 수 있어야 하는데 앞으로 거버넌스에 영향을 줄 수 있는 것은 무엇인지 생각해 본다.

1. 무엇을 고려해야 하나?

조직은 데이터 거버넌스의 각 기능과 속성이 잘 유지되도록 시스템의 안정성과 가용성 확보, 데이터 목록 작성·관리, 데이터 탐색 용이성 제고, 데이터의 유효성 유지, 민감한 데이터 보호 등 여러 사항들을 고려하여 거버넌스를 구축해야 한다.

시스템의 안정성과 가용성 확보　높은 가용성과 재해복구.disaster recovery(DR) 용이성과 같은 요소는 데이터 거버넌스 구축을 위한 필수 구성요소로까지 간주되지 않는 경우가 많다. 그러나 데이터가 조직의 귀중한 자산으로 인식되는 한 이러한 요소는 매우 중요하다. 따라서 데이터 거버넌스를 위한 전략에는 가용성 제고와 재해복구를 위한 방안이 포함될 필요가 있다. 데이터 자체의 가치는 물론 데이터 거버넌스 전략의 가치를 유지하기 위해서는 시스템의 안정성 확보가 전제되어야 한다.

　높은 수준의 가용성을 유지하고 시스템이 단일 데이터 센터에서 지속적으로 작동되도록 보장하는 데는 어려움이 따른다. 시스템을 설계할 때 클러스터 내의 장애 극복과 관련한 비용을 최소화하는 쪽을 택해야 한다. 예를 들면, 하드웨어의 구성요소에 장애가 발생할 경우, 문제가 있는 구성요소를 교체하는 방식으로 대응해야 한다. 다시 말해 장애 극복을 위해 소프트웨어 자체를 바꿀 필요는 없다.

　재해복구는 종종 시스템 운영 환경의 중요한 구성요소에 포함되지 않는다. 이는 재해가 시스템 전체에 발생할 가능성이 높지 않기 때문이다. 하지만 중요한 업무를 다루는 환경에서는 재해복구 계획과 같은 안전장치를 갖춰야 한다. 조직은 시스템 활용 과정에서 또는 사용자 오류 때문에 생길 수 있는 데이터 손상도 방지해야 한다. 예를 들어 컴퓨터 파일 시스템에서 스냅샷.sanapshots 기능은 데이터의 특정 시점 보기를 생성하여 데이터에 손상이 발생할 경우 데이터 복구 옵션을 제공한다. 스냅샷은 또한 데이터 복구·보존을 위한 포렌식 분석.forensic analysis 시 추적할 수 있는 특정 시점에서 읽기 전용 데이터 모습을 캡처하여 데이터 기록과 분류를 추적할 수 있게 한다는 면에서 유용한 방법이다.

데이터 목록 작성 관리　데이터 목록을 만들고 해당 목록을 이용할 수 있도록 하는 것이 매우 중요해졌다. 다양한 데이터들이 폭발적으로 증가하고 있기 때이다. 그러나 단지 정보 데이터에 대한 기술적인 메타데이터 파악에 그쳐서는 안된다. 데이터가 많을 뿐만 아니라 매우 빠르게 증가하고 있어 이들을 수동으로 분류하는 것은 불가능하다. 따라서 그러한 프로세스를 자동화하기 위한 엔진이 필요하다. 그리고 사용자가 이 목록에 접근할 수 있어야 하고, 사업 검토 등에 필요한 데이터를 언제든지 구입할 수 있어야 한다. 데이터는 사업 목적과 밀접하게 연결되어야 한다. 조직에서 새로운 데이터와 기존 데이터가 모두 이용됨에 따라 쉽게 추가 또는 업데이트 가능한 데이터 용어집(사전)이 필요하다. 또한 데이터, 이의 이용 및 처리와 관련된 모든 유형의 자산을 추적할 수 있도록 여건을 조성해야 한다. 시각화와 같은 사용자 접근 방식, 모델 및 소스 데이터세트와 같은 데이터 분석 요소, 맵리듀스.MapReduce 프로그래밍 기법[1]과 같은 기술적 요소는 데이터 사전에 반영되어야 한다.

데이터 탐색의 용이성　데이터 목록을 만든 후에는 해당 목록에서 필요한 사항을 찾는 방법이 필요하다. 조직 내에서 구성원별 역할에 기초하여 데이터를 다른 각도에서 바라볼 필요가 있다. 즉 데이터 이용자는 유용성 면에서, IT 전문가는 시스템 또는 응용 관점에서, 정보보안 담당자는 개인정보 보호 정책 관점에 따라 데이터를 인식해야 한다. 그리고 감사 담당자들은 상황별 관계를 보여주는 유연

〈그림5-1〉 **데이터 거버넌스 구축 시 고려사항**

한 시각화를 통해 전체 분류 및 관련 데이터를 확인해야 한다. 따라서 구성원의 역할별 맞춤 탐색 기능을 갖추어 이들 사용자가 원하는 것을 최대한 쉽게 찾을 수 있도록 할 필요가 있다. 머신러닝.Machine Learning과 인공지능.Artificial Intelligence 같은 기법은 적절한 데이터를 찾는 데 사용될 수 있다. 데이터 처리 메커니즘이 매우 효율적이면 적절한 시점에, 그리고 필요한 곳에 데이터를 전송할 수 있다.

데이터의 유효성 유지　유효성은 데이터의 수집방식과 관련된다. 데이터가 '올바른' 형식이고 '올바른' 유형이며, '올바른' 범위 내에 있으면 그 데이터는 유효하다고 할 수 있다. 데이터가 이러한 기준을 충족하지 않으면 데이터를 처리하고 분석하는 데 문제가 생길 수 있다.

　데이터의 유효성을 유지하려면, 우선 데이터 관련 체계적 정책 및 통제방안을 수립하고, 용도에 맞게 데이터의 정확도를 확보해야 한다. 정책 관리기능이나 워크플로우를 통해 데이터를 잘 이해하게 된 사용

자들은 정책과 절차를 쉽게 수용할 수 있다. IT 서비스 관리 시스템과의 통합을 통해 결정된 데이터 관련 정책 정보(기본 및 세부 내용, 요구사항 등)는 IT 시스템 내에서 적용된다. 자동화된 규칙은 정책에 지침이 있는지를 쉽게 판단할 수 있게 한다. 포괄적인 사업 또는 업무 분류는 어떤 정보가 적용되며 업무관련 용어가 어떤 데이터를 참조하는지, 그리고 데이터 변경의 영향을 파악하는 데 도움을 준다.

다음으로 데이터 품질 관리를 통해 유효성을 유지할 수 있다. 데이터 품질 대시보드.dashboard는 데이터 품질 평가 결과와 함께 데이터의 품질 개선 여부를 표시한다. 품질 대시보드에는 우선순위 지정 및 개선을 지원하는 과정에서 품질 규칙을 위반한 데이터에 관한 정보가 축적된다.

이러한 지속적인 품질 개선 노력을 신속한 대응 정책과 통제방안과 결합함으로써 데이터의 유효성을 유지할 수 있다.

민감한 데이터 보호　데이터 보안을 위해서는 전문성이 있는 인력과 프로세스를 갖추는 것 이외에 기술력의 확보가 매우 중요하다. 민감한 데이터에 내포된 정보를 보호하려면 몇 가지 단계가 필요하다. 첫째, 데이터와 데이터의 민감도를 확인해야 한다. 둘째, 데이터로 수행할 수 있는 작업, 그리고 누가 수행할 수 있는지에 대한 정책이 명시적인 문구로 마련돼야 한다. 셋째, 데이터를 수집하고 이를 데이터 소비자들과, 그리고 정보에 대한 물리적 통제를 실행할 수 있는 기술자들에게 전달하기 위한 수단이 있어야 한다. 이 세 단계는 종종 규제 준수를 위해 추진되지만, 조직 내부 정책에도 연결된다. 중요한 것은, 서로 다른 민감도를 가진 다양한 유형의 데이터를 저장하고 그러한 제어

장치를 만들 수 있는 유연성을 갖춘 인프라가 있어야 한다는 것이다.

한편, 빅데이터 환경에서 데이터 보호를 위한 중요한 3가지 거버넌스 활동이 있다. 먼저 빅데이터 환경에서 입수된 데이터는 어느 정도 통제 가능해야 한다. 초기 단계에서의 통제는 데이터의 적절한 식별을 위해 중요하다. 둘째, 데이터에 관한 정책을 적절하게 할당하고 데이터의 보안과 개인정보 보호를 위한 새로운 정책을 지속적으로 개발해야 한다. 이러한 정책은 특정 데이터세트와 연결되어야 하며 해당 데이터는 이용하고자 하는 모든 사람들에게 공개·공유되어야 한다. 마지막으로, 이러한 정책들은 어떤 특정한 적용에 연결되어야 한다. 대개 데이터 관리 환경에서 통제, 절차 및 스크립트 등 3가지 요소를 사용한다. 빅데이터 환경에서 데이터의 안전한 보호를 위해 지금까지 설명한 거버넌스 활동은 유기적으로 통합되어야 한다.

2. 모범 사례: 기본 지침과 세부 실행 지침

데이터 거버넌스 프레임워크의 구현을 위해서는 복잡한 프로세스 개발이 필요한데 이러한 작업은 고비용 프로젝트이다. 유의할 점은 프로젝트의 종료 시점에 실패가 표면화될 수도 있는, 소위 '폭포수'.waterfall 접근법을 통해 모든 것을 동시에 진행하지 않는 것이다. 대신 모범 사례에 관한 다음의 기본 지침에 따라 프로젝트를 진행하는 것이 바람직하다.[2]

기본 지침
• 데이터 거버넌스의 구축을 통해 얻을 수 있는 가치(이득, 기회 등)를

가능하다면 측정하여 수치 형태로 제시하고 조직 구성원들이 인식할 수 있도록 전파한다.

- 조직의 데이터 사전.data dictionary을 만들고 이에 기반하여 데이터 거버넌스의 구성요소를 정의한다. 그리고 데이터 객체.data object의 유형을 파악하고, 보안 위협에 따른 위험, 데이터 자산의 가치, 가용성, 무결성(또는 통합성.integrity) 등의 요건들을 토대로 데이터 자산의 우선순위를 결정한다.

- 무엇을 변화시켜야 하는지 알고, 주어진 환경을 이해할 수 있을 때에 변화가 가능하므로, 객관적인 기준에 따라 측정하고 모니터링하며, 실행할 지표를 정의한다.

- 데이터 거버넌스의 구현은 여러 이해관계자, 프로세스 및 IT 시스템의 지속적 조정을 필요로 하는 끊임없는 변화 과정이므로 통합적인 접근 방식을 취하되 단계별로 추진한다. 즉 어느 한 부문(부서, 업무, 데이터 등)에서 시작하여 대상을 확대해 나간다.

- 사업 부문과 IT 부문 간의 커뮤니케이션을 확대하며 공동 목표에 대해 모든 당사자들이 잘 인식하고 있는지 확인하고, 모든 활동에 대한 핵심 경영진의 관심을 이끌어낸다.

- 연수 및 교육 등을 통해 데이터 당사자들이 책임(규칙 준수, 개인정보 보호 등)을 숙지하도록 한다.

- 데이터 거버넌스의 프레임워크는 다음 순서로 구현한다.
  ① 데이터 관리 전략의 수립
  ② 조직 구성(데이타 책임자 지정, 구성원 배치 등)
  ③ 프로세스 마련 (정책, 기준, 절차 등)
  ④ 적절한 기술의 확보

⑤ 거버넌스의 정책, 기준, 절차 등을 적용·실행

⑥ 모니터링 및 통제

세부 실행 지침

유용한 방식의 분석과 활용을 통해 최적의 의사결정을 지향하는 조직에게 중요한 것은 모든 데이터세트가 CIA 3원칙과 부합하도록 (빅)데이터 거버넌스 프레임워크를 구축하는 것이다. 데이터 입력 오류나 저품질 데이터의 입력 등의 문제를 방지하기 위한 방법으로 IT 서비스 제공사인 이팸.epam은 일명 애자일.agile 접근법으로 알려진 다음과 같은 세부 실행 지침을 제안하였다.

- 데이터를 활용하여 달성하고자 하는 가치를 파악한다.
- 데이터 속성(3V), 데이터의 출처, 구조, 스키마.schema, 피크.peaks, 값.value 등 데이터의 속성을 파악한다.
- 데이터 객체 및 빅데이터 패러다임에 관한 전문인력을 양성한다.
- 개인정보 보호 및 보안 요구사항을 파악한다.
- 데이터의 품질을 제고하고 일관성을 유지한다.
- 실행 작업을 기록하고 자동화를 통하여 분석한다 (가능한 한 모든 항목을 자동화).
- 데이터 객체에 할당된 역할과 책임을 포함하는 단순화된 데이터 사전을 만든다.
- 우선순위/보안 기준 업데이트에 대해 짧은 시간대의 필수 메타데이터만 포함시켜 데이터 사전을 간소화하고 데이터의 가치를 기준으로 보존 정책을 정의한다.
- 반복 제공되는 개념증명[3].PoC 프로젝트를 사용하여 효과적인 아키

텍처가 구축되었는지 확인한다.

　조직은 데이터 거버넌스를 구현하는 과정에서 지속적인 변환을 도모해야 할 수도 있다. 종종 거버넌스 구현 및 운영 관련 추가적인 비용이 발생할 수 있다. 왜냐 하면 조직은 기존의 IT 아키텍처[4]와 새로운 IT 아키텍처 요소가 혼합된 ETL[5] 프로세스와 거버넌스를 위해 더 많은 자금을 지원해야 하기 때문이다. 데이터 관리자.Data Steward와 데이터 과학자.Data Scientist와 같은 새로운 엔지니어들의 역할도 개발해야 한다. 기존 데이터 웨어하우스.data warehouse(DW)에서 빅데이터 스택[6].stack으로 전환할 때 새로운 비용이 많이 발생하고 변화가 있을 수 있지만 빅데이터가 제공하는 경쟁 우위로 인해 창출되는 가치가 리스크를 초과하여 중장기적으로는 비용 효율성이 높아질 수 있다. 따라서 장기적으로 비용 절감효과가 있다는 점을 감안하여 거버넌스를 구현하는 것이 바람직하다.

🔍 Zoom-in 폭포수 접근법과 애자일 접근법

어떤 프로젝트를 수행할 때 분석(discover), 설계(design), 개발/구현(develop), 검증(test), 유지보수(maintenance) 단계가 순

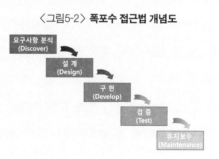

〈그림5-2〉 폭포수 접근법 개념도

차적으로 진행되는 고전적인 "라이프 사이클 패러다임"이라 할 수 있다. 이러한 진행 흐름이 마치 폭포수처럼 아래로 이어져 보여 붙여진 이름이다. 이 접근방식의 문제는 심각한 오류가 대개 테스트 단계에서 발견이 되고, 그때는 되돌리기에는 이미 늦는 경우가 많다는 점이다.

반면 애자일(agile) 접근법은 프로젝트 수행의 각 단계를 명확하게 구분하지 않고 반복적이고 신속하게 단계를 수행하면서 필요 시 요구사항을 수정하면서 프로젝트를 완성해 나가는 방식으로, 각 단계가 순차적으로 진행되는 폭포수 접근법과 대비된다.

출처: http://blog.rightbrain.co.kr/?p=5810

3. 왜 데이터 거버넌스가 중요한가?

2장에서 살펴보았듯이, 데이터 경제는 데이터가 사람들의 경제활동에서 중요한 생산요소의 하나로 사용되는 경제구조를 의미한다. 좁은 의미로 데이터는 개별 조직 내에서 새로운 형태의 가치있는 '자산'으로 불리고 있다. 넓은 의미에서는 경제 활동의 변화와 성장의 동력으로서 이전에는 경험하지 못했던 경제·산업 지형을 만들어내고 있다.

조직의 중요한 자산으로서 데이터의 가치가 높아지고 활용이 강조되면서 데이터의 체계적 관리, 즉 거버넌스를 확립하는 일이 중요해지고 있다. 특히 빅데이터 시대를 맞아 빠르게 생성되고 다양하며 대규모의 데이터를 다루어야 하기 때문에 데이터 거버넌스 확립은 어렵고도 중요한 과제이다.

중요성: 공통목표

조직 내에 데이터 거버넌스가 잘 구축되어 있으면, 일관되고 신뢰할 수 있는 데이터를 조직 구성원들이 활용할 수 있다. 많은 크고 작은 조직들이 데이터에 의존하여 중요한 사업을 위한 의사 결정을 내리고 조직 운영을 최적화하고 있다. 데이터 관리 시스템을 통해 데이터를 관리함으로써 일관된 결과를 얻는 이점을 누리고 있다. 반면 데이터를 중요한 자산으로 간주하지 않기 때문에 이러한 이점을 제대로 살리지 못하는 조직도 많이 있다.

조직 운영에 있어서 데이터의 위력이 크다는 점은 이미 잘 알려져 있다. 데이터는 조직의 '역량' 자체이며 우리가 요즘 중시하는 통찰력도 데이터에서 비롯된다. 그래서, 데이터 거버넌스가 중요해진다고 말한다. 정확히 말해 왜 그런가? 데이터 거버넌스가 궁극적으로 무엇에 도움이 되는가? 데이터 거버넌스의 목표는 조직의 성격이나 필요에 따라 달라질 것이지만 공통적으로 중요한 목표는 다음과 같다.

데이터 정책과 기준의 제정 데이터 거버넌스 프로그램은 데이터의 품질 개선, 가용성 확보, 보안 준수 등 데이터 관리를 위한 전략, 방향, 우선순위 등을 수립하고 데이터 기본 정책·기준, 프로세스 등을 제정한다. 또한 정책이나 기준, 우선순위 적용 등과 관련하여 해당조직이나 관계자들의 역할과 책임을 정의한다.

데이터의 품질 개선　데이터 거버넌스의 가장 중요한 목표는 조직의 데이터 품질을 개선하는 것이다. 데이터가 조직 운영에 점점 더 필수적인 요소로 되면서, 데이터의 품질은 더욱 중요해지고 있다. 오늘날의 조직은 데이터를 의사 결정, 효율성 제고, 새로운 업무 개발 등에 활용하고자 노력하고 있다. 만약 그 데이터의 품질 수준이 떨어진다면, 이러한 노력은 성공하지 못할 것이다.

정보 아키텍처 표준화와 통합　데이터에 대한 동일한 정의를 보유하고 이러한 정의를 여러 플랫폼에서 사용할 수 있도록 보장하는 것은 데이터에 기반한 의사결정을 가능하게 하는 데 필수적이다. 동일하게 정의된 데이터는 지속가능한 정보 아키텍처 환경을 구축하며, 조직 전체의 데이터 통합을 촉진하는 데 활용된다. 또한 이 프로그램은 데이터 정의에 대한 결정과 이러한 정의를 관리, 통합 및 전파하는 데 필요한 기술적 지원을 제공한다.

데이터의 보안 강화　최근 데이터의 활용은 권장되고 있는 반면 정보보호는 더욱 강화되는 추세이다. 유럽연합.EU의 경우 회원국들은 일반정보보호규정.GDPR의 출현으로 인해 데이터 관련 법 위반 시 뒤따르는 처벌에 신경을 써야만 한다. 우리나라의 경우에도 개인정보보호법이 매우 엄격하게 운영되고 있어 데이터 이용과 관련하여 법 위반 시 조직 차원에서 리스크가 발생할 수 있다. 조직의 중요한 자산 가운데 하나인 데이터가 부주의하게 사용되거나 외부에 유출될 경우 심각한 금전적 또는 법적인 문제가 일어날 수 있다. 일반 대중들이 조직에 대해 나쁜 평판을 형성할 수도 있다. 데이터 거버넌스는 조직의 데이터 접근 및 공유 프로세스를 규정하는 데 그치지 않고 권한 공유 및 파일 계층 구조화를 통하여 궁극적으로는 내부 구성원으로부터는 물론 외부 위협으로부터 데이터를 보호하는 데 도움을 준다.

데이터의 공유 확대 데이터 거버넌스의 구축의 중요한 이유이자 목표 중의 하나는 고품질 데이터의 공유를 확대하는 것이다. 기본적으로 데이터 거버넌스는 다양한 부서의 이해관계자들이 참여하여 협업하도록 하는 구조이다. 따라서 데이터의 공유 확대는 데이터 사일로[7].data silos의 해체를 의미한다.

데이터 거버넌스는 데이터 공유 프로세스를 보다 안전하고 쉽게, 그리고 효율적으로 만드는 데 도움을 준다. 데이터 거버넌스 도구와 리소스를 통해 데이터를 체계적으로 저장, 정리 및 색인화할 수 있다. 그 결과 필요한 데이터를 찾는다거나 조직의 다른 사용자와 공유하기가 더 쉬워진다. 수많은 문서로 가득 찬 정리되지 않은 서랍과 우리가 어딘가에 보내야 할 파일 하나를 찾기 위해 문서들을 하나하나 뒤적이는 모습을 상상해보면 거버넌스의 중요성을 쉽게 이해할 수 있다.

데이터의 탐색·분석 용이성 제고 데이터는 이미 조직에서 중요한 자산으로까지 인식되고 있다. 올바르게 관리하고 분석해야 하는 이유가 여기에 있는 것이다. 데이터 분석이 불충분하면 관리 수준 결정도 나빠지는 결과를 초래한다. 조직에서 생성된 데이터는 기하급수적으로 계속 증가하므로 보다 나은 재사용을 위해 데이터를 분석하고 잘 구성하는 것이 중요하다. 평상 시에 대용량 데이터를 체계적으로 관리해야만 탐색을 효율적으로 하고 분석에 적시에 활용할 수 있으며, 나중에 필요 시 재사용도 가능하다. 데이터 거버넌스를 조직구조의 일부로 인식하지 않을 경우 조직은 보유한 데이터를 분석하는 데 어려움을 겪게 될 수도 있다. 특히 급속히 성장하는 소규모 조직의 경우 수작업 방식으로는 대용량 데이터를 처리하기가 어려워질 것이다. 포괄적인 데이터 거버넌스 프로세스가 구축되어 있지 않은 조직은 데이터를 효율적으로 관리하는 것이 힘들며, 필요 시 데이터를 분석하는 것도 어렵다.

보다 나은 의사결정에 활용 데이터 거버넌스는 데이터의 품질을 개선하고 무결성.integrity을 높일 수 있다는 점에서 중요하다. 이용자들은 이를 통해 신뢰를 가지고 효과적인 의사결정을 내릴 수 있다. 데이터 거버넌스가 없으면 낮은 품질 또는 일관성 없는 데이터를 기반으로 판단을 내리고 의사결정의 정확성을 떨어뜨려 원하는 결과를 얻지 못할 수 있다. 효과적인 데이터 거버넌스는 '지속적인 과정'이다. 본질적으로 데이터 거버넌스는 일회적으로 완료되지 않으며 지속적인 데이터 정책 개선, 감사, 준수 검토 등을 통해 최신 규정이나 새로운 데이터 사용 및 소스에 부합하도록 수정되어야 한다.

내·외부 커뮤니케이션의 개선 조직 내부와 외부의 이해당사자간 커뮤니케이션이 잘 이루어지도록 하는 것도 데이터 거버넌스를 확립하려는 이유 중이 하나이다. 데이터 확보, 처리, 활용 등과 관련하여 일반 데이터 이용 부문과 IT 부문 간의 커뮤니케이션이 잘 이루어지게 함으로써 조직 운영에 도움이 되도록 하려면 데이터 거버넌스가 이를 충족할 수 있는 방향으로 설계되어야 한다.

데이터의 재사용 데이터 거버넌스의 구현을 통해 데이터의 반복적 재사용을 용이하게 할 수 있다. 건설회사의 예를 들어보자. 설계자, 구조 엔지니어, 그리고 프로젝트 참가자들을 포함한 여러 사람들이 설계도나 건설 계획서처럼 필요시 수정하고 재사용해야 하는 텍스트 형태의 문서들이 많이 있을 것이다. 데이터 거버넌스 체계가 마련되어 있지 않다면, 동일한 텍스트의 다른 버전으로의 전환 등의 과정에서 많은 비효율이 발생하게 된다. 데이터를 체계적으로 관리하게 되면 동일한 데이터를 자주 공유하고 재사용할 수 있으며 변경 사항이 있을 경우 다른 구성원에게 쉽게 알릴 수 있다.

데이터의 백업 손상된 컴퓨터 하드 드라이브는 조직 업무 수행에 상당한 피해를 초래할 수 있다. 데이터가 백업되지 않으면 위험이 크게 확대된다. 데이터 거버넌스는 데이터의 저장과 백업을 단순화하고 체계화하는 데 도움을 준다.

지금까지 데이터 거버넌스의 중요성을 여러 측면에서 살펴보았다. 이 중에서 데이터 정책·기준·지침 제정, 데이터 품질 관리, 데이터 표준화·통합, 그리고 데이터 보안·준수는 데이터 거버넌스의 궁극적인 목표인 동시에 핵심요소.Pillars로서 거버넌스 프로그램을 뒷받침한다. 데이터 거버넌스 프로그램의 가장 중요한 4개의 핵심요소와 구성요소로 표현한 개념적 거버넌스 프레임워크는 다음의 〈그림5-3〉과 같다.

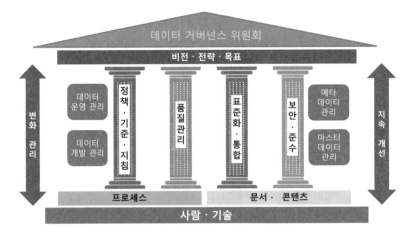

〈그림5-3〉 데이터 거버넌스 프레임워크 개념도

이득

대부분의 조직이나 기업은 프로세스와 책임이 비공식적이더라도 이미 부서, 기능, 개별 적용 등을 위한 데이터 거버넌스 형태를 갖추고 있다. 실제로, 데이터 거버넌스는 부서 단위, 기능, 개별 적용 관련 프로세스와 책임에 대한 체계적이고 공식적인 통제 기준을 확립하는 것이다. 데이터 거버넌스를 구축함으로써 조직은 내외부적 대응력을 유지하는 데 도움이 된다. 데이터 거버넌스 구축의 이점은 조직이 체계적인 데이터 거버넌스를 구축한 후에야 실현될 수 있다. 이러한 이점 중 중요한 것은 다음과 같다.[8]

효율성 향상　무엇보다도 데이터 거버넌스는 효율성을 높이는 데 기여한다. 중복된 데이터 계정이 많으면 그만큼 이용자들의 투입 노력도 많아진다. 적어도 통상적인 분석 목적 또는 기업의 경우 마케팅, 판매, 금융과 관련하여 이용자들이 중복된 데이터 계정들을 추적하는 데 많은 시간을 허비할 수도 있다. 데이터 거버넌스는 데이터베이스의 오류를 줄여줌으로써 업무 수행에 유용한 데이터를 제공하고 기존 데이터를 재사용하거나 수정하는 데 쓰이는 시간을 절약할 수 있게 한다. 절약된 시간은 절약된 돈(비용)을 의미한다. 데이터 관리비용의 최적화 면에서는 중앙 제어방식의 관리 메커니즘이 보다 효율적인데 특히 데이터가 폭발적으로 증가하는 시대에 더욱 그렇다.

또한 데이터 거버넌스는 조직이나 기업이 핵심 데이터가 무엇인지, 그리고 이의 관리 규칙과 다양한 세부 프로세스를 명확히 정의하도록 한다. 데이터 거버넌스 구축 프로젝트를 처음 시작할 때는 물론 구축 이후에도 이러한 명확성은 핵심 데이터의 전반에 대해 조직의 구성원들이 동일하게 이해하도록 하는 데 큰 도움이 된다. 거버넌스 구축 후 시간이 지남에 따라 시너지가 발생하여 조직 운영의 효율성이 크게 향상된다.

명확성 제공　데이터 거버넌스가 효율적으로 구축되어 있으면 데이터 이용자들은 데이터가 전반적으로 표준화됨에 따라 명확하고 깨끗하다고 인식하게 된다. 즉 데이터의 품질 수준이 높다고 여기게 된다. 이러한 효과는 조직 전체에 파급된다. 명확한 데이터가 제공하는 이득은 다음과 같다. 우선, 데이터를 활용하여 새로 개발한 지표의 정확성에 대해 보다 확신할 수 있게 한다. 둘째, 데이터 활용 및 분석결과를 통해 조직 운영이나 업무 수행 등에 이용할 수 있는 유용한 통찰력을 얻을 수 있다. 셋째, 데이터 품질 보증, 프로세스의 문서화를 통해 데이터의 신뢰가 향상되며, 이를 이용한 데이터 분석 결과의 신뢰도 제고할 수 있다. 넷째, 표준화를 통해 조직 안에서 명확하고 투명한 커뮤니케이션을 도모할 수 있다.

리스크 예방 또는 축소 효과적인 데이터 거버넌스가 부족할 경우, 활용하기가 쉽지 않은 비정형 데이터로 인한 외부 보안 위험과 규정 준수 실패의 문제가 제기된다. 데이터베이스 내에 깨끗하지 않은 비정형(비구조적) 데이터가 있다면, 이러한 '나쁜' 데이터는 보안 위험을 내포하고 있다고 할 수 있다. 왜냐하면 무엇이 잘못되었는지 신속히 알 수 없고 무슨 데이터가 위험한지 효율적으로 모니터링할 수 없기 때문이다. 좋은 데이터 거버넌스를 위한 수단과 사례들은 데이터베이스 전체에 걸쳐 일어나고 있는 일을 더 쉽게 감시할 수 있게 하고 어떤 영역이 위험에 처해 있는지 더 쉽게 파악할 수 있도록 도움을 준다.

데이터 관련 정보보호, 보안 등 규정 준수에 대한 요구가 더욱 강화되고 있다. 사람들이 개인 데이터의 중요성을 이해하게 됨에 따라, 정부당국은 조직이나 기업들이 데이터를 어떻게 저장·보호·사용하는지 주시하고 있다. 유럽연합의 일반정보보호규정.GDPR을 예로 들어보자. 2018년 시행된 이 규정에 따르면 EU 거주자는 자신과 관련된 모든 데이터를 사업용 데이터베이스에서 삭제할 것을 요청할 수 있는 '잊혀질 권리[9]'를 가지며 자신의 개인정보를 보다 많이 통제할 수 있다. 이 권리는 EU 역내 거주자들과 거래하는 어떤 회사에도 적용되므로 이 규정은 미국에서도 적용된다. 통제가 제대로 이루어지지 않는 데이터 늪에서는 특정 개인에 관한 모든 데이터가 요청 시 삭제된다고 보장할 수 없다. 개인정보가 삭제되지 않으면 그 조직은 언젠가는 커다란 위험과 가혹한 벌금에 직면할 수 있다. 데이터 거버넌스 구축 시 개인정보 보호 정책을 적용하므로 데이터 보안과 관련한 위험을 줄일 수 있다.

4. DG 프레임워크 예시

데이터 거버넌스 프레임워크의 개념도는 인터넷 상에 무수히 많이 존재한다. 이 가운데 몇 가지 사례를 소개하면 다음과 같다.

대부분의 조직에서 데이터 자산의 품질을 개선하고 유지하기 위한 핵심 요소 중의 하나는 명확하고 효과적인 데이터 거버넌스 모델을 구현하는 것이다. 보통 데이터 거버넌스 프레임워크에서는 역할과 책임을 정의하고 데이터 품질 및 데이터 관리에 대한 책임자를 지정하여 모든 데이터 관리 기능이 수행되도록 안내한다. 일부 요소에 있어 차이가 있기는 하지만 그 차이는 거버넌스에서 무엇을 강조하느냐에서 비롯된다.

〈그림5-4〉에서 첫 번째 예시는 쉘.shell 사의 우데.Udeh가 소개한 데이터 거버넌스 프레임워크이다.[10] 두 번째는 캘리포니아 주립대학교.California State

〈그림5-4〉 **데이터 거버넌스 프레임워크 개념도**

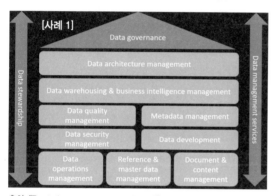

출처: "Trusted governance, trusted data?", Emmanuel Udeh

출처: 치코 캘리포니아 주립대학교 웹사이트

University의 데이터 거버넌스 개념도이다.[11] 기술 및 조직 구성원이 가장 중요한 바탕을 이루고 있는 가운데 정책 및 표준, 규정 준수 및 보안, 품질 개선 등의 기능들이 데이터 거버넌스의 각 구성요소로 강조되고 있다.

한편, 데이터 거버넌스 연구소[12].DGI는 〈표5-1〉과 같이 10개의 구성요소를 설정하였다. 구성요소 1~6번은 데이터 규정.Rules과 세부규칙에 해당하며 7~9번은 데이터 관련 조직과 그 조직의 관계자(이해관계자, 관리자 등)가 채택하여 준수해야 하는 규칙을 나타낸다. 마지막 구성요소인 '프로세스'에서는 데이터를 관리하기 위해 사용되는 방법들을 기술하는데 데이터가 언제, 누구에 의해서, 어떻게 사용되는지를 관리하기 위한 것이다.

〈표5-1〉 데이터 거버넌스 10개 구성요소

구 분	구성요소
규정과 세부규칙 (Rules and Rules of Engagement)	1. 미션 및 비전.Mission and Vision 2. 목표, 성과측정 방법. 자금확보 전략.Goals, Metrics and Success Measures, and Funding Strategy 3. 데이터 관리 규칙-정의 및 정책.Rules-Definitions and Policies 4. 의사결정 권한.Decision Rights 5. 설명책임.Accountabilities 6. 통제 장치.Control Mechanisms
사람들과 조직 (People and Organi -zational Bodies)	7. 데이터 이해관계자.Data Stakeholders 8. 데이터 거버넌스 조직.Data Governance Office(DGO) 9. 데이터 관리자.Data Stewards
프로세스 (Process)	10. 데이터 거버넌스 프로세스.Proactive, Reactive, and Ongoing Data Governance Processes

12개 프로세스

마지막 구성요소인 프로세스는 다시 아래와 같이 12개 세부 프로세스들로 구성된다.

① 데이터 정책, 요구사항 및 통제의 조정. Aligning Policies, Requirements, and Controls

② 의사결정권 설정. Establishing Decision Rights

③ 책임의 확립. Establishing Accountability

④ 관리 수행. Performing Stewardship

⑤ 변화 관리. Managing Change

⑥ 데이터 정의. Defining Data

⑦ 문제 해결. Resolving Issues

⑧ 데이터의 품질 요구사항 구체화. Specifying Data Quality Requirements

⑨ 기술을 통한 거버넌스 구축. Building Governance Into Technology

⑩ 이해관계자 관리. Stakeholder Care

⑪ 커뮤니케이션. Communications

⑫ 가치의 측정 및 보고. Measuring and Reporting Value

이러한 프로세스들은 〈그림5-5〉의 하단에도 표시되어 있는데, 문서화되어 반복 적용되는 공식 절차에 의해 실행된다. 어떤 조직은 주요 프로세스를 흐름도를 통해 나타내기도 하며, 기술된 사항들은 프로세스라기 보다는 "실무적"인 것으로 간주된다.

간략히 요약하면, 지금까지 소개한 데이터 거버넌스 프레임워크 사례들은 조직이 목표를 달성하기 위해 정해진 규칙이나 절차와 같은 데이터 정책에 따라 무엇을 어떻게 관리해야 하는지 등 데이터에 기반한 의사결정 구조를 제시하고 있다. 데이터 거버넌스 연구소의 데이터 관리 체계를 모든 조직에 그대로 적용할 수는 없지만 대체로 중

<〈그림5-5〉 데이터 거버넌스 연구소(DGI)의 데이터 거버넌스 프레임워크 개념도

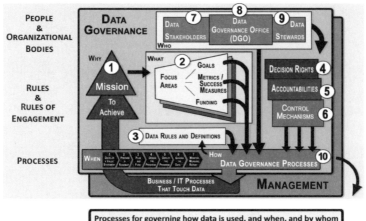

출처: Data Governance Institute

요한 개념들을 포괄하고 있어 조직들은 이를 참고하고 필요 시 보완하여 거버넌스 프레임워크를 만드는 데 활용할 수 있다.

5. 데이터 거버넌스의 미래와 과제

오늘날 데이터에 기반한 조직이나 기업의 핵심과제는 데이터 거버넌스를 구축하는 것이다. 실제로 요즘 많은 조직들이 데이터를 기반으로 하여 운영되고 있다. 데이터의 양과 가치가 더욱 증가하는 가운데 데이터 거버넌스는 수년 간 상당히 발전해 왔다. 데이터 거버넌스는 구축 완료되더라도 여건 변화 시 수정할 수 있어야 한다. 미래의 거버넌스에 영향을 줄 수 있는 사항이 무엇일까?

미래

데이터 관리 방식은 수작업에서 벗어나 점점 더 도구에 기반하여 자동화되고 있다. 조직 운영에 있어서 데이터는 더욱 중요한 요소가 될 것이며 이에 따라 데이터 거버넌스는 계속 발전할 것이다. 데이터와 관련한 미래는 환경은 어떻게 달라질까?

수량의 지속적 증가 최근 수년 간 데이터의 양이 상당히 증가해왔으며, 앞으로도 계속 증가할 것이다. IDC 최근 발표한 보고서에서 글로벌 데이터 총량이 2018년 이미 33제타바이트.ZB를 넘어섰으며 2025년에는 175 ZB로 늘어날 것으로 예상된다.

〈그림5-6〉 **데이터 관련 미래 환경 변화**

데이터의 양이 증가함에 따라 이를 관리하는 시스템을 도입하는 조직들이 더욱 증가할 것이다. 또한 어떤 데이터가 조직의 목표를 달성하는 데 도움이 될 것인지, 어떤 데이터를 폐기할지를 결정하는 데 더 많은 노력을 기울여야 할 것이다. 데이터 정리에 사용되는 방법은 조직 구성원들이 데이터를 이해할 수 있도록 해주기 때문에 점점 더 중요해질 것이다.

기술 혁신의 지속 수년간 데이터 거버넌스 기술은 더욱 발전해 왔다. 오늘날, 프로세스의 많은 부분이 자동화되어 있고 공급자의 데이터 관리 도구가 데이터 수집, 구성, 분석 및 활성화에 도움을 준다. 향후에도 데이터 거버넌스에서 인공지능, 머신러닝 등 발달된 기술의 역할이 더욱 확대될 것이다. 더 나아가, 끊임 없는 기술 혁신과 그러한 기술의 새로운 용도가 나타나는 것을 보게 될 것이다.

조직 목표와의 연계성 강화　데이터의 체계적 관리가 계속 발전함에 따라, 그것은 조직 운영에 더욱 필요한 존재가 될 것이다. 과거에 데이터는 주로 IT 부서에서 관리하는 기술 영역이었고, 여로 부서들이 각자의 사일로.silo에 넣어 놓고 이용해 왔다. 데이터 거버넌스는 IT 부서의 통제에서 벗어나 조직 목표에 보다 잘 부합하도록 변화되고 있다. 조직은 데이터의 가치를 인식하고 조직에서 활용될 수 있도록 통합하는 노력을 기울일 것이다. 데이터 거버넌스가 중요해지면서 일반 부서와 IT 부서는 궁극적으로 동일한 목표를 갖고 IT 부문은 데이터를 직접 담당하는 역할을 중단하게 될 것이다. 또한 데이터 거버넌스가 데이터 이용자 중심적인 모습으로 발전할 것이다.

데이터 이용 규제 강화　유럽의 개인정보보호법인 GDPR.General Data Protection Regulation 등과 같은 개인정보 보호 강화로 인해 개인관련 데이터를 이용하는 조직의 데이터 처리 방식이 크게 달라졌다. 우리나라도 유럽처럼 데이터의 이용을 권장하되 개인정보 보호는 더욱 강화하고 있다. 정보보호 강화 등 규제는 소비자 자신에게 개인정보에 대한 더 많은 통제권을 주는 효과가 있다. 데이터 거버넌스 정책과 데이터 관리 시스템은 조직이 정보보호법을 준수하도록 유도할 수 있다. 조직은 규정을 준수해야 하기 때문에 데이터 거버넌스에 대한 관심은 더욱 크게 증가할 것이다.

소비자 집중 관리방식 앞으로 소비자들은 정보보호와 같은 강화된 규제로 인해 개인 데이터를 관리하는 데 더 적극적으로 역할을 할 것으로 보인다. 앞서 언급했듯이 소비자 개인들은 자신과 관련된 데이터에 대해 더 많은 통제권을 갖게 될 것이다. 이는 데이터 품질을 향상시키는 효과도 있겠지만 데이터 관리는 하향식 접근방식.top-down approach에서 소비자 집중적인 방식으로 변화될 것이다.

이러한 데이터 환경 변화 속에서 데이터가 조직 내에 폭발적으로 유입될 것이므로, 효과적인 데이터 거버넌스의 필요성은 더욱 높아지게 될 것이다. 조직이나 기업들이 빅데이터 형태로 유입되는 '정제되지 않은' 데이터에 대해 잘 이해하지 못한다면, 거대한 데이터 '늪'에 빠지게 되어 새로운 가치와 이득을 얻는 데 효율적이지 못할 수도 있다.

그렇다면, 조직은 어떻게 해야 할까? 데이터 거버넌스와 관련하여 조직이 중시해야 할 원칙 가운데 하나는 데이터를 수집하고 관리하는 모든 조직과 그 구성원, 그리고 데이터 이용자들을 유기적으로 결합하는 것이다. 다른 중요한 원칙으로는 데이터의 관리가 잘 실행되도록 분명한 전략과 목표, 잘 정의된 프로세스, 명확한 승인 기준을 마련하는 것이다. 또한 이러한 전략과 목표 아래 모든 조직 구성원들이 함께 할 수 있도록 커뮤니케이션을 잘하는 것도 중요하다. 왜냐하면 데이터 거버넌스는 조직 구성원들의 효율적이고 적극적인 '협업'을 전제로 하기 때문이다.

올바른 데이터 거버넌스를 위한 수단은 이러한 원칙들에 의해 뒷받침되어야 한다. 고려하고 있는 수단이 어떤 것이든 비IT 업무 담당자와 IT 담당자가 사용하기 쉽고 팀간 원활한 협업을 가능하게 하며 변화하는 사업의 필요성에 따라 수정할 수 있을 정도로 충분히 유연해야 한다.

결국 데이터 거버넌스를 구현하는 프로세스는 조직을 보다 민첩하고 능률적으로 만들도록 설계되어야 한다. 필요할 때 언제든지 데이터를 사용할 수 있으며, 데이터를 추가하고 관리하며, 데이터가 사용자를 위해 존재하도록 한다. 빅데이터 및 거버넌스 기능을 잘 갖추면 조직은 여러 이점을 얻을 수 있다. 데이터를 이전보다 더 효과적으로 찾아 사용하고 관리할 수 있게 된다.

과제

데이터 거버넌스가 필요하다는 점은 명백하다. 그럼에도 불구하고, 많은 조직들이 복잡성 또는 불확실성 때문에 데이터 거버넌스 프로젝트를 구현하는 것을 주저한다. 다음은 데이터 거버넌스 구현 단계에서 직면하게 되는 몇 가지 과제이다.[13]

조직 문화   데이터 거버넌스는 주로 데이터 자산에 대한 조직 구성원과 부서의 역할을 지정하고 책임을 부여하는 것이지만, 데이터 거버넌스를 구현하기 위해서 무엇보다 필요한 것은 어떤 변화를 받아들일 수 있는 개방적인 조직 문화이다. 결과적으로, 데이터 거버넌스는 궁극적으로 책임과 역량의 배분 또는 철회, 프로세스의 적용·실행 등을 의미하기 때문에 정치적이고 신중한 접근이 필요하다.

커뮤니케이션 및 수용   데이터 거버넌스는 모든 이해당사자들 간 커뮤니케이션을 통하여, 적절한 장소에 있는 적절한 조직 구성원들에 의해 수용되어야 한다. 특히 프로젝트 책임자는 기술적인 측면뿐만 아니라 사업 측면, 전문용어, 그리고 회사의 중요한 개념적 비전이나 전략을 충분히 이해할 필요가 있다.

빅데이터 관리   빅데이터 시대의 도래는 새로운 거버넌스 요구와 과제를 제기한다. 기존의 데이터 거버넌스는 주로 관계형 데이터베이스에 저장된 구조화된 데이터에 초점을 맞췄지만, 이제는 빅데이터 환경에 포함되는 구조화, 비구조화 및 반구조화 데이터의 혼합뿐만 아니라 NoSQL 데이터베이스, 하둡.Hadoop과 스파크.Spark 시스템, 클

〈그림5-7〉 **데이터 거버넌스 구현 시 직면 문제**

조직문화

커뮤니케이션
수용

이해관계자 설득 및
예산 확보

빅데이터 관리

표준화와 유연성
간 균형

복잡성 증대

라우드 객체 저장소를 포함한 다양한 데이터 플랫폼을 다루어야 한다. 또한 빅데이터 세트는 종종 데이터베이스에 원시 형태로 저장되었다가 분석 용도에 따라 필터링된다.

이해관계자 설득 및 예산 확보   조직 내의 이해관계자들에게 데이터 거버넌스 프로젝트의 필요성을 납득시키고 필요한 예산을 확보하는 일은 여전히 어려운 경우가 많다.

표준화와 유연성 간 균형   데이터 거버넌스 프레임워크는 대개 엄격한 경우가 많다. 이러한 특성은 데이터 거버넌스 구축에 도움을 줄 수 있다. 그러나 조직 특성별로 데이터 거버넌스는 다르게 구축될 수밖에 없다.

각기 다른 조직에 표준화된 거버넌스 프레임워크를 일괄적으로 적용할 수는 없다. 조직은 데이터 거버넌스 구축에 있어 필요사항을 유연하게 해결할 수 있어야 한다. 그러나 개별 조직의 요구사항에 따라 데이터 거버넌스 표준과 유연성 간의 적절한 균형을 찾는 것은 어려운 일이다.

복잡성 증대 및 데이터 제어의 어려움　데이터가 다양해지고 많아질수록 강화되는 개인정보 보호 및 보안 요구사항의 충족을 위해 더 많은 프로세스가 필요하다. 이로 인해 거버넌스 프레임워크가 더욱 복잡해진다. 또한 데이터 이용자가 모든 데이터에 접근해야 하는 것은 아니다. 즉, 각 데이터세트에 대한 적절한 사용 권한을 부여할 필요가 있다. 이로 인해 데이터 거버넌스는 더욱 복잡해지게 된다. 그리고 데이터 환경·원천·형식·구조 및 기술 수준이 빠르게 변하고 있어 데이터를 효과적으로 제어·관리하는 것이 어려워지고 있다.

데이터와 관련된 이러한 과제들을 감안할 때, 데이터 거버넌스를 위해 먼저 무엇을 시작해야 할지를 파악하기는 어려운 일처럼 보인다. 2가지 접근방법을 생각해 볼 수 있다. 첫째, 유연하고, 비용 효율적인 거버넌스 프레임워크를 지향하는 것이다. 가치있는 데이터가 많이 있고, 보다 더 엄격한 개인정보 보호 및 보안 규정과 요구사항을 지켜야 한다. 그런데 어떻게 유연하고 비용 효율적일 수 있을까? 모순처럼 들린다. 해결책은 엄격한 데이터 거버넌스 구축에 더 많이 투자하는 것이다. 둘째, 빠른 속도로 진행되는 프로세스를 신속히 제어한다. 우리가 살고 있는 환경은 매우 빠르게 변한다. 소프트웨어도 신속히 변해야 한다. 우리는 빅데이터의 혼돈과 같은 상황에 자동으로 적응하는 기술을 개발해야 한다.

Part 03
빅데이터, 금융, 그리고 중앙은행

목공 작업은 대패, 끌, 톱 등 도구를 이용하여 오랜시간 나무를 알맞은 모양으로 자르고 다듬어 원하는 물건을 만드는 일이다. 빅데이터 시대에 다양하고 들쭉날쭉한(unstructured) 데이터를 다루고 분석하여 통찰력을 얻어내고 가치를 창출하는 일련의 과정은 목공과 유사하다고 할 수 있다. 최근 금융기관, 중앙은행 등 많은 조직에서 데이터의 잠재적 가치를 활용하기 위해 다양한 방법을 통해 "데이터를 다루는 일"을 하는 사람들, 즉 데이터 과학자들을 양성하거나 신규 채용하는 사례가 증가하고 있다. (위 이미지는 대패질하는 모습의 소년 조각상으로 소박한 나무 조각이나 가구 제작으로 유명한 독일 토마(Thoma) 사 작품임)

모든 과학의 위대한 목표는 최대한 많은 경험에서 얻은 사실을
최소의 가설이나 원리에서 추론한 논리적 해석으로 설명하는 것이다.

The grand aim of all science is to cover the greatest
number of empirical facts by logical deduction
from the smallest number of hypotheses or axioms.

- 알버트 아인슈타인(Albert EINSTEIN, 1879~1955)

Part3은 6장 빅데이터와 금융산업, 7장 빅데이터와 금융안정,
그리고 8장 빅데이터와 중앙은행으로 구성되어 있다.

6장에서는 금융 빅데이터가 무엇이고 어떤 종류의 데이터가 있는지, 금융 빅
데이터가 생성되고 확산되는 배경을 알아본다. 또한 핀테크 산업과 연계하여 빅데
이터의 중요성을 이야기 한다. 그리고 금융산업에서 빅데이터 활용을 어렵게 하는
요인이 무엇인지 생각해 본다.

7장에서는 금융안정 면에서 빅데이터의 역할을 살펴보며, 어떤 종류의 빅데
이터가 수집되고 있는지도 알아본다. 아울러 금융시장의 거시 건전성 상황을 파악
하는 데 필요한 미시정보의 확보, 금융기관별·금융상품별 정책 접근을 위한 차별
화된 정보 제공 등 금융 빅데이터가 가져다주는 이점에 대해 생각해 본다.

8장에서는 빅데이터에 대한 중앙은행의 인식, 중앙은행 내 데이터 거버넌스
구축 등에 대한 서베이 결과를 간략히 소개한다. 이어 중앙은행은 어떤 빅데이터
에 관심을 보이는지, 중앙은행이 인식하는 빅데이터의 특성을 알아본다. 아울러
중앙은행에서 빅데이터를 활용하고자 할 때 제기되는 이슈과 고려사항에 대해서
도 생각해 본다.

6장

빅데이터와 금융산업

'21세기의 새로운 천연자원'이라 불릴 정도로 중요해진 빅데이터는 경제·사회 전반의 혁신을 주도하는 핵심 자원으로 인식되고 있다. 분석기술의 급속한 발전 등에 힘입은 빅데이터의 이용가능성 증가는 금융서비스 산업에도 많은 영향을 주고있다. 은행이나 보험업은 본질적으로 데이터 중심적인 산업이고 타산업에 비해 이용가능한 다량의 데이터를 보유하고 있기 때문이다.

이 장에서는 금융 빅데이터가 무엇이고 어떤 종류의 데이터들이 있는지, 금융 빅데이터가 생성되고 확산되는 배경을 설명한다. 또한 금융 빅데이터가 금융산업에서 어떤 목적으로 활용되는지 알아보기 위해 요즘 관심을 끌고 있는 핀테크 산업과 연계하여 살펴본다. 그리고 빅데이터 활용에 대한 금융계의 인식과 빅데이터 활용을 어렵게 하는 요인에 대해서도 이야기 한다.

1. 금융 빅데이터

은행, 증권, 보험 부문은 본질적으로 데이터에 기반한 산업으로 리스크 평가·관리, 금융거래 등의 업무 처리가 주로 컴퓨터 온라인 환경에서 이루어지고 있다. 이들 산업에서 수많은 양의 고객 관련 데이터들이 생겨나고 있으며, 금융기관들은 그 데이터들을 오랜 기간 분석하여 왔다. 은행, 보험 등 금융서비스 분야에서 생성·축적되는 데이터를 특별히 '금융 빅데이터'라고 할 수 있다. 금융서비스 산업의 데이터도 다른 형태의 빅데이터와 마찬가지로 크게 3가지 유형으로 구분할 수 있다.[1]

정형 데이터.Structured Data   구조화 정도가 높은 정보로서 관계형 데이터베이스 내에 있는 데이터는 상대적으로 단순한 검색엔진 알고리즘이나 다른 검색작업에 의해 검색하는 것이 가능하다. 이러한 데이터의 출처는 거래시스템(금융거래 데이터), 계좌시스템(계좌보유 및 이동 데이터), 외부기관에 의해 제공되는 시장 데이터, 증권 데이터, 금융상품 가격정보, 기술지표 등이다.

비정형 데이터.Unstructured Data   금융산업에서 이전에 정형화된 속보성 시장 데이터가 주로 관심을 받았지만 지금은 구조화되지 않은 데이터도 중요해지고 있다. 이러한 데이터의 소스로는 일일 주식공급, 회사 공시(긴급 뉴스), 온라인 뉴스미디어, 블로그, 고객의 구매관련 경험이나 평가 의견 등이 있다.

준정형 데이터.Semi-structured Data   관계형 데이터베이스 또는 다른 형식의 데이터 테이블과 관련된 데이터 모델의 형식구조에 부합하지 않지만, 의미 요소를 분리하고 데이터 내의 기록 및 필드의 계층을 강화하기 위한 태그나 표식을 포함하고 있는 구조화된 데이터를 말한다. 준정형 데이터는 메타 언어(주로 XML 기반)로 표현되는데, FpML[2], FIX[3], OFX[4], FEDI[5] 등이 그 예이다.

금융 빅데이터의 경우 상당한 양의 정보가 조직 내부의 구조화된 데이터로 이루어져 있다. 그래서 아직은 규격화된 정형적인 데이터의 사용이 주를 이루고 있다. 금융 빅데이터를 생성하는 은행·증권·보험 산업은 다른 산업에 비해 정형 데이터를 위한 방대한 저장소를 가지고 있다.

오늘날 다양한 경로를 통해 생성되는 데이터의 90%가 구조화되지 않은 비정형 데이터라고 한다. 최근 들어 금융산업에서도 비정형 빅데이터가 증가하는 추세이다. 수많은 신규 고객, 시장, 규제 데이터 등 여러 소스로부터 대용량의 다양한 정보 자산이 빠른 속도로 생겨나고 있다. 이러한 정보 자산들은 전형적인 비정형 데이터라고 할 수 있다. 정형 데이터와 비정형 데이터가 공존하게 됨에 따라 복잡성이 가중되고 있다. 은행, 보험 등 금융서비스업계의 비정형 데이터는, 아직은 충분히 발견되지 않았지만 커다란 사업적 가치가 있는 분야로 인식되고 있다.[6] 빅데이터 처리 및 분석 기술의 비약적인 발전에 힘입어 여러 데이터 출처로부터 가치를 보다 효율적으로 추출할 수 있을 뿐만 아니라, 비정형 형태의 데이터를 다른 데이터세트와 연계·분석하여 사업적 가치를 빠르게 추출할 수 있게 되었다. 어떻게 빅데이터를 수집·관리하고, 데이터가 가치를 지녔는지 어떻게 식별하며, 그로부터 사업적 가치를 어떻게 뽑아낼 것인지가 큰 관심사이다. 금융 산업에서도 빅데이터의 중요한 특징은 '가치'인 것이다.

한편 금융 빅데이터의 경우 일반적인 빅데이터의 특성인 3V.Volume, Variety, Velocity와 함께, 그 활용에 있어 금융산업은 항상 개인정보 보호와 국제 데이터 보안 사항을 준수해야 하는 특성도 함께 가지고 있다.[7] 많은 금융기관에서 빅데이터의 중요한 응용 분야 중의 하나는 정보 보안이다. 금융기관들은 통상적인 빅데이터의 '3V'와 함께 또 다른 V인 취약성.Vulnerability에 대하여 고려해야 한다. 빅데이터를 효과적으로 관리하려면 항상 규제 요구사항을 준수하고 보안을 유지해야 한다. 그 어느 때보다 필수적인 요소가 된 것은 빠르게 증가하는 방대한 양의 중요 정보를 보호하고, 잠재적인 위협을 탐지하기 위해 검색하고 분석할 수 있는 능력이다. 이러한 막대한 양의 데이터를 지원하는 하둡.Hadoop과 같은 소프트웨어 플랫폼이 많이 사용됨에 따라 보안 및 가용성의 관리 그 자체는 금융 빅데이터를 활용하는 데 있어 중요한 과제가 되었다. 따라서 이에 대한 지속적인 진단과 모니터링이 필요하다.

🔍Zoom-in 빅데이터 처리·분석 기술

빅데이터 관련 기술은 크게 관리 기술과 분석 기술로 나눌 수 있다. 생성된 빅데이터는 수집, 저장, 분석, 표현 등의 단계를 거친 후 활용될 수 있다. 각 단계별로 관련 기술들이 발전하였다. 수집, 저장, 처리 단계와 관련된 것은 관리 기술이라 할 수 있는데 노하우가 장

기간 발전되어 온 결과 비교적 많이 알려져 있다. 하지만 분석 기술은 최근에 빠르게 발전하고 있는데 이미 발생했던 사건의 현상 파악과 원인 분석[8]에 치중했던 과거와는 달리 데이터를 실시간 분석하고 앞으로 발생할 것을 예측하는 방향으로 발전하고 있다. 최근 발표되는 분석 기술의 경우 데이터 웨어하우스.data warehouse(DW) 확장 제약 문제, 비정형 데이터의 신속한 처리 등을 중시하고 이의 해결에 주력하고 있다.

소셜미디어, 온라인 기사 등 비정형 텍스트 데이터가 크게 증가함에 따라 이러한 데이터를 분산 처리하거나 분석하는 데 필요한 기술이 개발되었다. 대표적인 예로 하둡.Hadoop, 맵리듀스.MapReduce, 자연어처리기법.natural language processing(NPL) 등이 있다. 특히 대표적인 빅데이터 처리 기술인 하둡은 저렴한 가격의 서버와 여러 대의 하드디스크를 연결하여 대용량의 데이터 저장 및 처리를 위한 대규모 분산컴퓨팅 프레임워크로 하둡 분산파일 시스템.Hadoop Distributed File System(HDFS)를 통해 분산 저장하며 맵리듀스를 통해 분산 처리할 수 있다. 하둡은 개방형 소프트웨어로 소스가 일반인에게 공개되어 있어 누구나 자신의 환경에 맞도록 조정할 수 있다.

한편 저장·관리·처리해야 할 데이터가 급증함에 따라 저렴한 비용으로 이를 해결하기 위한 대안으로 클라우드 컴퓨팅.Cloud Computing 기술이 주목을 받고 있다. 실제 하둡은 클라우드 컴퓨팅과의 연계를 통해 데이터 분석 성능을 개선하였다.

• **HDFS** 네트워크에 연결된 모든 기기에 데이터를 분산 저장하

도록 지원하는 분산형 파일시스템을 말한다.

- **맵리듀스** 페타바이트 이상의 대용량 데이터를 가용성이 보장되지 않는 컴퓨터로 이루어진 클러스터에서 병렬 처리할 수 있도록 고안된 분산처리 프레임워크이다. 구글이 분산컴퓨팅을 지원하기 위해 2004년 발표한 소프트웨어 프레임워크에서 출발하였다.

- **클라우드 컴퓨팅** 네트워크 접속에 의해 가상화된 IT 자원(소프트웨어, 서버, 저장공간, 네트워크 등)을 서비스로 제공하는 기술이다. 사용자는 데이터나 소프트웨어를 PC나 휴대폰에 저장하지 않고 인터넷상의 서버에 저장해 놓았다가 언제, 어디에서든지 인터넷에 접속하여 이용할 수 있는 컴퓨터 환경 기술이다.

〈표6-1〉 **빅데이터 처리 프로세스별 기술**

흐름	영 역	개 요
원천	내부데이터 외부데이터	Database, File Management System File, Multimedia, Streaming
수집	크롤링 Extract Transform Load	검색엔진의 로봇을 이용한 데이터 수집 소스데이터의 추출, 전송, 변환, 탑재
저장	NoSQL Database Storage Server	비정형 데이터 관리 빅데이터 저장 초경량 서버
처리	MapReduce Processing	데이터 추출 다중업무처리
분석	Natural Language Process Machine Learning Serialization	자연어 처리 머신러닝을 통해 데이터의 패턴 발견 데이터간의 순서화
표현	Visualization Acquisition	데이터를 도표나 그래픽으로 표현 데이터의 획득 및 재해석

출처: 한국정보화진흥원, 2012.4.

2. 금융 빅데이터의 확산 동인

최근 금융서비스 산업에서 금융 빅데이터가 많이 생성되고 그 활용이 확산되는 배경을 몇 가지 측면에서 살펴볼 수 있다.[9]

데이터 양의 급증　거래량이 늘어남에 따라 금융서비스 관련 데이터가 증가하였다. 자본시장의 발달도 전자 금융거래 건수의 증가에 영향을 주었다. 온라인 활동이 증가하고 그 속도가 빨라짐에 따라 소셜 미디어와 같은 비정형 데이터의 이용가능성이 높아졌다. 이러한 데이터들이 개별 금융거래와 결합되면서 개인, 조직 및 시장의 전체적인 모습을 파악하는 데 도움이 되었으며 금융관련 새로운 데이터들이 급격히 증가하는 계기가 되었다.

기술 혁신에 따른 금융거래 증가　온라인 기술 메커니즘을 통해 금융거래가 쉬워지고 저렴해졌으며, 금융거래가 활발해졌을 뿐만 아니라 새로운 시장도 생겨났다. 개인들은 자신의 집에서나 이동 중에 온라인 도구를 사용함으로써 더 자주 더 많은 계좌를 통해 더 많은 거래를 할 수 있게 되었다. 접근성과 사용 편의성이 높아짐에 따라 금융 거래량이 증가하였다.

금융회사의 사업모델 변화　금융분야에서의 기술진보로 인해 금융기관들은 이전과는 근본적으로 다른 시장에 놓여 있다는 점을 인식하게 되었다. 빅데이터의 분석·활용을 통해 경쟁력을 강화하고 시장 점유율 제고를 위한 새로운 사업모델을 구축할 필요성이 높아졌다.

감독당국의 조사 강화　감독당국은 보다 엄격한 규제법을 통해 은행이나 보험회사의 실태를 정확하고 투명하게 파악하기를 원한다. 이를 위해 일정 형식의 주기적인 보고서보다는 섬세한 원시 데이터를 필요로 한다. 따라서 금융기관도 이에 대응하여 규제기관과 동일한 수준에서 보다 상세한 원시 데이터를 저장하고 분석해야 한다.

고객에 대한 통찰력 발견　오늘날 금융기관과 고객 사이의 관계는 많이 달라졌다. 고객들은 이제 여러 금융기관과 거래를 하며, 예금하고 투자하는 결정을 내리기 위해 직접 점포를 방문하지 않는다. 금융기관들은 기존 방식으로 더 이상 고객의 금융상품 선호도, 투자 패턴 등을 정확히 파악하는 것이 어려워졌다. 또한 이전과는 달리, 고객들은 금융회사가 제시하는 금융상품에 전적으로 의존하지 않는다. 이러한 새로운 패러다임에서 빅데이터 기술은 고객에 대한 통찰력을 발견하는 데 중심적인 역할을 할 수 있다.

〈그림6-1〉 **산업별 빅데이터 수집 용이도 및 잠재 가치: 미국의 경우**

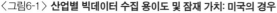

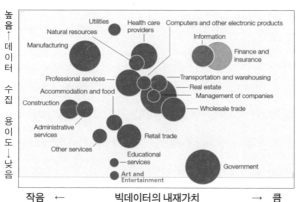

'21세기의 새로운 천연자원'이라 불릴 정도로 중요해진 빅데이터는 경제·사회 전반의 혁신을 주도하는 핵심 자원으로 인식

주: 원의 크기는 GDP의 크기에서 차지하는 상대적 비중 2011.
출처: US Bureau of Economic Analysis; Mckinsey Global Institute analysis, 2011.

되고 있다.[10] 분석기술 발전 등에 힘입은 빅데이터의 이용가능성의 증가는 모든 산업에 커다란 영향을 미칠 것이며 특히 금융서비스 산업에 대한 영향력은 다른 어떤 산업에서보다 클 것이다(<그림6-1> 참조). 본질적으로 데이터 중심적인 산업인 은행이나 보험업의 경우 타산업에 비해 많은 IT 투자를 해왔으며 이용 가능한 다량의 데이터를 보유하고 있기 때문이다. 약간 오래전 자료이기는 하지만, 미국의 경우 금융산업은 빅데이터 확보와 활용 관련 잠재적 가치 면에서 가장 높은 순위를 차지한다.[11]

3. 금융산업의 빅데이터 활용

빅데이터는 이제 기술 영역만의 문제로 머물지 않는다. 오늘날 전 세계의 은행, 보험사 등 금융회사들은 조직, 업무 프로세스 등을 혁신하기 위해 빅데이터를 이미 활용하고 있다. 금융시장 참여 회사들은 빅데이터를 사업과 관련된 오랜 과제를 해결할 수 있는 수단인 동시에 새로운 사업 수행을 위한 필수 요소로 인식하고 있다.

활용 분야

금융서비스 산업에서 빅데이터는 고객 맞춤형 금융상품과 서비스 제공, 새로운 금융상품이나 서비스 개발, 마케팅에의 활용, 다양한 리스크 관리, 금융관련 부정행위 방지, 신용평가 모델 개발, 리스크 관리 등 여러 분야에서 활용되고 있다.[12]

신상품·서비스 개발 또는 개선 금융기관 자사 및 계열사의 고객 정보, 온라인 뉴스 및 소셜네트워크 서비스.SNS 등을 통해 수집한 데이터, 재해·기후와 같은 자연 현상과 관련된 데이터 등 다양한 정보를 활용하여 기존의 금융 상품·서비스를 개선하거나 고객맞춤형 새로운 상품 또는 서비스를 개발하는 데 활용할 수 있다.

마케팅 강화 고객의 프로필, 소비정보 등 내부에 쌓인 데이터, 그리고 SNS, 위치정보.GPS, 각종 센서로부터 생성된 비정형 데이터를 활용해 고객의 성향을 분석하고 이를 통해 기존고객 이탈 방지·신규고객 발굴, 타겟 마케팅, 고객 프로모션 등에 활용할 수 있다. 또한 개인신용정보사.CB가 보유한 신용정보를 바탕으로 연령·거주지별 소비자의 특성과 소비여력 분석 등 다양한 컨설팅 서비스를 제공하고 있다.

리스크 관리 잘못된 정보로 인하여, 또는 조직경영과 관련하여 발생한 평판 손상 등 조직의 리스크를 관리하는 데 활용된다. 금융기관들은 마스터 데이터 관리 전략에 기반한 전사적 리스크관리.Enterprise Risk Management(ERM) 프레임워크를 강화함으로써 기업의 투명성, 감사 가능성 및 리스크에 대한 경영진의 감독을 개선하고 있다.

금융 부정행위 방지 빅데이터는 금융 활동과 관련된 다양한 부정 행위를 방지하는 데 활용되고 있다. 예를 들면 보험 사기, 신용카드 도용 등 부정을 적발하고 금융기관 내부직원의 횡령과 부실을 감지하며 자금세탁을 방지하는 데에 금융 빅데이터를 활용할 수 있다. 또한 금융 서비스 이용 내역과 고객의 스마트폰 이용 정보를 기반으로 하여 보이스피싱과 같은 금융사기와 해킹을 방지하는 데에도 활용할 수 있다.

신용평가　은행이나 카드사의 대출, 카드발급 등과 관련하여 신용평가와 고객심사의 정확도를 높이거나 새로운 신용평가모델 개발, 고객별 신용등급 측정시간 단축 등에 활용된다.

핀테크: 빅데이터, 빅테크, 빅블러

2000년대 들어 정보통신기술.ICT을 금융서비스에 접목시키는 핀테크 혁신이 확산되고 있다. 핀테크.FinTech라는 용어는 '금융'.Finance과

'기술'.Technology의 합성어로, 오늘날 금융 산업의 패러다임을 바꾸는 개념으로 인식되고 있는데 기술이 금융혁신[13]을 주도하고 있는 대표적인 사례라 할 수 있다. 핀테크는 차세대 금융업의 핵심기술로, 이를 활용하여 금융서비스를 제공하는 비금융기관인 핀테크 기업들이 빠르게 성장하고 있다. 이러한 성장은 빅데이터, 인공지능, 사물인터넷, 블록체인 등 디지털 신기술의 획기적인 발전과 핀테크 기업에 대한 규제 완화, 그리고 디지털화에 따른 소비자의 기대 변화 등의 영향이 컸다.

　최근 들어 송금·결제·대출·자산관리 등의 금융서비스가 전통적인 점포 중심에서 벗어나 인터넷과 모바일 플랫폼을 기반으로 이루어지고 있기 때문에 금융업은 빅데이터의 역할 혹은 가치가 가장 잘 드러나는 분야이다. 빅데이터는 핀테크 산업에서 가장 중요한 요소인 것이다. 그래서 핀테크 기업들은 고객 관련 데이터의 확보를 매우 시급한 과제로 인식하고 있다.

　앞에서 설명한 금융업의 5가지 대표적인 업무들은 빅데이터를 활

용할 경우 효과적인 성과를 거둘 수 있다. 우선, 고객의 정보나 소셜 네트워크 서비스 등에서 입수한 데이터를 이용하여 신상품·서비스를 개발하거나 기존 서비스를 개선할 수 있다. 또한 신규고객 발굴 및 고객맞춤형 서비스 제공 등 마케팅 강화, 신용카드 도용이나 보험 사기 등 부정방지, 그리고 대출 및 카드발급 시 이루어지는 신용평가 등의 업무들은 모두 빅데이터를 통해 차별화가 가능한 영역이다.[14]

핀테크의 중요한 정책적 의미 중에 하나는 기존 금융기관만이 금융서비스를 제공하는 것이 아니라는 것이다. 금융과 기술이 융합하는 핀테크 환경에서는 비금융기관, 예를 들면 이용자 수와 데이터 활용 면에서 우위에 있는 이른바 '빅테크'[15] Big Tech 기업들도 빅데이터와 금융 신기술을 사용하여 독자적으로 또는 은행·보험기관과 전략적 제휴를 통해 금융서비스를 개발·제공하기도 한다. 따라서, 전통적인 금융기관과 ICT 기반 기업들은 핀테크 금융을 새로운 비즈니스 영역으로 중시하고 있다. 이 과정에서 핀테크 산업내 경쟁이 촉진되고 생산성이 높아지고 있다. 이러한 핀테크 금융의 발전은 금융기관과 ICT 기업, 오프라인과 온라인의 경계를 모호하게 하는 '빅블러'. Big Blur 현상을 가속화시키고 있다.

한편, 핀테크 금융의 발전에 따른 금융상품 개발과 금융서비스 확대는 금융소비자에게는 바람직하다고 할 수 있다. 그러나 새로운 사업 개발과 은행·다른 중개자·투자자 간의 보다 밀접하고 직접적인 상호연결은 금융시스템의 안정성에 영향을 미칠 수 있다. 정책당국은 금융부문의 안정성, 효율성 및 보안 유지를 위하여 디지털 기술로 인한 변화를 신중하게 모니터링하고 필요시 적절하게 대응해야 한다.

4. 빅데이터 활용에 대한 금융산업계의 인식

빅데이터의 여러 활용처 중 신상품 또는 서비스 개발, 마케팅 강화 등
은 고객 중심적 조직 운영 전략과 밀접한 관계가 있다. 이 점은 IBM
기업가치연구소IBM Institute for Business Value가 옥스포드 대학 Said
Business School과 제휴하여 수행한 조사결과[16]에서 확인된다. 은행
등 금융회사들이 빅데이터 사업을 수행하는 목적과 관련하여, 〈표
6-2〉에서 보듯이 응답자의 절반 이상이 서비스 개선 등 고객 중심으
로 조직을 운영하기 위해서라고 대답하였다. 이러한 인식은 고객 중
심의 상품과 서비스를 제공하여 시장 기회를 포착하고 고객에 대한 서
비스 개선을 위해서는, 실시간으로 변하는 시장 상황과 고객 선호도에
대한 예측 능력을 향상시킬 필요가 있는데, 빅데이터는 그러한 목적을
달성하기 위해 활용될 수 있다는 데에서 비롯한다. 이어 조직운영 과
정에서 부딪히는 리스크의 관리도 금융산업계가 생각하는 중요한 활
용 목적이었다. 빅데이터 시험 프로젝트를 추진하는 은행 및 금융서비
스 회사들의 4분의 1(약 23%) 정도가 기업의 리스크와 재무상황 관리를
강화하는 것이 중요하다고 보았다. 또한 새로운 사업모델 개발도 금융

〈표6-2〉 **빅데이터 활용 목적** (최우선 과제 기준)

(%)

목 적	은행 등 금융산업	전체기업[1]
고객중심 영업 추진	55	49
조직운영 리스크/재무 관리	23	15
새로운 사업모델 구상	15	14
운영 최적화	4	18
직원 협력 도모	2	4

주: 은행을 비롯한 금융 산업(124개), 일반 기업, IT전문기업 등 1,144개 기업을 대상으로 조사
출처: IBM Institute for Business Value, 2012.

서비스 회사들이 빅데이터를 활용할 수 있는 영역인 것으로 나타났다.

한편, 빅데이터의 활용에 적극적인 금융서비스 회사들의 주된 데이터 원천은 〈표6-3〉에 나타나 있듯이 주로 금융거래, 컴퓨터·웹 접속.log 데이터 등이었다. 이것은 은행의 영업 또는 정보시스템 내에서 이루어지는 모든 운영거래와 자동기능에 대한 세부사항의 기계적 기록 과정에서 생성된 정형적인 데이터로서, 기존 시스템의 저장·분석 능력을 초과할 정도로 많았다. 이러한 기계생성 데이터는 수년간 수집되어 왔지만 많은 경우에 분석되지는 않았다. 한편 소셜미디어나 소매은행 콜센터의 오디오 데이터 등과 같은 비정형 데이터의 활용은 상대적으로 많지 않았다. 데이터 원천으로서 비정형 데이터의 비중이 상대적으로 낮은 것에 대해 전문가들은 금융서비스 회사들이 아직은 정형 데이터를 통합하는 과정에 있기 때문이라고 보고 있다.

〈표6-3〉 **빅데이터 원천** (복수 응답)

(%)

원 천	은행 등 금융산업	전체기업[1]
금융거래	92	88
로그 데이터(컴퓨터·웹 접속정보)	81	73
행사 정보	70	59
이메일 데이터	65	57
소셜미디어	27	43
센서 데이터	19	42
외부 피드	36	42
무선인식.RFID[17]스캔/POS	47	41
텍스트 데이터	42	41
지리공간 데이터	0	40
오디오(콜센터) 데이터	21	38
이미지/동영상 데이터	22	34

출처: IBM Institute for Business Value, 2012.

5. 금융산업에서 빅데이터의 활용을 어렵게 하는 요인

금융서비스 산업계에서 빅데이터의 활용과 관련하여 긍정적인 인식이 많은 것은 사실이지만 빅데이터 활용을 제약하는 요인도 아직 남아있다. 후싸인과 프리에토.K. Hussain and E. Prieto는 제약요인으로 4가지를 지적하고 있다.[18]

빅데이터에 대한 확신 결여와 낮은 인프라   조직 분위기는 빅데이터 구축과 활용에 장벽으로 작용하고 있다. 데이터의 분석과 활용이 어떻게 핵심 사업을 개선할 수 있는지에 대하여 확신하지 못하는 단계이다. 이러한 인식 부족은 많은 금융기관들로 하여금 빅데이터 프로그램 구현에 주저하게 하는 요인이다. 또한 많은 금융회사들이 분리형.silo 데이터 저장 방식을 유지하는 등 여전히 기존의 경직된 IT 인프라에 의존하는 경우가 많다. 그렇기 때문에 빅데이터는 완전히 새로운 독립적 개발 프로젝트가 아니라 추가적인 프로젝트로 진행되기도 한다.

전문인력 부족   일부 조직에서는 보유하고 있는 데이터의 가치와 데이터가 제공하는 기회를 꽤 인식하고 있다. 그러나 데이터와 잠재적 기회 사이의 격차를 해소하여 활용할 수 있는 적절한 수준의 기술을 보유한 전문 인력이 부족한 실정이다. 즉 데이터 처리·활용 능력을 가진 전문가, 소위 '데이터 과학자'가 매우 부족하다.

실행 가능성 불투명   중요한 제약 요인은 빅데이터의 실행 가능성 여부이다. 데이터 처리·분석 등 빅데이터 기술을 통해 금융기관들은 고객의 니즈와 행동 패턴을 깊이 이해할 수 있는 통찰력을 얻게 되었지만, 조직이 데이터 분석결과에 기반하여 구체적인 조치를 취할 수 있는지는 여전히 의문으로 남아 있다.

개인정보 보호와 보안 고객 데이터의 보호 이슈는 지속적이고 중요한 관심사 중 하나이다. 최근 감독당국은 고객의 정보 보호를 강화하는 추세이다. 고객 데이터의 소유와 사용에 있어 합법적으로 허용되는 것과 허용되지 않는 것이 명확하지 않은 경우가 있어 고객 데이터 수집과 활용 과정에서 법적으로 문제가 생길 수 있다. 이는 대규모 빅데이터의 신속한 활용을 억제하는 요인이다.

한편 데이터의 활용을 제약하는 제도적 측면인 개인정보 보호 내용과 수준은 나라마다 차이가 있다. 우리나라의 경우 그동안 개인정보 보호와 관련하여 개인정보보호법에서 개인정보를 다소 모호하게 정의하고, 본인의 동의가 없는 경우 정보 수집 자체가 불가능한 상황이었다. 그러나 이른바 '데이터 3법'(개인정보보호법, 신용정보법, 정보통신망법)의 개정(2020년 1월 9일 국회 통과, 8월 5일 시행)으로 개인정보 보호가 강화[19]되고 데이터의 이용은 더욱 활성화될 수 있는 환경이 만들어졌다. 특히 개인정보보호법 개정안에서는 가명정보[20] 개념을 도입하여, 이러한 정보에 대해서는 공익적 기록 보전, 통계작성, 연구 등의 목적을 위해 정보 주체의 동의 없이 이용할 수 있도록 하였다. 이로써 활용가능한 데이터가 많아지고 새로운 상품·서비스와 기술 개발, 시장조사 등 활용 분야가 크게 늘어날 것이다.

7장

빅데이터와 금융안정

감독기관, 중앙은행 등 금융정책 당국도 금융 빅데이터에 높은 관심을 보이고 있다. 공급 면에서, 당장 이용가능한 정보의 양이 급증하고 있다. 이는 인터넷 기술의 혁신뿐만 아니라 글로벌 금융위기 이후 시작된 다양한 정책 구상의 결과를 반영한 것이다. 정책당국은 기존 정보를 더 잘 활용함은 물론 매우 큰 규모의 새로운 데이터를 수집하고 있다. 금융 빅데이터는 금융거래에 관한 상당히 구체적인 정보를 포함하고 있다. 이들은 매우 크지만 비교적 잘 구조화된 데이터세트로 구성되며, 이러한 데이터세트에서 민간의 새로운 데이터 소스가 중요한 역할을 하고 있다.

금융과 기술이 융합되는 핀테크 환경 하에서 금융시스템이 영향을 받을 수 있다는 점을 설명하였다. 이 장에서는 금융안정이라는 정책목표 달성을 위한 빅데이터의 역할을 살펴보며, 어떤 종류의 빅데이터가 수집되고 있는지도 알아본다. 중앙은행 등 금융당국이 관심을 갖는 빅데이터의 수명 주기를 소개한다. 아울러 금융시장의 거시 건전성 상황을 파악하는 데 필요한 미시정보의 확보, 금융기관별·금융상품별 정책 접근을 위한 차별화된 정보 제공 등 금융 빅데이터가 가져다주는 이점에 대해 생각해 본다.

1. 금융안정과 빅데이터의 활용

오늘날 '빅데이터'라는 용어는 수많은 사람들이 참여하는 소셜미디어 플랫폼에서 데이터를 수집하여 대용량 장치에 저장하는 것 이상을 의미하게 되었다. 이제 용량.Volume, 속도.Velocity, 다양성.Variety 및 진실성.Veracity의 '4V'와 같이 확장성.Scalability 문제를 함께 염두해 두고 빅데이터에 대해 설명해야 한다. 이런 의미에서 '빅데이터'라는 용어는 잘못된 명칭이라고 말하는 사람도 있다. '큼'.bigness이라는 용어는 데이터세트의 본질적인 특성의 하나일 뿐이다. 기존 도구를 사용하여 데이터세트를 처리할 수 없을 때 그 데이터세트는 지나치게 크다고 말할 수 있다. 빅데이터의 개념은 이러한 인식에서 시작되었다.

빅데이터는 금융안정 감시자 또는 감독자들이 직면한 중요한 과제 중 하나이다.[1] 이들은 대체로 전 금융시스템을 대상으로 감시활동을 하며, 글로벌 금융위기[2].Global Financial Crisis(GFC) 이후 많은 면에서 데이터 확장성 문제에 직면해 있다. 이들의 주된 관심사는 거시경제 불확실성, 신용 상황, 시장 변동성·유동성, 전염 리스크와 같은 근본적인 경제 요인들이다. 이러한 요인들의 측정과 관련하여 중앙은행, 감독기관 등 정책당국은 정보가 지나치게 많아서 문제라기보다는 통합, 분석 및 실행 가능한 데이터 또는 정보가 너무 적은 것이 문제라는 데 인식을 같이 하고 있다. 다만, 데이터 입수 범위나 활용 등의 면에서는 인식의 갭이 있다.

미국 재무부 금융조사실.Office of Financial Research(OFR)에서 발간한 금융안정보고서.*Financial Stability Report*(OFR, 2015)와 같은 공식문서는 데이터 격차.data gaps를 메우는 과제에 초점을 맞추고 있다. 감독기관으로서 책무를 달성하기 위하여 적절한 데이터 범위, 데이터 품질 및 데이터 접근 권한이 필요하다고 보고 기존 금융 빅데이터 가용성을 높이는 것이 데이터 관리의 확장성보다 우선해야 한다는 입장을 취하였다. OFR의 금융안정보고서(4장)에서는 금융 빅데이터의 가용성 제고 문제를 범위.scope, 품질수준.quality, 접근성.access의 3가지 차원에서 설명하였다. 이러한 문제는 어떤 데이터를 수집하고, 어떻게 데이터를 관리할 것인지, 그리고 누구에게 데이터 접근을 허용할 것인지를 고려하는 것과 직결된다.

영란은행은 2014년 '원뱅크 리서치 어젠다'[3].One Bank Research Agenda, '데이터 및 분석에 대한 새로운 접근법', '원뱅크 데이터 아키텍처'.One Bank Data Architecture 등의 3가지 실행계획[4].initiatives으로 구성된 데이터 전략계획.Bank's New Strategic Plan을 발표하였다. 이러한 계획에 따라 영란은행은 다시 3가지 구체적인 실행방안을 내놓았다. 첫째, 최신의 IT 툴이 설치된 컴퓨터를 갖춘 협업 연구실인 데이터 랩.Data Lab을 구축하였다. 연구실을 방문하는 직원들은 IT 전문가의 지원을 받아 세분화된 데이터와 비정형 데이터를 저장, 조작, 시각화 및 분석할 수 있다. 두 번째, 새로운 전행적 데이터 커뮤니티.Bank-wide Data Community를 조성하였다. 데이터 커뮤니티 조성은 빅데이터 이슈에 대한 인식 제고를 위한 것으로 세미나 개최, 새로운 정보제공을 위한 인트라넷 사이트 가동, 데이터 아트 갤러리[5] 등 다양한 활동과 이벤트를 기획한다. 마지막으로, 영란은행 중앙은행연구센터[6].CCBS는 '빅데이터와 중앙은행'.Big data and central banks이라는 주제의 빅데이터에 관한 전문가회의를 열기도 했다.

영란은행은 원뱅크 리서치 어젠다를 추진하면서 웹이나 소셜미디어,

거래 단계별 상세 데이터 등 다양한 빅데이터도 중앙은행의 조사연구나 업무 수행 시 활용할 수 있는 중요한 정보로 인식하고 있다. 다양하고 상세한 양질의 데이터가 중앙은행의 분석기법.toolkits을 발전시키고 내부 조직 운영의 효율성을 향상시키며, 궁극적으로 통화 및 금융안정을 유지함으로써 국민들의 이익을 증진시킬 수 있다고 보았다.[7]

정보통신기술의 급격한 발전은 인터넷과 휴대폰 기반 네트워크의 상호작용을 촉진시켰다. 이러한 현상이 사회·경제 모든 분야로 확산됨에 따라 많은 산업들이 빅데이터 확장성 문제에 직면해 있다. 즉, 빅데이터는 공식 통계, 과학 연구, 의료, 소매 판매 등 다양한 분야로 그 범위가 확장되고 있다. 금융 서비스 부문도 마찬가지이다.

미국 연방준비은행 최초의 수석 데이터 담당관.CDO을 역임했던 미쉘린 케이시.Micheline Casey는 중앙은행의 빅데이터 목록에 거시경제 통계, 서베이 자료, 금융기관 보유 자료와 같은 전통적인 데이터 이외에 미시 데이터, 비정형 데이터(검사보고서, 소셜미디어 등), 제3자.The third party 소유 정보 등 6가지 유형의 데이터를 포함(8장 <그림8-4> 참조)하였다.[8] 거시 건전성 감독기관의 공식적인 데이터 수집에 초점을 맞추고 있지만, 논의된 많은 이슈들은 다른 데이터 유형으로 더욱 확장되고 있다.

2. 금융안정 관련 데이터의 수명주기

금융안정 빅데이터 세트의 구축을 위하여, 전술했던 금융 빅데이터의 가용성 제고 문제와 관련된 고려사항, 즉 어떤 데이터를 수집하고, 어떻게 관리하며, 그리고 누구와 공유할 것인지의 관점에서 빅데이터의 일반적인 수명주기.lifecycle 5단계를 적용할 수 있다. 마크 플러드.Mark D. Flood 등이 제시한 것을 소개하기로 한다.[9]

〈그림7-1〉 금융안정 관련 데이터의 수명주기

출처: Office of Financial Research

제1단계: 데이터 입수.Acquisition

데이터에 기반한 감독 업무의 수행을 위해 가장 중요한 일은 금융시장 참가자에 관한 정보를 수집하는 것이다. 금융 시스템에서 생성되는 여러 정보를 수집하는 과정에서 중요한 세부 사항들이 손실될 수 있다. 정보손실을 최소화하면서 금융 시스템의 측정 프로세스 내에서 타당한 결과를 얻기 위해서 다음과 같은 4가지 핵심 요소를 고려하여야 한다.

범위.coverage 감독당국은 전통적으로 금융회사의 미시 건전성 회계 데이터, 은행에 부여된 바젤 자본 요구사항과 같은 금융시장의 가격과 변동성 데이터에 관심을 가졌다. 그러나 글로벌 금융위기를 계기로 감독당국은 공식적인 데이터 수집이 어려운 부문에서 금융 취약성이 발생한다는 점을 깨닫게 되었다.[10] 대응방안은 데이터 격차를 파악하고 문제를 바로 잡는 것이었다. 미국 재무부 금융연구실.OFR이 다른 규제기관과 협력하여 재매입.repo과 증권대출 계약에 관한 새로운 데이터를 수집하고 있는 것이 좋은 사례이다.[11] 또한 G-20 Data Gaps Initiative(DGI)라는 것이 있는데 이 사업은 금융감독, 금융안정 등에 필요한 정보의 범위를

확대하기 위한 국제적인 노력의 일환으로 시작되었다.[12]

빈도.frequency　감독당국은 개별 금융기관이 정기적으로 제출하는 보고서를 통해 공식 데이터를 수집한다. 미시 건전성 취약성이 윈도 드레싱[13].window dressing에 의해 가려질 수 있으며, 거시 건전성에 부정적인 영향을 주는 사건이 갑자기 일어나고 투자자의 공황과 피드백 효과에 의해 더욱 확산되는 시스템적 리스크 상황에서는 정기보고서에 담긴 데이터로는 급격한 금융시장 변화를 파악할 수 없다. 이때에는 관측 빈도가 높은 데이터를 수집할 수 있는가가 매우 중요하다.

상세정도.granularity　상세 정도는 데이터 구조 내에서 데이터가 얼마나 자세한 정보를 포함하고 있는지를 의미한다. 일반적으로 데이터베이스 테이블에서 행.row을 합산하거나 평균화하면 상세 정도가 약화된다. 합산 또는 평균화 과정에는 비용도 있고 이득도 있다. 합산은 단순화(요약)를 통해 총량 파악에 도움을 주는 등 유용성이 있지만 일부 정보가 '상실된' 변환이다. 그래서 가능한 한 최대한 상세한 정보를 수집한 다음 필요에 따라 통합하거나 필터링을 통해 요약하게 된다. 합산과 평균화를 통해 원시 데이터 용량을 줄이고, 무작위 측정오류를 축소하며, 기밀성을 유지할 수 있다. 데이터 통합 과정에서 생길 수 있는 정보 손실을 줄이면서 데이터 수집비용을 최소화하는 것이 가능한지 여부를 고려해야 한다.

세부정보.detail　이것은 데이터의 범위.coverage에 포함된 각 개체.object(예: 기업 또는 거래)의 구체적인 속성을 말하는데 일반적으로 데이터베이스 테이블의 열.column로 표현된다. 예를 들어, 미국 '금융산업 규제당국'.FINRA의 기업채권 거래정보 수집시스템.TRACE은 '기밀' 및 '공개'의 2가지 형식으로 존재[14]하는데, 각 거래에 대한 대응 식별자.identifier가 데이터세트에 포함되는지 여부에 따라 구별된다. 기밀로 분류된 보고서는 딜러의 상호작용에 대한 훨씬 더 자세한 분석을 가능하게 하며 투자자산의 현재 상태(포지션) 집중도와 유동성 형성에 대한 중요한 통찰력을 제공할 수 있다. 저장 비용 및 개인정보 보호와 같은 고려사항도 세부정보에 영향을 미친다.

제2단계: 데이터 정제.Cleaning

데이터 정제는 데이터의 무결성.integrity과 같은 제약조건에 부합하는 데이터세트를 만들기 위한 일련의 편집 및 변환 과정이다. 데이터를 통해 얻은 부정확한 신호는 잘못된 분석과 잘못된 정보에 의한 의사결정으로 이어질 수 있기 때문에 정제과정은 데이터의 품질 유지를 위해 매우 중요하다. 데이터를 수집하는 방식은 매우 구조화되어 있으며 이중 입력 부기 또는 청산 및 결제 등 정확도를 보장하는 프로세스를 거쳐 데이터가 생성된다. 이렇게 정형화된 방식에 근거하여 작성된 데이터는 정제과정이 거의 필요하지 않다. 그러나 다양한 원천데이터를 직접 입수하거나 소셜미디어 피드와 같은 구조화되지 않은 데이터는 섞여 있을 수 있는 잡음.noise 제거나 정보 왜곡 방지를 위하여 데이터를 정제할 필요가 있다.

제3단계: 데이터 통합.Integration

개별 금융기관 또는 일부 금융상품에 대한 모니터링이나 감독만으로는 금융시스템의 취약성을 파악하기 어렵다. 개별 금융기관에서는 잘 드러나지 않는 취약성이 금융시스템 전체 수준에서 나타날 수 있다. 그래서 금융안정을 위한 모니터링 시 여러 금융부문을 동시에 살펴보는 종합적인 접근이 필요하다. 글로벌 금융위기가 발생하였을 때 이를 경험하였다. 금융안정과 관련한 '데이터 통합'은 다양한 시장 참가자를 분류하고, 금융상품별 메타데이터를 분석함으로써 이질적인 금융 상품이나 정보를 서로 연결하는 것을 말한다.

미국의 경우 거시 건전성 모니터링 영역에서, '금융기관 식별 및 정보 통합 사업'.Financial Entity Identification and Information Integration(FEIII) Challenge이 추진되고 있다.[15] 이 사업의 목표는 감독기관의 금융규제 관련 보고서와 같은 구조화된 데이터와 뉴스기사 및 소셜미디어와 같은 비정형 데이터 내에서의 정보 통합을 위하여 다양한 출처로부터 수집한 여러 형태의 금융기관 식별자.identifier를 연결하는 것이다. 이를 위해 금융 데이터세트와 텍스트 소스에서 식별자를 자동으로 정렬하고 기관.entity을 인식하는 새로운 기술을 개발하고 있다. 이러한 데이터 통합을 위한 노력의 주된 목적은 데이터로부터 얻는 정보의 품질을 제고하는 것이다.

제4단계: 데이터 분석과 모델링.Analysis and Modeling

빅데이터 패러다임에서 데이터 분석은 가장 중요한 측면이다. 연구자들은 금융거래, 온라인 뉴스, 소셜미디어 등과 관련된 방대한 양의 텍스트 데이터세트에 관심을 갖고 있다. 현재는 이러한 새로운 데이터 소스에 대한 탐색 초기 단계이며, 일부 경험적 결과들은 연구 차원의 관심을 끌고 있다. 그러나 금융시장에서 기초 데이터의 생성 과정은 내생적이기 때문에 모형이 아닌 단지 데이터에 기반한 경험적 규칙성은 그 타당성을 얻기 어렵다. 정책분석처럼 인과추론.causal inference이 주된 목표인 경우, 단순 예측분석과 데이터 기반 모형 선택은 그 유용성이 제한적일 수 있다고 알려져 있다.[16] 데이터에 의하여 추출된 변수간의 상관성은 높지만 무엇이 원인이고 무엇이 결과인지, 즉 변수 간의 인과관계까지는 정확히 알 수 없는 경우가 많다.

데이터 분석은 새로운 기회와 함께 과제도 가져다준다. 빅데이터 환경에서 기존 계량경제학이 직면한 과제 중 하나는 모형 선택.Model Selection이다. 세부사항을 고려해야 하는 제약조건이 거의 없기 때문에, 구조화되지 않은 데이터세트에 대한 모형을 선택할 때 잠재적 회귀변수(설명변수)가 다수일 수 있다. 그러나 빅데이터 분석 시 관심을 끌고 있는 기존의 축약형 모델링[17]은 회귀분석 방법론에 한계가 있기 때문에 포함할 수 있는 설명변수의 개수에 제약이 있다.[18]

이론적인 연구결과가 충분하지 않은 빅데이터 분석모형에서 자의적이고 과도하게 많은 설명변수의 선정 등으로 인해 전통적인 계량경제학계로부터 인정받지 못하는 문제가 있다.[19] 빅데이터 시대에 전통적인 계량경제학이 고려해야 할 요인들에 대한 논의가 있다. 분석자들은 빅데이터에 기반한 모형의 선택과 관련하여 데이터 패턴의 강건성을 평가하기 위해 표본외.out-of-sample 예측력의 중요성을 강조한다.[20] 또한 데이터의 크기 때문에 데이터 분석을 위한 더 강력한 도구가 필요하며, 추정에 적합한 것보다 더 많은 잠재적 설명변수가 존재하기 때문에 변수 선택을 잘할 필요가 있다. 그리고 데이터세트가 대용량이기 때문에 단순한 선형모형보다는 유연한 관계 분석을 허용하는, 예를 들면, 의사결정나무[21].Decision Trees, 인공신경망.Artificial

Neural Networks, 딥러닝.Deep Learning 등과 같은 머신러닝 기법이 바람직하다는 주장도 있다.[22]

Zoom-in 빅데이터 분석과 머신러닝

데이터의 홍수 속에서 대규모의 데이터세트를 기존의 방법으로 분석하는 것이 거의 불가능하다. 빅데이터를 분석할 수 있는 강력한 도구로 통계적·수학적 기법들이 응용된 도구들이 개발되어 이용되고 있다. '인공지능'과 '빅데이터 애널리틱스'가 그것이다. 이 둘은 빅데이터를 분석하는 데 쓰인다는 점에서 유사성이 있고 서로 관련되어 있지만 〈그림7-2〉에서 보듯이 AI에 근거하지 않고 빅데이터 세트를 분석하는 도구를 개발할 수 있다는 점에서 이 두 개념은 다소 차이가 있을 수 있다. 머신러닝 기법으로 분류되는 지도학습, 강화학습 등의 기법은 인공지능의 원리를 이용한 것은 아니다.

인공지능 분야의 하위 개념 중의 하나인 머신러닝.Machine Learning은 컴퓨터 알고리즘이 스스로 데이터의 패턴을 학습하고 검증하여 데이터에 담겨있는 특정 패턴을 포착하고 이에 기반하여 예측하는 기술이다.

머신러닝은 빅데이터를 이용해 특정 종속변수의 예측에 도움이 되는 설명변수의 추출이 목적인지, 또는 빅데이터를 학습·요약하는 것이 목적인지에 따라 크게 ① 지도학습.Supervised Learning과 ② 비지도학습(또는 자율학습).Unsupervised Learning으로 분류할 수 있다. 최근에는 딥러닝으로 인해서 강화학습.Reinforcement

Learning이 추가되어 3가
지로 나뉘는 경우가 많다.

지도학습은 컴퓨터(기
계)에게 문제.feature와 정
답.label이 있는 학습 데이
터.training dataset를 학습

<그림7-2> AI,머신러닝, 빅데이터
애널리틱스의 관계

출처: FSB, 2017.

시킨 후 테스트 데이터.test dataset를 분류하거나 맞추게 하는 방법
이다. label이란 데이터의 반응변수(종속변수)로서 범주나 수치형 값
을 가지는 결과 값을 말한다. 예를 들어, 폐암 발병과 흡연과의 관계
를 확인하려는 연구에서 데이터의 label은 폐암에 걸려있는지 여부
(정답)를 나타내며 개인 신체정보, 흡연 여부와 같은 데이터 값은 문
제.feature에 해당된다. 지도학습의 대표적인 예는 분류.Classification,
의사결정나무.Decision Trees, 신경망.Neural Networks이다.

비지도학습은 정답.label이 주어지지 않은 상태에서 컴퓨터에
게 다량의 데이터를 학습시켜 컴퓨터 스스로 어떠한 결과를 도출
해 내도록 한다. 폐암 발병 판단 예에서 폐암 여부의 값(정답)이 없
고 개인 신체정보와 흡연 여부의 정보만을 가진 데이터가 있는 것
이다. 따라서 비지도학습은 label의 예측이 목적이 아니며 데이
터에 내재되어 있는 특징(패턴)이나 구조를 발견하는 것이 목적
이다. 비지도학습의 대표적인 예는 군집분석.Clustering과 차원축
소.Dimensionality Reduction이다.

강화학습은 주어진 환경에서 컴퓨터가 선택한 행동에 주어지

는 보상.reward이 최대화되도록 학습을 진행한다. 컴퓨터는 이러한 보상을 받기 위하여 스스로 문제점을 찾게 되는데 초반에는 인간의 어느 정도의 개입할 수도 있다. 여기서 보상은 지도학습의 정답.label에 해당한다. 사실 강화학습은 지도학습의 범주에 들어가는 기법이지만 최근 들어 알파고의 학습으로 유명해져, 별도로 구분하기도 한다. 강화학습에서 사용되는 대표적인 기법으로 딥러닝.Deep Learning이 있다. 딥러닝은 인간 두뇌의 신경세포.neurons에서 착안하여 여러 층의 인공신경망.Artificial Neural Networks과 다량의 데이터를 이용하여 이미지·음성 인식, 자연어처리.NPL, 추천시스템 등 비선형적인 복잡한 문제를 해결하는 데 적용되는 알고리즘이다. 참고로 딥러닝은 강화학습에 적용되는 기법이지만, 어떤 특정 알고리즘을 말하는 것이 아닌, 심층적 신경망 원리를 응용하는 것이므로 지도학습이나 비지도학습에서도 사용된다.

제5단계: 데이터 공유와 투명성.Sharing and Transparency

원시 데이터는 수집·정제·문서화·분석 등 여러 단계를 거쳐 처리된다. 이렇게 처리된 데이터는 활용 단계에 놓인다. 데이터는 의사 결정, 규칙 제정 및 정책 결정을 지원하고 다른 분석을 위한 배경 정보를 제공하는 자원이다. 감독기관은 공적 책임, 투자자에 대한 투명성 또는 업계 의사결정 지원 등을 위해 수집된 데이터 또는 분석자료를 공개하거나 선택적으로 공유한다. 감독기관은 원시 데이터(규제에 관한 수집, 시장 데이터 피드 등)를 이용하여 다양한 분석과정을 거쳐 산출물(분석

결과, 집계정보, 금융안정보고서, 시각화 자료 등)을 만든 다음 공표하여 일반 대중, 산업계, 연구자 등이 분석이나 의사결정에 이용할 수 있게 한다. 이 때 이용자들에게 효과적인 전달을 위해 '대화형 시각화'.interactive visualization 도구를 이용하거나, 역사적 분석[23].historical analysis을 위한 시스템 상태의 아카이브 기록 등을 활용한다.

민감한 기본 세부정보에서 도출된 집계 통계는 법률 등에 의해 공개가 제한된다. 미국에서 금융감독기관 및 통계당국은 개인정보 보호 및 기밀유지 법률 및 규정[24]이 허용한 범위에서만 공개할 수 있다. 유럽의 경우에는 이를 위한 기본 법안으로 '데이터 보호법'.Data Protection Act이 있다.

앞으로 금융부문에서는 보다 더 많은 정보가 생산되고 이에 따라 금융당국은 더 많은 데이터를 수집하게 될 것이다. 데이터의 이용과 관련해 개인정보 보호가 강화되는 추세이다. 반면 금융업계에서는 데이터의 폭넓은 활용 필요성이 있다는 목소리가 더욱 커지고 있다. 개인정보를 보호하면서 어떻게 금융부문 데이터의 품질을 제고하고 활용할 것인지가 커다란 과제이다. 데이터 활용 확대와 함께 개인정보 보호를 위한 새로운 접근법이 요구된다.

3. 금융안정 관련 데이터의 2가지 측면

글로벌 금융위기의 유산: 나무와 숲 전체를 동시에 봐야

2007-09년 기간의 글로벌 금융위기.GFC가 중앙은행과 같은 금융안정 담당 기관에게 준 교훈이 있다. 금융안정 문제는 미시적 측면과 거시적 측면을 모두 가지고 있다는 점이다. 2008년 9월 리먼 브라더스라

는 단일 금융기관의 파산 이후에 보여졌듯이
개별 기업 차원의 문제가 전체 금융시스템으
로 확산될 수 있다. 반대로 금융 시스템 전체의
상황은 기업의 개별 상황에 확실히 영향을 미
친다. 예를 들어, 개별 금융기관의 영업 성과는
금융 주기[25]의 단계뿐만 아니라 글로벌 자산 가격의 변동에 달려 있다.

이러한 이중성으로 인해 통계당국이나 중앙은행은 통계 작성시 어
려움을 겪을 수 있다. 왜냐하면 개별 기업, 또는 심지어 단일 거래 수
준에서 파악할 필요가 있으며, 동시에 보다 광범위한 거시 금융상황
의 전개를 충분히 고려해야 하기 때문이다. 이것은 정책당국이 "숲 속
의 나무뿐만 아니라 숲도 동시에 봐야 한다"는 것을 의미한다.[26] 문제
는 미시 수준의 데이터에 지나치게 초점을 맞추면 "큰 그림"을 잃을
위험이 있고, 반대로, 거시 집계 데이터에만 의존하면 평균적인 척도
로 측정되기 때문에 중요한 세부 정보를 놓칠 수 있다.

글로벌 금융위기 이후 G-20 회원국 협의체 등이 승인한 '데이터 격
차 이니셔티브'.Data Gaps Initiative(DGI)의 추진으로 금융통계 분야에
서 상당한 발전이 이루어지고 있다. 실제로 2016-21년 기간중 추진되
는 DGI 2단계.DGI-2에서는 미시 수준과 거시 수준의 데이터세트를 결
합하기 위한 새로운 통계 프레임워크을 구축하고자 한다. 이를 통해
금융안정과 관련하여 미시적 분석과 거시적 분석 사이의 격차를 줄일
수 있을 것으로 기대된다.

금융 빅데이터의 활용도 증가

'빅데이터' 혁명이 가져다준 현상은 금융위기 이후 국제기구나 중앙은

행들이 금융에 관한 다양한 미시 정보를 수집하고 있다는 것이다. 디지털 기반 빅데이터는 공식통계 작성자들이 기존 데이터세트를 대체하거나 완전히 새로운 통계를 생성할 수 있도록 하는 좋은 기회를 제공한다고 알려져 있다.[27] '금융 빅데이터'는 특히 중앙은행의 통계작성 업무와 관련하여, 요즘 통상적으로 받아들여지는 '빅데이터' 이상의 의미를 갖는다. 금융시스템에서 금융통계를 작성하는 사람들은 인터넷으로부터 파생되는 많은 양의 정보에 관심을 가지고 있다. 예를 들면, 웹사이트 상의 가격정보, 트위터 메시지, 구글 검색어 등과 같은 여러 형태의 데이터를 활용하여 공식통계를 작성하고자 한다.[28]

이와 관련된 중요한 발전은 엄밀히 말하면 인터넷에서 직접 파생된 것은 아니지만, 디지털화 가능한 텍스트 형태의 빅데이터를 마이닝 기법을 통해 분석할 수 있는 텍스트 정보의 사용이 증가하고 있는 점이다.

그러나 중앙은행들의 경험에 따르면 '금융 빅데이터'는 단순히 사물인터넷 이상의 의미를 지닌다.[29] 중앙은행의 통계편제자들이 일상적으로 다루는 대부분의 데이터는 종종 금융, 상업 및 행정 활동의 부산물로 세분화되고 비교적 잘 구조화된 대규모의 데이터세트로 구성되어 있다. 이러한 데이터는 일종의 거래 또는 활동 등의 '기록 또는 등록' 과정에서 수집되는데 금융위기 이후 더욱 확장되고 있다. 이와 같은 확장은 수요와 공급 측면에서 살펴볼 수 있다. 수요 면에서 특히 정책 목적을 위해 집계 수준을 넘어 미시 데이터에 대한 관심이 더욱 높아졌다.[30] 공급 측면에서는 전반적으로 공적기관, 특히 중앙은행과 금융감독기관이 정책 결정을 뒷받침하기 위하여 더 많은 데이터를 수집하기 시작하였으며, 민간 데이터 공급업체도 활동을 확대하고 있다.

1장에서 이미 설명하였듯이, 빅데이터의 주요 출처는 첫째, 인터넷 기반 소셜네트워크 (블로그, 검색어 등 사람이 제공한 정보), 둘째, 전통적인 비즈니스 시스템 (상업거래, 전자상거래, 신용카드 운영에서 생산되는 파일 등 프로세스 중개 데이터), 셋째, 사물인터넷 (기후·교통 등 각종 센서, 스마트폰, 컴퓨터 로그 등에 의해 생성되는 정보 등 기계에 의해 생성된 데이터)과 같이 크게 구분할 수 있다. 이들은 매우 일반적인 범주로, 실제로 빅데이터는 이 3가지 주요 출처에서 파생된 여러 유형의 이종 데이터세트로 구성된다.

국제결제은행.BIS 산하 조직으로 중앙은행 통계업무를 담당하는 어빙피셔위원회.Irving Fisher Committee(IFC) 사무국장인 티쏘.Bruno Tissot 는 중앙은행 등 정책당국에 초점을 맞추어 금융 빅데이터를 4가지 유형으로 구분하였다(<그림7-3> 참조).[31] 즉, 금융시장 지표 데이터세트(예: 금융시장에서 관측되는 실시간 가격), 상업용 데이터세트(예: 신용카드 거래), 인터넷 기반 데이터세트(예: 구글 등 웹 검색어), 행정관리 기록 데이터세트(예: 세금 등록부, 기업 대차대조표)이다.

구글, 페이스북, 아마존 등 민간부문과는 달리, 이미지와 같은 웹 기반 비정형 데이터의 경우 중앙은행이 활용하는 것은 다소 제한적일 수 있다. 그럼에도 불구하고, 통화 및 금융 정책의 수립을 지원하기 위해 인터넷에서 수집된 데이터를 활용하는 프로젝트가 진행되고 있다.[32] 여기서 더욱 중요한 측면은 웹

<그림7-3> **금융 빅데이터의 유형**

출처: IFC Bulletin, BIS 2019.

기반 정보와 동일한 방식으로 기존의 인쇄된 문서를 쉽게 디지털화하고 검색·분석할 수 있게 되면서 디지털화된 정보에 대한 접근성이 높아지고, 점점 더 많은 텍스트 정보가 소셜미디어 등 웹에서 이용할 수 있게 되었다는 사실이다.

그러나 실제로는 중앙은행과 관련된 금융 빅데이터 세트의 대부분은 금융시장 동향, 지급결제 등 상업 거래, 행정관리 등 기록으로 생성되는 매우 세분화된 정보로 구성되어 있다. 이러한 유형의 정보 활용은 글로벌 금융위기를 거치면서 수집되기 시작한 미시 레벨의 데이터세트의 급증에 의해 더욱 촉진되고 있는 것이다. 앞으로 중앙은행 등 정책당국은 특정 기관, 거래 또는 금융상품 수준 등을 포함하여 금융 시스템 전반에 대한 매우 상세한 정보를 가지게 될 것이다.

4. 금융 빅데이터가 주는 기회

금융 빅데이터 세트의 높은 세분성과 관련하여 BIS의 IFC 사무국장인 티쏘는 다양한 기회 내지 이점이 있다고 주장하였다. 첫째 '확장' 가능하고 시스템 전반의 관점에서 특정 기관이나 거래에 대한 정보를 얻을 수 있다는 것이다. 두 번째는 더 나은 형태의 모집단에 관한 거시 집계 정보를 갖는 것이다. 셋째, 수집된 세분화된 데이터는 이론상 적어도 더 나은 '거시' 추정치를 얻기 위해 추가로 결합될 수 있다. 넷째, 상세한 정보는 금융정책 등을 보다 쉽게 설계하고 평가하는 데 활용될 수 있다. 마지막 이점은 새로운 데이터세트는 경제 및 금융 현상을 바라보는 데 있어 새롭고 혁신적인 방법을 촉발할 수 있다. 각 이점을 좀 더 구체적으로 살펴보면 아래와 같다. [33]

거시상황 관련 미시 정보의 확보

금융 빅데이터는 거의 무한한 원천을 제공하면서 잠재적으로 유용한 정보로 활용될 수 있다. 금융시스템에 대한 세부 정보는 시스템적으로 중요한 특징을 가진 개별 기업의 상황을 보고자 할 때 유용하다. 금융위기를 경험하면서 사람들은 '집계된' 숫자(즉, 거시 데이터) 뒤에 무엇이 있는지를 잘 이해하는 것이 매우 중요하다는 것을 알게 되었다. 예를 들어, 시스템적으로 중요한 대형 은행의 상황에 관한 정보는 국내 여타 은행부문과 다를 수 있다. '전통적인' 거시 데이터세트만으로는 대형 은행의 자세한 상황을 잘 파악할 수 없는 경우가 있다. 유사한 부문에서 상호 거래하는 개별 금융기관의 리스크 익스포져는 부문별 수준에서 수치들을 집계하는 과정에서 '상쇄'된다. 금융 경색이 발생하는 경우, 어느 한 기관의 채무불이행은 상대 기관에 파급되어 시스템적 위기를 초래할 수 있다.

대형 금융기관에 대한 매우 세분화된 데이터의 수집을 위한 정책적 관심은 국제결제은행.BIS이 '국제데이터허브'.International Data Hub(IDH)를 설치하면서 증가하였다.[34] 허브 설치의 목적은 '글로벌 시스템적으로 중요한 금융기관'.global systemically important financial institutions(G-SIFI)에 대한 감독기관과 중앙은행의 감시가 용이하도록 세부적인 정보를 공유하는 것인데 G-SIFI의 평균 상황의 측정이 아니라 거시적인 금융안정 정책에 중요한 미시 정보를 추출하는 데 초점을 맞추고 있다.

차별화된 정보 제공

세분화된 데이터세트의 두 번째 이점은 관심 모집단의 분포를 측정하고 고려할 수 있다는 것이다. 글로벌 금융위기 대응과 관련하여 정책 조치를 취할 때 차별화 측면이 중요하게 부각되었다. 예를 들어, 금융 안정 리스크를 해결하기 위해 이른바 '미시 건전성' 정책수단의 개발 요구가 많았다.[35] 그와 같은 수단을 마련하기 위해서는 보다 상세한 거시.sub-macro 접근법이 필요하다. 즉 신용을 제한하는 조치인 담보 인정비율.Loan-to-value ratio(LTV) 적용은 특정 채무자 그룹(예: 최초 주택 구매자 대 상업부동산 개발자), 금융상품(예: 고정금리 대 변동금리) 등에 따라 달리 구현될 필요가 있다. 이처럼 금융 시스템의 특정 부문을 대상으로 하기 위해서는 어느 정도의 차별화가 요구되기 때문에 정책수단은 동일할 수는 없는 것이다.

또한 금융 빅데이터는 집계된 숫자의 이면에 있는 이질성을 파악하는 데 유용하다. GFC 당시 상대적으로 신용 상태가 좋지 않은 채무자에 대한 이해(미국 서브프라임 모기지 시장)가 얼마나 중요한지를 보여주었다. 이러한 특정 정보와 관련된 취약성은 전체 가계부문의 수준에서 측정된 총 부채 상황과는 분명히 달랐다.

집계 거시 금융통계의 개선

금융 빅데이터 세트는 거시통계 작성에 유용할 수 있다. 특히 구조화가 잘 된 미시적 '행정' 데이터세트는 다른 데이터 출처와는 달리 거시통계 작성에 상당히 도움이 될 수 있다.[36] 사실 많은 거시 경제지표들이 전체 모집단의 적용범위를 제한하는 서베이에 기초하여 작성된다. 보다 포괄적이고 세분화된 데이터를 사용하면 집계 지표를 개선할 수 있다. 또 다른 효익은 이용 가능한 세분화된 데이터세트의 대부분이 '찾아낸 데이터'.found data라는 사실에서 온다. 즉, 행정적 또는 상업적 활동의 부산물이기 때문에 통계적 생산과는 독립적으로 존재한다. 데이터가 이미 존재하기 때문에 통계작성자가 부담하는 추가 수집 비용이 제한되며 조사 대상자의 응답 부담도 줄일 수 있다.

금융통계와 관련하여, 특히 '거시' 집계지표의 작성을 개선하기 위해 몇 개의 미시 데이터세트가 유용한 것으로 보인다. 각국 중앙은행들은 금융위기 이후 거래(예: 신규 대출 및 유가증권 발행)와 주식(예: 금융상품 보유) 측면에서 일관된 대출별 및 안전성별 데이터세트를 개발하기 위해 노력하고 있다.

또한 다른 기업별 세분화된 데이터는 개별 재무제표에 관한 풍부한 세부 정보를 제공한다. 이러한 데이터세트는 경제주체의 금융거래와 포지션에 대한 광범위한 적용범위를 제공하며, 다양한 부문 간의 금융연계 추정(예: 상세자금순환표,From-whom-to-whom tables 작성)을 용이하게 하기 때문에, 경제의 금융계정을 편제하는 담당자들에게 유용하다. 동시에 이러한 데이터세트는 매우 세분화되어 실제 분석 요구에 따라 유연하게 결합할 수 있다.

정책 설계 및 평가에 활용

금융위기 이후 금융 빅데이터세트 활용에 관심이 높아졌는데 이는 정책의 설계, 미조정, 평가 및 수정에 유용하기 때문이다. 금융개혁 과제의 이행과 개혁의 진행 상황을 감시하는 역할을 수행하는 미시 건전성 감독당국에게 이러한 것들은 매우 중요하다. 특히, 소위 '계량영향평가',Quantitative Impact Study(QIS)는 이전 정책의 교훈 도출, 새로운 정책 조치의 사전 영향 평가, 취약 영역 식별 등을 위해 개발된 새로운 지표 기반 프레임워크의 중심 요소가 되었다.

정부, 중앙은행 등 정책당국은 거시적 차원의 공공정책 설계, 추진 등과 관련하여 미시 데이터세트의 정보에 많은 관심을 보이고 있다. 미시 데이터는 거시·미시 건전성 정책, 재정·통화정책, 구조개혁 정책 등 다양한 목적으로 활용 가능하기 때문이다.[37] 중요한 사실은 상세한 정보가 포함된 데이터세트를 이용하면 세밀하고 구체적인 정책 조치를 취하는 것이 가능하다. 또한 다수의 이용자들이 데이터를 활용할 수 있다. 예를 들어, 결제 데이터는 국가의 결제 인프라를 감독하는 감독기관뿐만 아니라, 관광 활동을 측정하여 국제수지통계를 작성하는 통계기관에게도 유용한 정보가 될 수 있다. 마지막으로, 특정 시점과 시간에 걸쳐 수집된 정보의 세분화는 정책반응, 부문간 파급영향, 의도하지 않은 결과 등에 대하여 이해하는 데 도움이 된다.

새로운 통찰력 습득

금융 빅데이터 세트는 이전에는 없었던 새로운 통찰력을 제공함으로써 분석 잠재력을 확장한다는 점도 매우 중요한 이점이다. 세분화된 정보의 가용성은 새로운 부문에 대한 분석 가능성을 높인다. 기업 수준의 세분화된 데이터세트는 경제주체의 이질성을 분석하는 데 사용될 수 있으며 보다 상세하고 다양한 유형의 데이터 집계에도 사용될 수 있다.[38] 기업 규모, 부문, 소재지 등과 같은 여러 가지 기준을 교차하여 결합하는 것이 가능하다. 결론적으로 상세한 금융 빅데이터를 활용하여 지식의 경계를 더욱 확대할 수 있다.

한편, 금융 빅데이터는 상업적 또는 행정적 목적으로 기록될 경우

장기간에 걸쳐 수집된다. 이는 장기적인 관점에서 금융 시스템의 발전을 분석하는 데 도움이 된다. 그리고 증권관련 데이터는 상품·분야·통화·만기별로 한 국가에서 발행되는 모든 증권에 대한 매우 풍부한 모집단 정보를 제공한다. 또한 대규모 데이터세트를 이해하기 시작하는 단계에 있는 정책당국은 민간부문에서 축적된 경험을 공유함으로써 이익을 얻을 수 있다. 즉 상세한 업무 기록 데이터를 이용하여 수행한 시중은행들의 스트레스 테스트 경험은 금융시스템의 잠재적 취약성을 감시하는 정책당국 입장에서는 참고할 만한 좋은 아이디어가 될 수 있다.

5. 금융 빅데이터의 활용을 위한 과제

금융 빅데이터의 잠재적 가치는 매우 크지만 두 가지 쟁점이 있다. 첫 번째 과제는 기술적인 측면에 관한 것이다. 빅데이터의 실질적인 가치를 평가하기 위해서는 아직 더 많은 분석과 실험이 필요하다. 마이어 쇤버거.Viktor Mayer-Schonberger와 케네스 쿠키어[39].Kenneth Cukier의 정의에서처럼 'N=All', 즉 '표본(N)은 모집단과 같다'는 전제는 환상일 수 있다. 많은 경우 빅데이터가 전체 모집단을 대표하지 않는다. 예를 들어 미시간대 교수 로버트 그로브스[40].Robert M. Groves는 빅데이터에 변수가 거의 없으며 빅데이터로부터 가치를 추출하려면 다른 데이터와 연결해야 한다고 주장하였다. 또한, 빅데이터의 대표성 부족도 문제이다. 소셜미디어 또는 기타 인터넷 기반의 대용량 데이터 소스는 일반적으로 모집단을 모두 설명하지 못한다. 예를 들면, 구글 독감 트렌드[41].Flu Trends는 많은 양의 데이터를 사용했지만 글을 읽고 쓸만한 사람들만 반영된 데이터이다. 독감에 걸렸지만 컴퓨터에 접근할 수 없는 사람은 구글 검색어에서 제외되어 있다.

엄청난 양의 데이터를 이용하기 때문에 모형 평가 시 표본 내 설명력은 높을 수 있지만 표본 외.out of sample에서는 그렇지 못할 가능성이 높다. 빅데이터는 각기 다른 기술에 의해 생성되며 소비자의 선호도에 따라 달라진다. 따라서 빅데이터를 사용하여 추정된 파라미터는 다른 형태의 불안정성을 가질 수 있다. 물론 이러한 문제는 빅데이터에만 국한된 것은 아니다.

그리고 대용량, 다양성 및 웹 페이지에서 이용가능한 수명이 짧은 특성으로 인해 중요한 빅데이터를 축적하고 보관하는 데 어려움이 있다. 물리적 저장장치, IT 플랫폼 및 소프트웨어의 변경은 데이터의 보관을 방해할 수 있다. 보관이 제대로 이루어지지 않거나 데이터가 손실되면 의사 결정할 때, 그리고 연구를 재현할 때 문제가 발생할 수 있다.

빅데이터의 활용 관련 또 다른 중요한 문제는 데이터의 기밀성 유지와 개인정보 보호이다. 데이터 활용 시 법률 및 윤리적인 측면에서 이러한 원칙을 지켜야 한다. 이 분야에서는 관련 법률을 효과적으로 적용하고 필요 시 국제협력도 해야한다.

정부, 중앙은행 등 정책당국은 데이터 대량 생산자, 소비자 및 공급자로서 지켜야 할 몇 가지 원칙이 있다. 은행 및 금융 데이터를 수집하고 처리하는 통합된 접근법을 채택하는 것이 바람직하다.[42] 사전에 정해진 기준을 준수하는 보고자로부터 정보를 수집하고 이 정보를 여러 목적으로 사용하는 것이다. 이렇게 함으로써 데이터세트와 중개자에 걸쳐 일관성을 확보하고, 성가실 수도 있는 사후 데이터 조정 필요성을 축소할 수 있다.

이탈리아 중앙은행의 경우 필요한 데이터를 확보하기 위하여 '기업통계 데이터 사전'.dictionary 및 '기업통계 데이터 웨어하우스'.warehouse를 개발 운영 중이다. 양자 모두 유럽 단일시스템의 일부로 통계 및 감독 정보를 관리하기 위해 계획된 것이다. 감독 및 중앙은행 업무 기능은 자체적인 분석 접근법을 필요로 하지만, 의사결정 프로세스는 전술한 데이터 사전 및 웨어하우스의 규정 적용을 받고 있다. 이러한 원칙은 연구 및 공식 통계와 같은 데이터 사용 시에도 동일하게 적용되고 있다.

일부 통계데이터는 민감한 정보를 포함하고 있어 기밀을 유지해야 한다. 따라서 데이터의 기밀성을 확보하는 것이 매우 중요한 과제이다. 데이터 접근은 조직 내에서 적절하게 제한되어야 하며, 데이터 관리는 절차와 책임에 관한 명확한 규칙을 따라 준수되어야 한다.

감독기관이나 중앙은행은 또한 세분화된 데이터에 대한 일반 대중의 접근 요구에 대처할 준비가 되어 있어야 한다. 데이터 생산자로서, 중앙은행이나 감독당국은 가능한 한 많은 수요자에게 통계데이터를 제공하기 위해 노력할 필요가 있다. 연구자 및 기관과 일부 데이터를 공유하기 위해서는 민감한 통계데이터의 기밀성을 유지해야 한다. 이러한 목적에 따라 각국의 중앙은행과 정부기관은 통계데이터 네트워크 시스템을 개발 운영하고 있다.[43] 또한 개인정보를 침해하지 않으면서 다른 기관이 보유하고 있는 미시 데이터와 연결할 수 있는 방안을 연구하는 것도 필요하다.

8장

빅데이터와 중앙은행

디지털 기술의 산물인 빅데이터는 중앙은행에 새로운 선택지와 과제를 안겨주고 있다. 빅데이터는 경제 분석·예측, 금융시장 분석 등과 관련하여 새로운 통찰력을 제공하고 새로운 연구 방향을 여는 데 유용성을 더해 준다. 그리고 중앙은행이 작성하는 통계의 시의성을 향상시키고 기존 통계의 보완 또는 새로운 통계 개발 등에도 활용될 수 있다.

이 장에서는 빅데이터에 대한 중앙은행의 인식, 중앙은행 내 데이터 거버넌스 구축 등에 대한 '센트럴뱅킹'(Central Banking)의 조사 결과를 간략히 소개한다. 이어 중앙은행은 어떤 빅데이터에 관심을 보이는지, 그리고 중앙은행은 빅데이터의 특성을 어떻게 인식하고 있는지에 대해서도 알아본다. 아울러 중앙은행에서 빅데이터를 활용하고자 할 때 제기되는 중요한 이슈, 고려사항 등에 대해서도 생각해 본다.

본장은 편의상 별도의 장으로 구분하였으나 중앙은행도 금융안정을 위한 역할을 수행하고 있다는 점, 감독당국과 마찬가지로 금융 빅데이터와 정보의 수요자인 동시에 생산자라는 점에서 전술한 7장(빅데이터와 금융안정)과 밀접하게 연계되어 있다.

1. 빅데이터에 대한 중앙은행의 인식

중앙은행에서 인기있는 주제

세계 주요국 중앙은행들이 빅데이터에 관심을 가지게 된 계기는 글로벌 금융위기 이후였다. 금융 빅데이터를 경제동향 파악 및 정책 수

행 등에 활용하기 위해 노력하고 있다. 이러한 움직임과 관련하여 일부에서는 중앙은행의 빅데이터 활용 증가는 '혁명', revolution이라기보다는 오

히려 '진화', evolution라고 평가하기도 한다.[1] 이와 같은 '진화'는 2가지 요인으로 촉발되었다. 첫째 요인은 급속한 기술진보로 인해 새로운 기회가 출현하였다는 것이다. 두 번째는 중앙은행들이 수년간 위기 관리를 통해 얻은 경험이 많이 축적되었다는 점이다.

중앙은행에서의 빅데이터 진화 현상은 이미 성공적인 결과로 나타나고 있다. 오늘날 중앙은행의 정책 담당자들은 '속성'과 '범위', nature and scope 면에서 매우 다른 형태인 동시에 엄청난 규모의 데이터에 접근할 수 있게 되었다. 이러한 데이터는 금융위기 등을 거치면서 새로운 금융 규제의 결과로 등장한 것도 있고, 최신 기술이 경제활동에 적용된 결과 생성된 것도 있다. 후술하겠지만 2019년 현재 60%가 넘는 대다수의 중앙은행들이 빅데이터를 업무 수행에 활용하고 있는 것으로 나타났다. 이 중 거의 4분의 3이 2018년에 새로운 프로젝트를 시작하였으며 3분의 2가량이 빅데이터를 정책 결정 과정에 핵심이나 보조적 투입 요소로로 활용하고 있었다.

한편 중앙은행들은 새로운 형태의 혁신적인 데이터 사용을 지속적으로 발전시켜 왔다. 최근 센트럴뱅킹[2], CENTRAL BANKING이 조사하여 발표한 결과(2019년)에 따르면, 많은 중앙은행은 빅데이터를 정책 결정 과정에 사용하기 위해 다각도로 노력해 온 것으로 나타났다. 데이터 거버넌스 측면에서도 많은 변화 조짐이 보였는데, 많은 중앙은행들이 데이터 거버넌스 구조를 개편하기 위해 노력하고 있다. 2018년 조사에서 중앙은행 대다수가 문제점으로 지적했던 거버넌스 이슈는 2019년 조사결과 큰 폭으로 개선되었다고 응답하였다. 즉 중앙은행의 60% 이상이 데이터 거버넌스에 있어 개선되었다고 답변하였다.

빅데이터는 대용량, 빠른 속도로 생성, 높은 복잡성이라는 여러 가지 속성을 보이는데 모든 경우에 중앙은행에 새로운 선택지와 과제를

안겨준다. 빅데이터는 금융시장 분석 등과 관련하여 새로운 통찰력을 제공하고 새로운 연구 방향을 여는 데 유용성을 제공하며, 중앙은행이 작성하는 통계의 시의성을 향상시키는 데 활용될 수 있다. 즉 다양한 형태의 데이터들을 동시에 잘 활용한다면 시의성있고 의미 있는 금융시장 관련 또는 경제적 신호를 추출할 수 있다. 또한 경제심리지수나 소비자 심리지수 등 공식 경제통계와 같은 기존의 데이터를 보완할 수 있다.

중앙은행이 빅데이터에 관심 갖는 이유
2019년 센트럴뱅킹이 「중앙은행의 빅데이터」라는 주제로 실시한 조사 결과에 따르면, 조사에 응한 58개의 중앙은행 중에서 37개(64%)가

빅데이터에 관심을 가지고 프로젝트를 수행하고 있는 것으로 나타났다. 빅데이터 프로젝트를 수행하고 있다고 답변한 37개국 중앙은행 가운데 약 74%가 2018년에 새로운 프로젝트를 시작한 것으로 나타났다. 수행된 프로젝트의 예는 경제 및 금융동향 분석, 통계 시산, 실시간 결제데이터 활용을 통한 중요기업간 금융연계성 분석, 텍스트 마이닝 기법을 활용한 경제불확실성지수 산출, 온라인 포탈 데이터에 대한 웹-추출 기법을 통한 부동산가격지수 산출 등이었다.

〈그림8-1〉 **빅데이터 관련 프로젝트 수행 여부**
(2019년 조사결과)

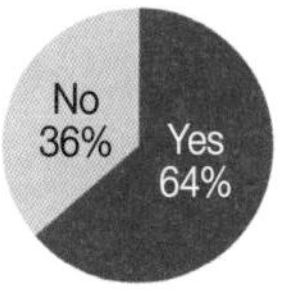

〈표8-1〉 **지난 1년간 빅데이터 프로젝트 수행 여부**

(%)

	2016	2017	2018	2019
있 다	55	68	55	74
없 다	45	32	45	26

출처: "Big data in central banks", CENTRAL BANKING, 2016, 2017, 2018 및 2019.

또한 많은 중앙은행들이 경제에 대한 심층적인 통찰력 등을 얻기 위해 빅데이터 연구와 활용을 위한 조직을 만들기 시작하였다. 예를 들면, 싱가포르의 통화당국인 통화청.Monetary Authority이다. 싱가포르 통화청은 빅데이터를 다루는 조직을 만들고 이를 이끄는 수석 데이터 담당관.Chief Data Officer(CDO) 직을 신설하였다. 초대 CDO가 된 데이비드 하둔.David Hardoon은 "우리는 이제 데이터 과학의 힘을 활용하여 통찰력을 확보하고 위험 감시를 강화하며 규제 준수를 강화하는 한편 업무 수행방식을 혁신하고자 한다는 포부를 밝혔다. 그는 경제의 동향이나 전망을 "실시간 파악", 즉 '나우캐스팅'.nowcasting을 하기 위해 구글 검색어.Google Trends나 채용 웹사이트와 같은 공개 소스의 활용을 모색하고 있다고 말했다. 그리고 과다부채 은행을 식별하는 데에 도움이 되는 신용거래 기록과 같은 비밀 데이터에도 관심을 보이고 있다고 밝혔다.

중앙은행이 빅데이터에 관심을 갖게 된 계기는 2007-09년 글로벌 금융위기를 겪으면서부터이다. 중앙은행의 정책 담당자들은 글로벌 금융위기 당시 적절한 정책의 결정을 위한 깊이 있는 정보가 부족했 었다는 점을 인식하게 되었으며 이에 따라 위기 이후 미시 데이터의 수집을 확대하고 있다. 특히 거래, 자산, 담보대출, 일반대출 등의 보 다 세부적인 데이터에 관심을 가지고 있다. 이러한 미시 데이터는 과 거에는 대답할 수 없었던 정책 질문에 답할 수 있는 유연성을 제공할 수 있다.

전 세계 중앙은행들의 은행 격인 국제결제은행.BIS도 이러한 움직 임에 동참하고 있다. 2017년 이후 매년 통계학자와 경제학자들이 인 도네시아의 발리 섬에 모여 통화정책과 금융감독 등의 목적을 위한 빅데이터의 잠재력에 대해 폭넓게 논의하고 있다.

이렇듯 최근 중앙은행의 빅데이터에 대한 인식이 크게 달라지고 있 다. 빅데이터가 흥미있는 연구분야라는 응답 비중이 2016년 47%에서 2019년 33%로 낮아진 반면 정책수립 및 감독의 핵심 또는 보조자료 라는 비중은 2016년 53%에서 2019년 67%(응답 중앙은행의 약 3분의 2)로 높아졌다.

〈표8-2〉 **중앙은행의 빅데이터에 대한 인식 변화**

(%)

	2016	2017	2018	2019
정책수립 및 감독의 핵심자료	22	36	24	27
정책수립 및 감독의 보조자료	31	22	37	40
흥미있는 연구분야	47	42	39	33

출처: CENTRAL BANKING and BearingPoint, 2016, 2017, 2018 및 2019.

2. 중앙은행의 데이터 거버넌스

중앙은행 간 격차

최근 중앙은행의 주된 관심사의 하나는 데이터의 체계적 관리인데 중앙은행별로 데이터 거버넌스에 상당한 격차가 존재하고 있다.

센트럴뱅킹의 2019년 조사 결과에 따르면, 빅데이터를 포함하여 데이터의 관리 및 수집 목적의 데이터 거버넌스가 중앙은행 내에 명확하게 있다고 답한 응답자는 63%로 나타났다. 이는 이전 년도의 38%에 비해 큰 폭으로 증가한 것으로 거버넌스 구조를 개선하려는 각국 중앙은행의 노력이 결실을 보고 있기 때문이다.

〈표8-3〉 데이터 거버넌스 존재 여부

(%)

	2016	2017	2018	2019
있다	48	43	38	63
없다	52	57	62	37

출처: CENTRAL BANKING and BearingPoint, 2016, 2017, 2018 및 2019.

거시 수준에서 미시 수준의 데이터 및 통계로 관심 또는 중요도가 이동하는 경우 거버넌스 구성요소를 재검토하여 세부적인 데이터.Granular Data에 적용되도록 해야 한다. 이는 거버넌스 각 부문의 담당자별 역할과 책임을 명확하게 정의하고 거버넌스 구축 과정의 각 단계에서 데이터 접근 표준.Access Profiles, 통제 및 감사추적.Control and Audit Trails 담당자를 구성하는 것을 의미한다.

데이터 거버넌스는 중앙은행에 대한 신뢰를 위해 중요한 과제인데, 최근 많은 중앙은행들이 데이터 및 통계를 전략적 자산으로 인식하고 조직 차원에서 데이터 거버넌스 제고를 위해 수석 데이터 담당관.Chief Data Officer(CDO)을 도입하는 한편 그 역할을 설정하는 등 조직의 변화를 도모하고 있다.

2017년 조사결과에서 응답자의 의견 중 공통적인 주제는 데이터 관리 업무의 부서별 배분이었다. 최근 마이크로 데이터의 중요성이 높아지는 가운데 유럽 소재 중앙은행들의 경우 통계담당 부서가 통계 작성 및 감독 목적으로 데이터를 수집하고 있다. 미시 데이터의 중요성이 커지면서 데이터 수집 등에 있어 현재의 과정을 재검토하고 보다 체계적인 데이터 관리 전략을 수립할 필요성이 생겼다.[3] 2019년 조사결과에서는 많은 중앙은행에서 데이터 관리자를 임명하였다는 내용이 공통된 주제였다. 이는 특정 부서나 데이터베이스와 관련하여 데이터 관리 업무를 담당하도록 하기 위한 것이었다.[4]

선진국 중앙은행들은 통계부서가 IT 부서의 협력을 통해 데이터 거버넌스를 수립하는 방식을 선호하고 있다. 이러한 접근방식 하에서 양 부서는 정보 아키텍처 구성, 메타데이터·카탈로그·사전 작성, 정보저장소 설치 등을 위해 협업할 필요가 있다. 중앙은행 각 부서에는 생산된 데이터 관리를 담당하는 데이터 관리자,Data Steward가 있으며 업무를 조정하고 공통지침을 점검하는 책임 데이터관리자,Master Data Steward이 있다.

중앙은행 내 빅데이터 전담조직

중앙은행에서 빅데이터 업무는 대체로 여러 부서에 산재해 있는 것으로 파악된다. 조사대상(49개) 중앙은행 가운데 약 31%(15개)[5]가 빅데이터 업무를 전담하는 조직이 있다고 응답한 반면 여러 부서에 산재해 있다고 답변은 약 69%(34개)[6]이다.

유럽에 소재하고 있는 소규모 중앙은행들은 대체로 통화금융 통계

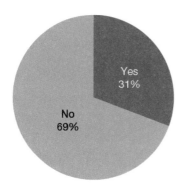

〈그림8-2〉 **빅데이터 전담 조직 유무**

Yes
31%

No
69%

출처: Central Banking, BearingPoint, 2017.

부서가 데이터 생산을 담당하며, 이들 부서에는 빅데이터에 초점을 맞춘 기능이 부여되지 않은 것으로 보인다. 반면, 1,500명 이상의 직원을 보유한 유럽의 대형 중앙은행은 데이터 담당 부서는 조직 전체 데이터 업무를 관리하며, 조직의 권한이 빅데이터를 포함한 모든 데이터에까지 확장되었다.

한편, 빅데이터 업무가 여러 부서에 산재해 있는 경우 다양한 전문가로 구성된 태스크 그룹.Task Group을 구성하는 것을 검토(미주지역 중앙은행)하거나 이미 여러 전문가들로 구성된 팀을 설치하고 IT 부서 지원 하에 빅데이터 활용을 통해 일부 정책 이슈를 해결하고 있는 것으로 나타났다.

아시아에 소재한 2개의 중앙은행은 데이터 거버넌스를 수립하고 데이터 분석팀.Data Analytics Unit을 설치한 데 이어 조직을 '데이터 분석그룹'.data analytics group(DAG)으로 확대하였다. 데이터 분석그룹은 빅데이터 기술 사용을 포함하여 데이터 분석 기술 개발과 같은 광범위한 과제에 초점을 맞춰 기능을 수행하고 있다.

중앙은행 내 빅데이터 업무를 수행하는 조직이 있는 경우 일부 책무를 타부서와 공유하는 경우도 있지만 중심 역할은 대체로 통계부서가 담당하는 것으로 나타났다. 10개(67%) 중앙은행에서 다른 부서의 협조를 얻는 형태로 통계부서가 담당조직이라 답변했으며 7개(47%) 중앙은행은 빅데이터 업무가 여러 부서에 걸쳐 분산되어 있다고 응답하였다. 6개(40%)의 중앙은행은 IT 부서에 빅데이터 업무 기능을 배치

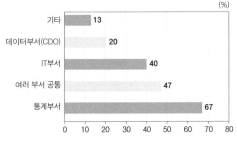

〈그림8-3〉 **빅데이터 업무 담당 조직**

(%)

기타	13
데이터부서(CDO)	20
IT부서	40
여러 부서 공통	47
통계부서	67

주: 49개 중앙은행중 15개은행이 응답, 7개 은행은 복수 응답
출처: Central Banking, BearingPoint, 2017.

하고 있었는데 소규모 중앙은행들이 여기에 해당된다. IT 부서와 데이터 분석팀 간의 연계를 중시하고 있으며, 아시아 중앙은행의 한 응답자는 데이터 분석 부서는 IT 업무 담당 임원에게 직접 보고

하는 것으로 나타났다. 또 다른 응답자는 두 부서간 협력한다고 답변하였다. 즉 데이터 분석그룹.DAG은 별도의 부서이지만 데이터 수집 및 분석 지원을 위한 시스템과 아키텍처 구현을 담당하는 IT 부서와 매우 긴밀하게 협력하고 있었다.

3. 중앙은행의 역할과 빅데이터 원천

빅데이터와 중앙은행의 역할

중앙은행은 물가 안정, 장기금리 안정, 금융시스템 안정 등을 도모하여 국가경제의 건전한 발전을 유지하고자 통화정책을 수행한다. 중앙은행이 통화정책을 수행하기 위하여 수집하는 데이터는 크게 2가지 종류로 구분할 수 있다. 먼저 전통적인 데이터로 거시경제 데이터, 서베이 데이터, 금융기관 관련 데이터가 있다. 특히 순수한 서베이 데이터와 거시경제 집계 데이터[7].aggregate data는 해당 목적에 맞게 설계되고, 그리고 통계적 프로세스를 거쳐 만들어진다.[8] 이러한 전통적인 데이터는 거시경제의 움직임, 금융시장 동향 등을 파악하는 데 유

〈그림8-4〉 **중앙은행이 수집하는 데이터**

주: 녹색은 신형 데이터, 진한 청색은 전통적 데
이터를 의미함
출처: Federal Reserve Board, 2014.

용하다. 그러나 매우 빠르게 변동하는 금융시장에 내재된 위험요인 또는 새로이 생겨나는 취약점, 특이현상 등을 보다 정밀하게 파악하는 데 전통적인 데이터는 충분하지 않다.

이러한 전통적인 데이터의 한계를 극복하고 다양한 데이터의 활용도를 높이기 위하여 여러 가지 목적에 적합한 데이터, 보다 이질적이고 세분화된 데이터를 확보하는 일이 중요해졌다. 이러한 형태의 "새로운" 데이터에는 소셜미디어, 조사보고서 등과 같은 비정형 데이터, 중앙은행 및 금융기관 내의 미시 데이터, 제3자.The third party 소유 데이터 등이 있다. 중앙은행에서는 과거보다 복잡해진 금융상황에 대한 이해와 데이터 기반 정책 수립, 감독 등을 위해 빅데이터 활용의 필요성이 점차 증가하고 있다.

중앙은행을 위한 빅데이터의 원천

2015년 조사에 따르면, 중앙은행에서 가장 우선적인 빅데이터의 원천은 공공 및 공식 데이터이다.[9] 이러한 원천은 특히 데이터 접근성(제한된 데이터 공유 관행)과 기밀성[10] 측면에서 제약이 있지만 그 종류가 매우 다양하다는 것이 장점이다. 또 다른 특수성은 이러한 데이터세트는 보통 수치 형태인데, 텍스트 데이터와 같은 정성적 정보는 다루기가 쉽지는 않다. 두 번째 중요한 원천은 내부의 데이터베이스 또는 국가통계청 등과 같은 공공기관의 데이터베이스이다. 중앙은행들은 이런 데이터에 상대적으로 익숙하다고 할 수 있는데, 대개 데이터의 접근성이 높고 품질이 우수하다. 그러나 불규칙성(예: 특이성) 및 내용 추출/시각화 측면은 어려운 점이다. 셋째, 인터넷에 기반한 데이터도 중앙은행에게 가치가 있다. 이들은 매우 적은 비용으로 빠르게 수집되고 신속히 갱신될 수 있다. 그러나 제공의 시의성, 국가 간 일관성(예: 다른 인터넷 사용 관행), 포괄범위 및 대표성[11]과 같은 몇 가지 이슈들이 일반 대중과의 소통 문제와 함께 강조되고 있다. 넷째, 금융기관의 데이터베이스는 중앙은행에게 유용한 빅데이터 출처이다. 이러한 데이터는 중앙은행이 정책을 수행하는 데 도움이 된다. 다섯째 중요한 원천은 데이터 공급업체가 제공하

〈표8-4〉 **중앙은행이 관심을 갖는 빅데이터 원천별 예**

원천 (유형)	다양한 예
1. 공공 및 공식 데이터	외환거래/투자거래, 과세파일, 신용정보사자료/등록자료, 주택/모기지 등록자료, 금융시장감독자료, 공적금융보고서, 금융시장 활동지표
2. 내부 공공DB	중앙은행 통화 및 금융개관표, 통계청데이터, 금감원 데이터, 공공 대차대조표
3. 인터넷기반 데이터	바이두, 구글, 일자리포탈, 다양한 웹사이트, 웹-추출 정보공급자
4. 금융기관 DB	신용기구(대출,모기지), 비은행금융기관, 파생거래저장소, 투자펀드 홀딩스/관리인
5. 데이터 판매업자	마이크로 소프트 분석서비스, 상업공급자, 정산관리기관(FX포함), 증권통계공급자, 신용카드운용사
6. 이동위치 데이터	이동통신사, 위치기반서비스 공급자
7. 미디어 및 소셜 네트워크	에브스코, 유레카, 쿠스토, 페이스북, 유튜브
8. 수퍼마켓 기록	Tesco(온라인 가격 데이터세트), POS(판매 시점) 데이터

출처: IFC Report, BIS, 2015.

는 빅데이터인데 이 데이터는 상당히 이질적일 수 있지만 적어도 사용자를 위해 부분적으로 일정한 방식에 의해 가공된다. 마지막으로, 수퍼마켓 거래기록 등 다른 형태의 데이터가 존재하지만 중앙은행에서 활용된 사례는 상대적으로 많지 않다. 이동위치.Mobile Positioning 데이터도 이용가능한데 문제는 이를 사용하려면 필요한 방법론을 자주 업데이트를 해야 한다는 것이다. 미디어와 소셜네트워크와 같은 원천도 있는데 이러한 데이터는 해석하기 어렵고 경제 또는 금융 동향과 관련해 메시지가 부정적인지 긍정적인지를 판단하기가 쉽지 않다.

중앙은행이 인식하는 빅데이터의 특징

빅데이터의 유형과 관련하여 1장에서 이미 다루었듯이, 유엔 경제사회국.Department of Economic and Social Affairs(DESA)의 분류가 많이 알려져 있다.[12] 이 분류 방법에서 빅데이터의 원천은 ① 사회관계망(블로그, 비디오, 인터넷 검색과 같은 인적자원 정보), ② 전통적인 사업거래내역(상업거래, 전자상거래, 신용카드와 관련하여 생성된 데이터와 같은 프로세스 중개 데이터), ③ 사물인터넷(오염 또는 교통 센서에 의해 생성된 데이터, 이동전화 위치정보 및 컴퓨터 시스템에 의한 접속기록과 같은 기계에 의해 생성된 데이터) 등 3가지 유형으로 분류된다. 그런데 중앙은행의 시각으로 보면 세 번째 유형은 행정 시스템과 개인사업 시스템으로 구분할 필요가 있다. 이 2가지 유형의 데이터 소스는 시간이 지남에 따라 여러 가지 용도로 사용되고 다른 형태의 이슈를 제기한다.

한편 국제결제은행.BIS의 IFC.Irving Fisher Committee의 조사[13] 결과에 따르면, 세계의 중앙은행들은 빅데이터의 특성을 다음과 같이 인식하고 있다.

① 빅데이터는 웹 검색엔진이나 금융거래 기록과 같이 IT 시스템에 의하여 생성되는 '상세'.granular 또는 '미시'.micro 단위의 정보이다.

② 빅데이터는 커다란 용량.High Volume, 다양한 유형.High Variety, 고빈도.High Velocity의 속성을 가진 데이터세트(3V)이다.

③ 빅데이터는 일관성이 없는 복수의 소스에 의해 생성되어 진실성[14].Veracity이 항상 확보되는 것이 아니다(4번째 V).

④ 빅데이터는 항상 그런 것은 아니지만, 신용카드를 이용한 거래 등 상행위나 웹 검색과 같은 개인 활동으로부터 생성되는 부산물 형태인 경우가 많다.[15] (반면 전형적인 통계는 대체로 특정 목적으로 작성)

⑤ 빅데이터의 수집 시, 기존 서베이 방식에 비해 비용이 상대적으로 적게 든다.[16] 다만 수집된 데이터의 관리비용은 매우 클 수 있다.

⑥ 빅데이터는 너무 큰 데이터세트기 때문에 전통적 방법으로 다루기 어렵다. 따라서 기존 통계시스템으로 처리하는 것이 곤란하다.

⑦ IT 자원과 인적기술의 결합 측면에서 빅데이터는 관리에 많은 어려움이 있다.

⑧ 빅데이터는 데이터세트의 크기 및 기밀성 문제(예: 개인정보 보호, 개인정보 접근·수정 권한, 익명화 기법) 때문에 적절한 방법으로 저장해야 하는 경우가 많다.

⑨ 빅데이터는 정보의 품질 문제(진실성)를 제기할 수도 있다. 특히 빅데이터가 오해를 살 수 있는 위험성이 있으며 심지어 조작되어 윤리적 문제를 야기하기도 한다.

⑩ 일반적으로 빅데이터 세트로부터 특정 패턴 등을 추출하여 이를 의사결정에 적용하기 위해서는 적절한 방법으로 필터링해야 한다.

최근 58개 중앙은행을 대상으로 실시한 서베이 결과[17]에 의하면, 빅데이터가 광범위하게 이용되고 있다. 특히 현재 단기 예측.Nowcasting(63%)과 미래 예측.Forecasting(54%)을 위해 가장 많이 쓰이고 있으며, 금융시스템에 대한 스트레스 테스트(46%)에도 이용되고 있다.

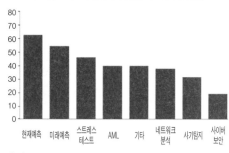

〈그림8-5〉 빅데이터의 활용 목적 (복수응답)

출처: CENTRAL BANKING, 2019.

4. 중앙은행에서 빅데이터의 주요 이슈

빅데이터는 중앙은행이 활용할 수 있는 정보의 성격을 근본적으로 변화시키고 있다. 빅데이터는 경제주체들의 사회·경제적 활동 과정에서 생겨나는 부산물로, 막대한 양의 데이터세트이다. 빅데이터는 개인거래 수준의 상세한 정보를 거의 실시간으로 제공함으로써 중앙은행이 경제동향이나 경제주체의 행동 패턴을 파악하는 데 활용될 수 있다.

중앙은행은 빅데이터의 속성, 즉 '신속성'과 '유연성'을 통해 보다 포괄적이고 적시성 있는 경제예측이나 금융안정 평가를 위한 지표를 만들 수 있다.[18] 그러나 빅데이터 활용을 위한 많은 과제가 있다. 그중 중앙은행에게 매우 중요한 이슈는 다음과 같이 2가지이다.[19]

빅데이터 처리의 어려움

빅데이터는 그 규모가 방대하고 구조가 명확하지 않으며 인터넷, 행정 기록 등 다양한 경로를 통해 입수된 원데이터의 품질 수준도 높지 않다는 점에서 데이터 입수·저장·분석 등 처리 측면에서 개선할 점이 많다. 따라서 데이터를 가공하고 관리하기 위해서는 막대한 규모의 자원과 적절한 준비가 요구된다. 실제 중앙은행의 빅데이터 활용은 이와 같은 IT와 각종 자원의 제약으로 아직 제한적인 실정이다. 이러한 데이터로부터 유의미한 결과를 도출하기 위해서는 고도의 통계적 기법과 새로운 기술이 필요하다.

중앙은행의 정보시스템 측면에서는 빅데이터를 처리하기 위해서는 다음과 같은 사항들을 고려해야 할 것이다. 우선, 정보처리를 위해 엄청난 비용이 들고 필수기술, 예를 들면 데이터 과학 기술, 처리 방법론, 법률 자문 등을 내부 인력만으로 감당하기 어렵다는 점이다. 둘째, 개별 거래 데이터가 비공개 정보일 가능성이 있어 기밀정보 보호, 데이터 소유권, IT 보안 등과 관련하여 중앙은행이 운영 또는 평판 리스크에 노출될 가능성이 있다. 셋째, 기본적으로 상업적 활동에 의해 생성된 인터넷 기반 정보에 접근하는 것이므로 법적·윤리적 문제가 제기될 수 있다.

따라서 데이터 활용 시 편익과 함께 비용과 리스크도 있다는 점을 감안하여 빅데이터 활용에 관한 의사결정 시 전략적으로 하는 것이 중요해졌다. 최근 많은 중앙은행들이 빅데이터에의 접근과 빅데이터 기술 활용을 위해 IT 시스템 구성 및 데이터 거버넌스 data governance

체계를 검토하고 있다. 미 연방준비은행, 싱가포르 통화청 등 일부 중앙은행에서 '수석 데이터 담당관'.Chief Data Officer을 임명한 것도 일관성 있는 데이터 활용 전략을 수립하기 위해서이다.

정책 결정 등에 활용

빅데이터는 공식통계를 보완하거나 공식통계의 '현재 단기예측'.nowcasting에 유용한 정보를 제공함으로써 경제 진단이나 전망 등에 활용될 수 있다. 예를 들어, 온라인  물가나 판매시점의 가격 정보[20]를 이용하여 인플레이션을 예측할 수 있다. 그리고 온라인 부동산 관련 웹사이트 상 빅데이터 정보를 기반으로 주택가격지수와 같은 새로운 경제지표를 개발하기도 한다.

중앙은행의 조사·연구에 빅데이터를 활용하는 사례도 있는데 이는 글로벌 금융위기 이후 기존에 활용하던 주요 데이터들이 더 세분화되고 복잡해지고 있기 때문이다. 대표적인 예로 신용정보가 포함된 건별 대출내역 자료에 대한 수요가 증가하고 있는데 일부 중앙은행은 이러한 데이터를 통화·금융정책의 수행을 위한 신용여건 분석에 활용하고 있다. 또한 인터넷 정보는 경제주체의 심리.sentiment와 기대 형성.expectations formation을 측정하는 데에도 사용될 수 있다. 예를 들어, 텍스트 마이닝 기법을 통해 수집한 정보는 통화정책 커뮤니케이션이 경제주체 및 미디어에 미치는 영향을 측정하는 데 사용될 수 있다. '인플레이션'이라는 단어의 블로그 출현 빈도를 분석하여 경제주체의 인플레이션 리스크 평가 정도를 신속하게 파악할 수 있다.

이와 같이 빅데이터의 활용을 통해 새로운 통찰력을 얻는 한편 정보 생산비용 절감, 시의성 제고 등 새로운 기회를 얻을 수도 있으나 동 데이터를 통한 정보가 언제나 정확하다고 인식할 리스크가 상존한다. 따라서 빅데이터를 정책결정에 활용할 경우에 유의할 점도 있다. 첫째, 빅데이터 지표가 경제 현실을 얼마나 정확히 반영하는지 따져 봐야 한다. 대용량 데이터이지만 표본추출의 편향 정도를 알기 어렵고 유효한 정보에서 잡음을 제거하는 것이 쉽지 않아 정확성을 보장할 수 없다. 둘째, 빅데이터 활용이 정책결정을 어떻게 변화시킬 것인지도 고려해야 한다. 즉 빅데이터를 통한 경제주체의 경기심리 분석은 정책 커뮤니케이션 미조정에는 도움이 되나 실제 경제상황보다 경제주체의 기대 분석에 지나치게 집중하게 되는 리스크가 생길 수 있다. 또한 경제동향을 실시간 모니터링하는 것은 중앙은행에게 중요한 일이지만 뉴스에 너무 신속하고 빈번하게 반응할 경우 전망시계가 짧아지는 문제가 있다.

5. 중앙은행에서 빅데이터 활용 시 고려사항

기하급수적으로 늘어나는 빅데이터의 대홍수는 중앙은행에게 새롭고 가치있는 정보를 신속하게 이용할 수 있는 기회를 제공한다. 하지만 데이터의 불일치성 또는 산재성.ubiquity 때문에 그 활용 목적에 맞게 데이터를 조정하거나 변환하는 작업이 필요하다. 빅데이터의 활용을 위한 그러한 작업은 모든 기초 데이터를 대상으로 하되 비용대비 효익을 고려하여 데이터의 확보와 처리 수준을 정해야 한다. 이를 위해서는 흔히 '4V'라고 하는 빅데이터의 일반적인 4가지 속성을 이해하는 것이 필요하다.[21] 1장에서 이미 설명한 4가지 속성을 금융 빅데이터에 초점을 맞추어 다시 살펴보면 다음과 같다.

규모.Volume　현재의 저장 및 계산 능력과 검색 언어의 처리수준에 영향을 주는 데이터세트의 크기를 말한다. 오늘날 경제 데이터세트는 SQL과 같은 관계형 데이터베이스(예: MySQL)의 질의.query 처리를 위한 용량을 초과하는 규모이기 때문에 비관계형 데이터베이스인 NoSQL를 통해 관리·처리한다. 많은 경우 대용량으로 인한 부담을 줄이기 위해 데이터는 통합 또는 압축되기도 한다.

속도.Velocity　네트워크 대역폭[22].bandwidth이나 스트림 데이터 분석[23].Stream Data Analytics에 영향을 주는 데이터 도달 속도를 말한다. 거시 건전성 감시의 예로는 금융시장에서 주가가 갑자기 폭락했을 때 고빈도 데이터 스트림을 실시간 모니터링하는 상황을 들 수 있다.[24] 고빈도 금융거래를 수행하는 회사들은 네트워크 지연의 기술적 한계에서 의도적으로 견적가와 거래 메시지를 내보내는데 이 경우 어떤 다운스트림 프로세스에도 상당한 정도의 처리 부담을 야기한다.

다양성.Variety　서로 다른 소스로 인한 데이터의 형태 또는 형식 구조의 다양성은 데이터의 통합 프로세스에 영향을 준다.[25]

진실성.Veracity　데이터의 소스와 공급의 일관성 결여로 진실성을 확신할 수 없으며, 진실성이 낮으면 데이터 유효성 및 무결성 확인과 데이터 선택 과정에 부담을 초래한다.

기술 발전으로 금융시장은 점점 복잡해지고 역동적인 시스템으로 변모했다. 은행, 자산관리사, 규제기관 등 모든 기관들이 서로 연결되어 있다고 해도 과언이 아니다. 금융기관들은 밀리 초(1/1000초) 미만의 시간 단위로 거래를 하고 대량의 데이터를 생성, 저장 및 관리하고 있다. 위에서 설명한 금융 빅데이터의 속성들은 전산 시스템이나 데이터 분석 과정에 부담을 초래할 수 있다. 따라서 데이터를 활용하기 전에 금융 빅데이터의 속성을 잘 이해하고 데이터 분석 방법 등을 고려하는 것이 비용-편익 측면에서 바람직하다.

6. 중앙은행과 데이터 마이닝

2007-09년 기간중 글로벌 금융위기를 겪은 이후 금융기관들이 중앙은행과 감독기관에 데이터를 더 많이 공개하도록 하는 법령 및 감독조치가 시행되었다. 여기에는 은행이 연계된 거래상대별 기업의 거액 익스포져 상황 보고, 2016년에 발효된 Solvency II[26]가 위임한 보험회사의 안전자산에 대한 보고, 파생상품 거래 데이터 보고 등이 포함된다. 중앙은행과 감독기관은 더 많은 감독 및 규제 권한을 부여받은 이후, 이러한 세분화된 데이터를 보다 쉽게 입수할 수 있게 된 것이다.[27] 나라별로 약간 차이는 있으나 중앙은행과 감독기관은 금융기관을 대상으로 검사할 수 있는 법적 권한을 보유하고 있다. 이러한 법적 고유 권한으로 인해 중앙은행과 감독기관은 금융 빅데이터를 이전에 비해 더 많이 입수하고 활용할 수 있게 되었다.

중앙은행이나 감독기관은 통상 표준 재무제표와 같은 구조화된 수익관련 보고서 등을 통해 금융기관으로부터 집계 데이터 aggregate

출처: @Pexels

data를 수집해 왔다. 그러나 이러한 집계 데이터를 가지고는 금융 취약성을 찾아내기가 어렵다. 금융위기 이후, 특정 질문을 통해 수집된 구조화되고 집계된 '표본 데이터'의 분석으로부터 여러 목적에 적합한, 보다 이질적이고 세분화된 '빅데이터 분석'으로의 큰 변화가 있었다.

빅데이터는 사람들 간의 수많은 온라인 상호작용, 사람들과 시스템 간의 거래, 센서 지원 기계 등에 의해 생성된다. 중앙은행이나 감독기관이 금융기관 관련 세부 데이터에 접근할 수 있게 되면, 보다 많은 이점을 얻을 수 있다. 중앙은행 등이 은행 시스템을 일관되게 연결하는 미시 데이터세트를 포함한 세분화된 빅데이터를 활용함으로써 시스템 위험을 보다 잘 포착하고 거시 건전성 정책을 통해 그것을 관리할 수 있게 되었다.

중앙은행의 미시 데이터세트에서 빅데이터는 분석 수단을 강화하고 운영 효율성을 향상시킬 수 있으며, 빅데이터 분석의 최종 목표는 거시경제와 금융의 안정을 유지하는 것이다. 세부 데이터가 데이터 마이닝과 시각적 분석 도구에 의해 체계적으로 분석될 경우 거시적 변동 패턴을 찾아낼 수 있을 것이다.

결제 시스템 데이터는 실시간 리스크 데이터 소스로서 운영 리스크의 감시를 위한 좋은 예로서 사용되어 왔다. 즉, 중앙은행은 데이터의 흐름을 살펴봄으로써, 결제 시스템이 소수의 결제은행에 너무 의존하고 있는지 파악할 수 있다. 중앙은행은 이러한 소수의 결제은행을 통해 결제 시스템에 접근하는 간접 참여자를 직접 참여자가 되게 함으로써 초과 집중 문제를 해결할 수 있다.[28]

또한 이러한 데이터는 다른 목적으로도 활용될 수 있다. 즉, 개별 기업의 결제 행동을 감시하는 데 사용될 수 있다. 이러한 정보는 규제 수익에 따라 제출된 유동자산 수치보다 기업의 유동성 포지션에 대한 시의적절한 지표를 제공할 수 있다. 결제 시스템 데이터는 다른 데이터와 연결됨으로써 새로운 통찰력을 제시할 수도 있다. 예를 들어, 결제 데이터는 기업이 분기별 재무공시에 연체된 것으로 보고되기 훨씬 전에 차입금별 주택담보대출 발생 데이터와 결합됨으로써 담보대출금 상환의 부족을 식별하는 데 이용될 수 있다.

중앙은행에서 데이터 마이닝 기법이 적용되고 있는 분야는 다음과 같은 영역이다. 첫째, 인플레이션, 주택가격, 실업, GDP, 산업생산, 소매판매, 대외거래동향, 관광활동 등과 같은 경제지표의 움직임을 예측할 수 있다. 둘째, 감성지수 개발, 현재 단기예측 nowcasting 기법 등을 통해 경기변동의 주기를 분석할 수 있다. 셋째, 리스크 지표 개발, 투자자 행동 평가, 신용 및 시장 리스크 파악, 자본흐름 모니터링, 감독 업무 등 금융안정 분석에 활용된다. 넷째, 기존의 공식통계의 품질을 높이는 데 데이터 마이닝을 사용할 수도 있다.

이와 함께 데이터 마이닝이 경제주체의 행위에 대한 이해와 관련하여 중앙은행에 제공할 수 있는 주요 기회는 다음과 같다.[29]

조기 경보 경제주체들의 디지털 기기 및 서비스 이용 과정에서 이상 징후를 조기에 감지함으로써 위기 발생 시 보다 신속하게 대응할 수 있다.

실시간 인지 빅데이터는 현실을 실시간 세밀하게 표현함으로써 정책과 세부 대응 프로그램의 설계와 목표 달성에 필요한 정보를 제공한다.

실시간 피드백 어떤 정책과 프로그램이 어디에서 실패하는지를 실시간 모니터링할 수 있게 하고, 이러한 모니터링을 통해 필요한 조정을 할 수 있게 한다.

🔍 Zoom-in 중앙은행에서 데이터에 대한 인식 제고를 위해 추진할 사항

데이터 과학자 아프쉰 아쇼프테,Afshin Ashofteh는 중앙은행에서 빅데이터를 포함한 데이터에 대한 인식을 제고하고 활용하기 위해 추진해야 할 사항을 다음과 같이 제시하였다.[30]

1단계: 중앙은행 통계시스템 내 데이터 마이닝 기법 등의 도입과 활용에 관한 연구 이 단계는 중앙은행의 핵심 업무에서 데이터 마이닝 방법의 기본 요소와 활용에 대해 이해하기 위한 것이다. 이것은 초기 역사로부터 중앙은행의 현대 통계시스템에서 현 관행을 검토하는 데서부터 시작된다.

2단계: 데이터 마이닝을 활용할 중앙은행의 주요 핵심업무 정의 이 단계는 1단계에서 정의한 중앙은행 업무의 관행,

특정 조건과 요구 사항을 고려함으로써, 특히 통계부서와 결제시스템 부서를 포함한 중앙은행의 핵심 업무에서 데이터 마이닝 기법 사용을 설명하는 것이다. 미래의 중앙은행에서 고려해야 할 기술적 요소에 대한 연구도 포함된다.

3단계: 데이터 거버넌스 방법론 및 프레임워크 구축 이 단계에서는 중앙은행 차원의 데이터 거버넌스를 구축하고 전행적으로 적용·전파한다. 중앙은행의 빅데이터 관리에 관한 지침 등을 제공한다. 또한, 훌륭한 데이터 거버넌스의 원칙과 중앙은행의 내부 거버넌스 구조, 향후 통계시스템 관련 이해관계자 참여를 위한 외부 거버넌스 구조에 대한 권고사항 등을 공유한다.

4단계: 중앙은행의 통계기법과 데이터 마이닝 방법론 개발 이 단계에서는 2단계에서 정의된 중앙은행 핵심업무 수행과 관련하여 요구되는 통계기법과 방법을 개발한다. 또한 dplyr, sqldf, DBI, RSQLite와 같은 R 패키지의 사용, 데이터 관리를 위한 기타사항 등에 대해서도 개괄적인 방안을 설정한다.

5단계: 미래 통계부서의 책임과 역할 설정 4단계에서 정의된 데이터 마이닝 프로세스의 사용을 위해 요구되는 미래의 중앙은행의 책임과 역할을 명확히 한다.

6단계: 중앙은행 필수 시스템을 규정 IT와 빅데이터 시스템에 관한 목록을 제공하는 한편 데이터 관리 및 비즈니스 인텔리전스,BI을 포함하는 미래의 시스템에 적합한 분석방법을 개발·제공한다.

Part 04
빅데이터의 활용

소리를 녹음하고 재생하는 최초의 도구인 축음기는 1877년 미국의 토머스 에디슨에 의해 발명되었다. 이후 축음기의 모습에 많은 변천이 있었으며 녹음기술 또한 계속 발전하여 레코드판(LP), 카세트테이프, CD, MP3 등으로 이어졌다. 아름다운 소리를 잡아두기 위한 수많은 사람들의 도전 결과인 축음기는 세상을 바꾸었다. 디지털 혁신의 산물인 빅데이터는 디지털 혁신을 더욱 가속시키고 있으며 새로운 제품이나 서비스 개발은 물론 정책 수행이나 경제분석과 통계작성 등 다양한 분야에서 활용되고 있다. 빅데이터도 축음기처럼 세상을 바꾸고 있다. (위 이미지는 20세기 초에 생산된 His Master's Voice(HMV) Gramophone 복제품)

통계로 거짓말하기는 쉬워도, 통계 없이 진실을 말하기는 어렵다.

It is easy to lie with statistics, It is hard to tell the truth without it.

- 안드레예스 둥켈스(Andrejs DUNKELS, 1939~1998)

Part 4의 구성은 9장 빅데이터와 디지털 경제 측정, 10장 빅데이터와 경제통계 작성, 그리고 10장 빅데이터의 다양한 활용(경제분석·예측, 정책, 서비스 개발)으로 되어 있다.

9장에서는 디지털 경제 측정과 관련하여 가격과 수량 측정과 같은 이슈에 대해 생각해 보고 가격, GDP 및 생산성 평가 시 발생하는 측정오류의 의미, 그 중요성 등에 관하여 설명한다. 또한 GDP의 측정 범위, 디지털 상품·서비스의 가격 측정, 공유경제의 산출물 측정 등 디지털 경제 측정과 관련된 최근 논의 내용 등에 대해 알아본다.

10장에서는 공식 경제통계 작성에 빅데이터의 활용을 시도한 사례를 다룬다. 예를 들면, 스캐너 데이터와 웹-추출 데이터와 같은 시의성 높은 데이터를 이용하여 물가 수준을 측정한 연구, 온라인 기사·스캐너·카드 데이터를 이용하여 GDP 성장률 추이를 파악하거나 일부 구성항목을 측정한 연구, 그리고 소셜미디어에 담긴 경제주체의 심리를 분석하여 경제상황을 판단하고 예측하는 심리지표를 작성한 연구 등이 있다.

마지막으로, 11장에서는 경제 상황 분석과 예측, 신용패널 빅데이터 분석, 중앙은행의 정책 커뮤니케이션, 금융분야에서 핀테크 서비스 개발 등 빅데이터의 다양한 활용 사례들을 소개한다.

9장

빅데이터와 디지털 경제의 측정

빅데이터를 저장하고 분석할 수 있는 능력이 향상되고 있다. 대표적인 거시경제 지표인 국내총생산(GDP)은 서베이, 센서스, 행정 데이터 등 광범위한 데이터들이 투입되어 만들어지고 있다. GDP 통계는 이미 수많은 종류의 데이터가 반영되어 작성되고 있기 때문에 빅데이터로 인한 통계 환경 변화는 아주 새로운 것이 아니다. 그러나 빅데이터의 등장으로 훨씬 다양한 데이터 소스가 생기고 데이터 접근성이 크게 높아지고 있다는 점은 경제 현상 측정을 위한 새로운 가능성을 열어주고 있다.

이 장에서는 디지털 경제의 측정과 관련하여 가격과 수량 측정과 같은 이슈에 대해 생각해 보고 가격, GDP 및 생산성 평가 시 발생하는 측정오류의 의미, 그 중요성 등에 관하여 설명한다. 또한 최근 제기되고 있는 GDP의 측정 범위, 디지털 상품·서비스의 가격 측정, 공유경제의 산출물 측정 등 디지털 경제의 측정과 관련된 최근 논의 내용에 대해 알아본다. 그리고 빅데이터를 이용하여 디지털 경제의 측정을 시도한 사례를 소개한다.

1. 새로운 데이터 소스, 빅데이터

최근 몇 년 사이에 '빅데이터'.big data라는 용어에 우리는 아주 익숙하게 되었다. 이 용어는 인터넷 거인들에 의해서, 그리고 유전학이나 천문학 같은 일부 과학 분야에서 데이터의 양이 폭발적으로 증가한 결과로 처음 만들어졌다. 매우 풍부하고 다양(텍스트, 이미지 등)할 뿐만 아니라 연속해서 생성되는 데이터를 저장하고 처리하는 데 사용할 수 있는 여러 기법들의 눈부신 발전도 함께 이루어졌다.

빅데이터의 특성은 2011년 맥킨지.McKinsey의 보고서에서 처음 제시된 바와 같이 대용량.High Volume, 다양한 형태.High Variety, 빠른 생성 및 처리 속도.High Velocity라는 '3V'로 설명되는 경우가 많다. 또한 일부는 어떤 목적에 활용하기 위해 수집된 정보라는 점을 고려하여 진실성.High Veracity를 네 번째 'V'로 추가하며, 심지어 유용한 정보라는 점에서 가치.Value를 다섯 번째 'V'로 추가하는 등 데이터 활용과 관련한 경제적 관심을 강조하기도 한다.

개별 소비자나 기업의 활동에 의해 생기는 '디지털 흔적'.digital traces, 즉 빅데이터의 급증과 이를 저장하고 분석할 수 있는 능력의 향상으로 이른바 "빅데이터 현상"이 확산되었다. 공식통계, 예를 들면 대표적인 중요한 거시경제지표인 국내총생산.GDP은 이미 서베이, 센서스, 행정 데이터 등 광범위한 데이터 소스들이 반영되어 만들어지고 있다. 이런 면에서 수많은 종류의 데이터를 대량으로 사용해야 하는 통계작성 환경의 변화는 아주 새로운 것이 아니다. 그러나 빅데이터의 등장으로 훨씬 다양하고 대량의 데이터 소스가 생기고, 데이터 접근성이 크게 높아지는 등 2가지의 중요한 변화가 생겼다.

각국 통계 작성기관이나 중앙은행은 빅데이터의 잠재적 유용성에 높은 관심을 보이고 있다. 2016년 3월에 발표된 영국의 공식 경제통계에 대한 Bean 보고서는 빅데이터의 활용가능성을 잘 탐구할 필요가 있다고 권고한 바 있다.[1] 현재 국제적인 차원에서 다양한 노력들이 진행되고 있다. 특히 유럽통계연구소들 간의 경험 공유를 촉진하기 위해 유럽연합통계청.Eurostat은 빅데이터 연구를 목적으로 한 네트워크를 구축하여 프로젝트를 추진하고 있다.[2] 다양한 시도들을 전개하고 있다. 예를 들면, 물가지수의 개선을 위한 스캐너 데이터의 사용, 가계의 소비심리를 예측하기 위한 소셜네트워크 데이터의 활용, 관광통계 개선을 위한 신용카드나 휴대폰의 데이터 사용, 토지 사용이나 수확량을 예측하기 위한 위성 이미지 데이터의 사용, 에너지 소비량을 측정하기 위한 스마트 전기 계량기 데이터의 활용 등 다양한 분야를 포함한다.

이러한 다양한 빅데이터를 사용하면 몇 가지 좋은 점이 있다. 첫째, 기존 통계 작성을 개선하고 보완할 수 있다. 매우 짧은 주기로 생기는 데이터를 이용함으로써, 일부 경제지표가 현재보다는 좀 더 일찍 발표될 수 있을 것이다. 둘째, 이러한 새로운 소스를 활용하면, 데이터 사용 시 예상되는 이득과 데이터 처리를 위한 비용이 같을 경우에도 데이터 수집 비용은 상당부분 줄일 수 있다. 셋째, 서베이 방식은 응답자에게 부담을 주지만 이용가능한 대량의 빅데이터는 그러한 부담 없이 보다 더 상세한 수준(하위 범주 또는 하위 집단)에서 지표를 작성하는 데 사용될 수 있다. 마지막으로, 디지털 경제 혹은 지속 가능한 개발지표 개발과 같은 '새로운' 분야에서 원시 데이터를 공식통계와 함께 활용하면 경제상황을 보다 잘 설명할 수 있을 것이다.

그럼에도 불구하고, 공식통계 작성을 위해 이러한 데이터를 활용하는 데 있어 어려움이 있다. 왜냐하면 다음과 같은 몇 가지 단점도 있기 때문이다.

출처: @Pexels

첫째, 대표성이 보장되지 않는다는 문제가 있다. 이는 데이터의 품질에 관한 것이다. 빅데이터는 종종 제한된 분야, 즉 인터넷 사용자, 특정 체인점 또는 이동전화 사업자의 고객에만 국한되는 경향이 있다. 데이터의 내용이 일반 대중을 충분히 대표하지 못할 가능성이 있다는 것이다. 둘째, 입수한 데이터에 기반한 정보는 기업의 활동이나 개인의 고용 상황과 같이 파악하려는 현상의 정의에 최대한 근접하도록 설계된 서베이를 통해 얻은 데이터와 달리 측정하고자 하는 개념과 정확히 일치하지 않는다. 셋째 우려는 공식적인 통계에서도 매우 중요한데, 지속가능성이 있느냐 하는 것이다. 작성되는 경제지표는 시간이 지남에 따라 비교 가능해야 한다. 기존방식과는 다른 빅데이터를 사용하여 지표를 작성할 경우, 데이터 형식이나 수집 방법의 갑작스러운 변경 등으로 인해 작성되던 지표가 단절될 위험이 있다. 넷째, 데이터 자체가 정형화되지 않거나 복잡한 형태로 나타나는 경우, 이러한 데이터의 활용을 위해서는 데이터 처리 관련 특정 기술에 대한 값비싼 투자가 필요할 수 있다. 다섯째, 데이터가 제공하는 예측력도 항상 보장되는 것이 아니다. 끝으로 개인의 사생활과 상업적 기밀성을 존중하면서 데이터에 대해 장기적인 접근을 보장할 수 있는가와 같은 윤리적이고 법적인 문제도 있다.

경제 측정과 관련하여 빅데이터의 기여를 3가지 측면에서 생각할 수 있다. 우선, 디지털 경제를 측정하는 데 활용될 수 있다. 전통적인 통계 작성방식이나 소스는 새로운 경제활동을 수치화하는 데 항상 적합한 것은 아니다. 빅데이터는 그 자체가 디지털 경제의 산물이기 때문에 그 영향을 측정하는 데 잠재적으로 도움이 될 수 있다. 디지털 경제의 확산, 그로 인한 영향을 더 잘 포착하기 위해 빅데이터를 이용하려는 시도가 크게 증가하였다. 두 번째 측면은 단기 거시경제 모니터링에 활용할 수 있다. 인터넷 검색어 또는 온라인 언론기사와 같은 텍스트 빅데이터가 기존의 서베이 방식에 의해 만들어진 경제심리지표(예: 공식통계인 기업경기조사)보다 단기적인 경제 상황을 더 효과적으로 예측할 수 있다는 주장이 있다. 세 번째 측면은 물가의 변동을 추적하는 것과 관련된 이슈이다. 온라인에서 수집된 가격 데이터나 소매점에서 생성되는 스캐너 데이터가 기존의 서베이 기반 물가 측정방법을 보완할 수 있는지에 대해 관심이 높다. 실제로 물가 수준을 측정하는 데 있어 어느 정도 가시적인 성과를 거둔 것으로 평가되고 있다.

2. 디지털 경제의 측정

오늘날 디지털 경제의 급속한 확산으로 우리가 일하는 방식, 더 나아가 실제로 살아가는 방식 자체가 끊임없이 변하고 있다. 우리가 있는 곳 어디에서나 디지털 경제를 발견할 수 있다. 디지털 경제의 확산은 2007년 글로벌 금융위기 이전부터 대부분의 선진국에서 경제성장과 생산성 증가세의 현저한 둔화와 거의 동시에 일어났다.

정보통신기술.ICT 관련 새로운 제품과 서비스가 출시됨에 따라 디지털 경제의 측정은 중요한 문제로 부각되고 있다. 기존의 통계로는 '디지털 경제'가 잘 측정되지 않는다는 비판이 있다. 대부분의 디지털 제품에 대한 관측 가능한 시장가격의 부재 등으로 인해, 기존 거시경제 집계변수.macroeconomic aggregates로는 디지털 경제를 파악하는 것이 어려울 수도 있다. 이로 인해 경제 생산량의 일부가 측정되지 않고 있다는 의문이 제기되었다. 측정의 적정성 문제는 과거에도 종종 있어 왔지만, 디지털 경제의 도래로, 이의 측정과 관련해 기존의 거시경제 통계는 의심을 받고 있는 것이다. 새로운 디지털 혁신.digital innovation은 19세기 후반 전기화(2차 산업혁명기)와 1990년대 중반의 ICT 혁신(3차 산업혁명기)과 유사하게 새로운 형태의 생산성 향상을 가져다 줄 것으로 예상되었으나, 통계적 측정 면에서 보면 아직 뚜렷하게 현재화된 것은 아니지만 여러 질문들을 제기하고 있다. 이러한 질문들 중 일부는 잠재적 이익의 현재화가 지연되고 있다면 새로운 기술이 경제성장과 생산성 향상을 촉진하는 데 어떤 역할을 하는지 이해하고 최대한의 이익을 이끌어 내기 위한 메커니즘과 정책 수단을 더 잘 파악하는 것과 관련된다. 그러나 많은 질문들이 '측정'에 관한 것이다.[3]

사실 디지털화의 속도와 규모는 기업을 운영하는 방식뿐만 아니라 소비자들이 기업과 상호작용하는 방식에도 영향을 주었다. 그렇기 때문에 디지털 경제의 측정에 관한 의문 제기는 충분히 이해할 수 있다. 디지털화 자체는 무엇보다도 기업들의 사업수행 방식과 생산과정의 개선에 기여하였다. 그리고 기업들에게 가치있는 많은 기회를 제공하는 등 사업 영역을 확대하였고 새로운 시장에 대한 접근 가능성을 높여 주었다. 또한 디지털화는 경제활동과 관련하여 소비자의 역할에도 영향을 주고 있다. 소비와 생산 간의 구분을 모호하게 하는 중개

서비스에 가구(소비자)가 점점 더 많이 참여하고 있다.

디지털 경제 측정 이슈

전술하였듯이 대부분의 선진국에서 디지털 경제의 확산 현상은 글로벌 금융위기와 이에 따른 경제침체가 있기 이전부터 있었으며, 경제 및 생산성 성장의 현저한 둔화와 거의 동시에 일어났다. 이러한 시기적 중복은 2가지 측면에서 중요하다. 첫째, 디지털 제품을 무료 또는 적은 비용으로 소비할 수 있는 디지털 경제의 특성에 대한 관심이 크게 높아진 시기이다. 둘째, 전통적인 방식의 경제 측정에서 제외되는 디지털 제품으로 인한 기존 경제지표의 정확성에 대한 우려를 다시 한 번 불러일으켰다. 특히 경제지표의 정확성 여부 문제는 경제 성장세가 글로벌 위기 이전의 수준으로 회복되는 속도가 기대에 크게 미치지 못했다는 사실과 관계가 있다.

많은 사람들이 경제 측정에 오류가 존재한다는 점에 대해 수긍하지만, 일치된 의견은 상대적으로 적은 편이다. 중요한 것은 과거에 비해 오류의 정도가 더 심하지 않다는 것이다. 이러한 이유 때문에, 사람들은 측정오류가 최근 수년간의 경제 및 생산성 저하를 설명하기에는 충분하지 못하다고 생각하는 것 같다. 그럼에도 불구하고, 대부분의 현행 경제지표들은 경제활동이 주로 상품의 생산으로 이루어지던 시기에 설계되었다는 면에서, 디지털 기반의 서비스 경제로 전환되는 동안 긴 시간 지속되어 온 측정 과제가 점점 어려워지고 있으며, 관심도 높아지고 있다.

디지털 경제의 측정과 관련하여, <그림 9-1>에서 보듯이 OECD는 디지털 경제의 범위를 생산자, 생산물, 거래형태, 이용자, 조력

〈그림9-1〉 **디지털 경제의 범위**

생 산 자	생 산 물	거 래 형 태	이 용 자
법 인	상 품	디지털 주문	법 인
가 계		And/Or	가 계
정 부	서 비 스	플랫폼 중개	정 부
가계봉사민간 비 영 리 단 체		And/Or	가계봉사민간 비 영 리 단 체
국 외	데 이 터 / 정보	디지털 배송	국 외

조   력   자

출처: Jennifer Ribarsky, OECD (2017) 등 참조

자.enabler로 나누고 있다. 여기서 거래형태의 경우 디지털 주문.digital order, 디지털 배송.digital delivery, 플랫폼 중개를 생각할 수 있는데 플랫폼은 다시 거주자와 비거주자로 구분된다. 조력자는 디지털 경제 거래가 가능하도록 도와주는 하드웨어적 기반시설을 말하는데 대부분의 IT 상품과 서비스가 해당된다.[4]

경제에 대한 측정은 '가격'.price과 '수량'.quantity 문제로 나누어 생각해 볼 수 있다. 양자는 서로 밀접한 관계가 있다.

가격/인플레이션 측정   먼저 가격.price과 인플레이션.inflation의 측정에 대한 문제부터 짚어보자. 인플레이션은 어떤 경제에서 일정기간 동안 재화와 서비스 가격이 전반적으로 오르는 현상을 말한다. 중앙은행들은 재화와 서비스의 가격 변동을 감시하고, 정책목표 달성을 위한 척도로 인플레이션의 안정성을 중시한다. 정부는 사회수혜금과 소득세 제도 등을 물가의 변동에 연동시키기 위해, 그리고 기업들은 임금이나 급여와 관련하여 종업원들의 생계비 조정을 위해 인플레이션 지표를 사용한다. 금융시장의 경우, 인플레이션은 화폐의 상대적 구매력과 금융시장 투자의 위험성에 대한 중요한 정보를 제공한다. 따라서 이러한 중요성을 고려할 때 인플레이션의 측정치가 가능한 한 정확해야 한다.

가격 측정 시 편의가 발생하는 첫 번째 원인은 물가지수 구성품목을 신속하게 조정하기 어렵기 때문이다. 인플레이션의 측정은 보통

소비자물가지수.CPI의 변동률로 계산한다. 지수를 산출하는 방법은 그동안 많이 개선되었으나, 기본 원칙은 크게 달라지지 않았다. 가계의 소비 습관을 고려하여 '시장'에서 판매되는 상품과 서비스 구성품목의 가격을 파악하고 이 구성품목들의 가격 변동을 시간

경과에 따라 추적한다. 소비자의 취향이 달라지고 새로운 상품과 서비스가 이용 가능해지면 소비 패턴은 변하는 경향이 있다. 따라서 통계작성기관은 소비 구성 내용물과 구성품의 가중치를 가능한 한 최신 상태로 유지하기 위해 정기적으로 바꿔 주어야 한다. 그러나 현실적으로 그렇게 하지 못하기 때문에 가격 측정에 있어 편의가 생길 수밖에 없다. 오늘날 많이 활용되고 있는 디지털 상품과 서비스의 가격을 추정하고 변동을 측정하는 것은 매우 어려운 일이다. 디지털 기능이 장착된 하이테크 제품, 예를 들면 스마트폰, 컴퓨터, 가전제품 등과 같은 기기들의 가격 변동은 수시로 포착하기가 매우 어렵다. 이러한 제품들이 시장에 출시되어 판매되기 시작한 이후 가격이 상당한 하락을 보이는 경향이 있다. 이러한 현상은 '신제품 편향'[5].new product bias 이라 일컬어진다. 본질적으로 CPI 구성품목을 신속하게 바꾸지 않으면 가격 하락을 포착하지 못하여 CPI의 값이 지나치게 크게 산출된다. 가격의 과대 평가 정도는 지출 측면에서 이러한 신제품의 상대적 비중에 따라 달라진다. 즉, 비중이 클수록 편향 정도가 커진다.[6]

둘째, 가격결정 구조의 변화도 편의를 발생시킨다. 특히 디지털 제품의 가격결정 방식은 전통적인 상품과 서비스의 가격결정 구조와 다르다. 오늘날 우리는 인기 있는 디지털 제품이나 콘텐츠, 예를 들면 구글, 페이스북, 웹-검색 서비스, 캔디 크러시와 같은 게임, 전자메일, 정보·오락 검색 사이트 등 많은 것들을 무료로 또는 아주 저렴한 가격으로 소비할 수 있다. 이러한 제품의 가격은 보통 콘텐츠 제공자에 의한 표적광고 또는 마케팅 자료에 대한 노출 과정에서 자신의 개인정보와 관심을 교환하려는 소비자들의 의지로 설명된다. '무료' 콘텐츠의 경제적 가치는 본질적으로 그것이 창출하는 마케팅과 광고수입에 의해 측정될 수 있다는 주장이 있다.[7] 즉, 소비자들은 '무료' 콘텐츠에 대해 돈을 지불하는 것이 아니라, 광고에 관심을 보이거나 개인정보(이름, 성별, 거주지, 연락처, 나이 등)를 제공함으로써 대가를 지불한다는 것이다. 그러므로 디지털 콘텐츠의 가격 또는 가치를 설정하는 접근법은 "만약 당신이 어떤 제품에 대해 돈을 지불하지 않는다면, 당신은 '상품'이 된 것이다"(If you're not paying for it, you're the product.)라는 속담을 실제 응용한 것이라 볼 수 있다.

이러한 제품들은 콘텐츠의 생산자와 최종 소비자 사이에 화폐를 매개로 한 시장 거래 없이 제공된다. 많은 디지털 상품과 서비스와 관련된 가격들은 CPI 작성 시 반영되지 않는다. 디지털 상품 및 서비스에 대한 인터넷 검색 등의 과정에서 소비자는 이름, 전자우편 주소, 거주지 등 자신과 관련된 정보를 제공하지만, 돈을 지불하지 않는다. 매사추세츠 공과대학.MIT의 '디지털 경제 이니셔티브'.Initiative of the Digital Economy의 연구원들은 최근 소비자들이 디지털 제품을 사용하기 위해 기꺼이 지불할 금액을 조사함으로써 이러한 디지털 제품의 가치를 추정하려고 시도했다. 그 결과 '검색 엔진'이 가장 가치 있는 것으로 판명되었고, 그 다음 전자우편이 뒤를 이었다. 전자상거래나 디지털 스트리밍 서비스는 상대적으로 가치가 크지 않은 것으로 나타났다.[8]

마지막으로, 디지털 제품의 품질 변화.quality change도 측정 편향을 초래하는 중요한 요인이다. 디지털 제품은 품질 개선이 지속적이고 빠르게 이루어지고 있다. 인플레이션의 올바른 측정을 위해서는 품질의 변화에 따른 가격 변동을 인플레이션 측정 시 제거해야 한다. 이러한 가격을 수정하지 않을 경우, 상품과 서비스의 품질 향상은 시간이 지남에 따라 CPI의 상향 편의를 일으킬 수 있다. 통계 작성기관은 품질 변화를 조정[9]하기 위해 다양한 기법을 사용하지만, 디지털 제품의 경우 품질의 변화가 너무 빨라 가격지수 작성 시 충분히 반영하지 못하는 것이 현실이다. 디지털 상품과 서비스의 품질 변화와 가격 측정은 매우 어려운 문제로 이에 대한 최근의 논의 내용은 3절(디지털 경제 측정관련 최근 논의)에서 보다 자세하게 다룬다.

수량의 측정 디지털 상품과 서비스의 가격설정 문제는 수량.quantity의 측정에도 영향을 미친다. 이는 경제성장이나 생산성 측정에 매우 중요한 영향을 준다는 것을 의미한다. 국내총생산.GDP은 한 나라 경제의 생산량을 집계한 측정치로, 일정 기간 동안 한 나라의 국경 내에서 생산되는 재화와 서비스의 화폐적 가치를 합계한 것이다. GDP를 측정하는 방법은 많지만, 경제주체들이 재화와 서비스 구입을 위해 지출한 금액을 합산하는 '지출기반 접근법'.expenditure-based approach이 가장 일반적이다. 이러한 접근법에서, GDP의 규모에 가장 크게 기여하는 것은 소비자의 지출이다. 소비자물가지수 작성 시와 마찬가지로, 가격이 정해지지 않은 디지털 상품과 서비스의 소비는 이러한 계산에 포함되지 않는다. 특히 화폐가치를 직접 관측할 수 없는 상태에서 생산량을 측정하는 과정이 계속 복잡해지고 발전하였지만 디지털 경제가 확대되면서 국민소득과 상품계정 작성 시 경제 생산량의 일부가 반영되지 않는 우려가 여전히 존재한다. 가격 변동과 관련한 수량의 측정 문제는 후술하는 경제활동 측정지표인 GDP의 측정 범위(3절: 디지털 경제 측정관련 최근 논의, p. 237)에서 보다 자세히 설명 한다.

실제로 수량을 측정하는 문제는 인플레이션 측정오류 가능성으로 인해 더욱 악화되었다. 시간 경과에 따른 경제성과를 측정하거나 국가 간 경제성과를 비교할 때 빈번히 이용되는 측정지표는 경제 생산량의 불변 물량 규모인 '실질 GDP'이다. 실질 GDP는 명목 GDP에서 인플레이션으로 인한 변동분을 제거하여 계산한다.[10] 인플레이션을 정확히 측정(가격 측정)하고 품질 변화를 조정해야 한다는 점을 고려할 때 실질 GDP에 대한 측정오류는 경제학자들이 우려하는 부분이다. 과소 평가된 명목 GDP와 과대 평가된 인플레이션은 실질 경제성장률의 지속적인 과소 평가를 의미한다. 이는 디지털 경제의 확산에도 불구하고 대부분의 신진국에서 실질 GDP의 성장이 눈화되고 있다는 점을 고려할 때 특히 그렇다. 성장세 둔화 현상은 대침체,Great Recession의 시작 이전부터 나타났는데, 그 시기와 지속성 때문에 많은 관심을 끌었다. 이러한 둔화는 생산성의 측면에서도 마찬가지로 나타났다. 대침체기에 고용(보다 일반적으로는 노동시간)은 큰 타격을 입었지만, 특히 오랜 기간에 걸친 생산가능인구와 비교할 때 급격한 감소를 경험하지는 않았다.

생산성은 생산에 사용된 투입 단위가 얼마나 효율적으로 산출 단위로 변환되는지를 측정한다. 일반적으로 노동이나 자본과 같은 투입물(생산요소)에 대한 경제 생산량(실질 GDP 등)의 비율로 계산된다. 따라서 계산되지 않은 산출물 또는 과대 평가된 인플레이션으로 인해 실질 GDP가 과소 평가될 경우 투입물 측정의 오류가 크지 않다고 가정할 때 생산성도 과소 평가될 것이다. 생산성은 '개별' 생산요소(노동, 자본 등)의 효율성 자체와 생산을 위해 전체 투입요소들이 얼마나 잘 함께 사용되는지 나타내는 총요소생산성Total Factor Productivity(TFP)이라는 개념으로 나누어 생각할 수 있다. 성장 측면에서 보면, TFP는 노동과 자본과 같은 단일 투입변수의 변화로는 설명되지 않는 실질 GDP 성장의 몫이다. 이와 같이, TFP는 기술 혁신, 효율성 향상, 노사관계, 경영체제, 교육 및 훈련 확대와 같이 관찰할 수 없는 경제성장의 동인에 대한 대용치로 자주 사용된다.[11]

선진국 경제의 경우, 〈그림9-2〉에서 볼 수 있듯이 TFP 증가율이 상당기간 장기 평균치 이하 수준을 보이고 있다. 생산성은 생활수준 향상의 핵심 동인이기 때문에 그 증가 속도가 낮아지는 것은 문제이다. 그러나 기술 혁신과 디지털화의 확산에도 불구하고 이러한 낮은 생산

〈그림9-2〉 **선진국(G7)의 총요소생산성 증가율 추이**

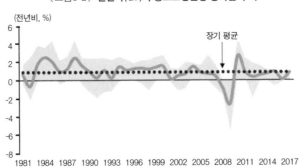

주: G7-미국, 일본, 독일, 캐나다, 이탈리아, 프랑스, 영국
출처: 유럽연합 집행위원회(EC) 데이터베이스(AMECO), IMF.

성 증가에 대해 많은 경제전문가들은 비정상적 현상이라고 보고 있다. 생산성 증가가 둔화된 이유를 설명하기 위해 많은 이론들이 제기되었다. 관심을 많이 끈 설명은 생산성 향상이 통계데이터로 포착되지 않고 있다는 것이다.

디지털 경제의 측정오류

생산성 증가세가 둔화된 상황에서, 대표적인 경제측정 지표인 GDP의 개념적 근거와 현재의 통계편제 방법이 디지털 경제를 포착하는 데 적합한 것인지에 대한 의문이 제기되었다. 일부에서는 이를 '측정오류'[12].mis-measurement라고 부르기도 한다. 경제성장률이 글로벌 금융위기 발생 이전의 수준으로 회복되는 과정에서 측정오류 문제는 더욱 분명해지고 있으며 그러한 문제는 경제성장의 내용이 근본적으로 달라지고 있지만 기존 측정방법이 그것을 충분히 포착하지 못하고 있다는 의문에서 비롯한다.

측정오류 문제는 GDP가 측정하려는 대상과 범위에 대한 논쟁을 불러 일으켰다. GDP의 원래 목표는 최종 재화와 서비스의 '화폐적 가치'가 가져다주는 이익의 크기를 측정하는 데 있다. 신제품이나 서비스에 의해 창출되는 모든 '웰빙'이 주는 이익을 측정하기 위한 것이 아니다. 디지털화가 심화될수록 GDP는 생산의 척도이지 웰빙이나 소비자잉여.Consumer Surplus의 척도가 아니라는 사실이 더욱 확실해 질 것이다.[13]

디지털 경제의 확산으로 경제 전반의 웰빙 수준이 높아졌을 것이지만 GDP의 개념은 근본적으로 웰빙의 측정에 있어 취약하기 때문에, 요즘 지속되고 있는 혁신과 발전은 측정오류 문제를 더욱 키우고 있다. 경제성장의 핵심 동인인 '혁신'이 가장 뚜렷하게 일어나는 곳은 모바일 하드웨어, 소프트웨어, 클라우드 서비스 등과 같은 정보통신기술.ICT 분야이다. 그러나 놀라운 속도의 ICT 혁신에도 불구하고, 2000년대 초반 이후 미국의 생산성이 더딘 속도로 증가하자 많은 사람들이 실망하였다. 미국이 경우 2004년 이후 노동생산성 증가율이 둔화되는 모습을 보였는데 그 원인이 IT 관련 혁신의 결과를 제대로 측정하지 못하고 있기 때문이라는 주장도 있다.[14]

경제 측정에 관한 다수의 연구들은 경제적 측정오류가 존재하는 것은 사실이지만 그것만으로는 최근의 경제 및 생산성 성장 둔화를 충분히 설명할 수 없다고 결론을 내리고 있다. 지금까지는 경제적 측정오류가 통화정책과 재정정책에 큰 영향을 미치지는 않을 것으로 보이나 디지털 경제의 규모가 더욱 커질 경우 이야기는 달라질 수 있다.

이러한 모든 요소들을 고려할 때, 경제의 측정오류는 어느 정도일까? 인플레이션의 측정과 실질 GDP 측정 문제로 나누어 살펴볼 수 있다.

인플레이션(CPI 상승률) 측정 경제학자와 통계학자들은 일반적으로 물가지수.CPI 작성방법에 내재된 한계와 측정 편의.measurement bias가 있다는 것을 인정한다. 그러나 주목할 것은 신제품의 출시와 관련된 편의가 오래전부터 논쟁의 여지가 있을 만큼 뚜렷했다는 점이다. 예를 들어, 자동차는 시장에서 판매되기 시작한 후 시장 판매 확산이 꽤 빠르게 진행되고 얼마 가지 않아 가격이 하락하는 제품을 대표했다. 1940년 CPI 작성에 신차가 포함될 무렵에, 미국에서 도시에 사는 2가구 중 1가구 이상이 이미 자동차를 소유하고 있는 것으로 추산되었다.[15] 게다가 중고차는 1950년대 초까지 CPI 산출 시 포함되지 않았다. 2차 세계대전 이후 시기에 발명되어 빠르게 확산된 가정용품과 전자

제품의 경우에도 1960년대까지 마찬가지 상황이었다. 예를 들어, 실내 에어컨은 미국에서 1951년 초에 널리 팔렸지만 1964년에야 CPI를 작성할 때 처음 포함되있다.[16] 물가지수 작성 시 품질 개선을 반영하는 것도 오래 지속되어 왔던 문제이다. 다만 CPI 작성 방법의 발전을 고려할 때, 과거에 비해서 오늘날에는 문제가 그다지 심각하지 않다.

실제로, 미국의 경우 Boskin 보고서[17]에 따르면, 1996년 CPI의 상향 편의가 약 1.1% 포인트인 것으로 나타났다. 보고서 발표 이후 CPI 작성방법 개선 등이 있었지만, 이러한 편의의 크기에 대한 공식적인 논의는 거의 없었다. 최근 브루킹스연구소의 허친스 센터.Hutchins Center on Fiscal and Monetary Policy의 분석에 의하면 2017년 미국 CPI의 상향 편의가 0.85%포인트 정도로 나타났다.[18] 또 미국 연방준비제도이사회.FRB가 통화정책 수행 시 중시하는 지표인 개인소비지출.Personal Consumption Expenditures(PCE) 물가지수 상승률의 상향 편의가 1996년 연 0.95%포인트에서 현재 0.47%포인트로 줄어든 것을 발견했다. 캐나다의 경우 2005년에서 2011년 사이에 측정 편의는 인플레이션을 평균 0.45% 포인트 이상 과대 계상하였다.[19] 이는 2005년 추정치 0.58% 포인트보다 약간 낮아진 것이다. 여기에 제시된 두 나라의 추정치는 디지털 경제와 직접 관련 있는 것이 아니라, 전체 경제에서 물가지수의 잠재적 편의 정도를 나타내는데 CPI의 상

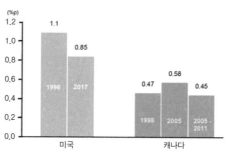

〈그림9-3〉 미국과 캐나다의 **CPI 상향 편의 변화**

출처: 캐나다 중앙은행 및 브루킹스연구소의 허친스 센터

향 편의가 여전히 존재하고 있다. 다만, 미국과 캐나다 모두 편향 정도가 과거에 비해서는 감소하였다(<그림9-3> 참조).

GDP 및 생산성 측정 디지털 경제와 관련하여 실질 GDP와 생산성의 측정오류를 추정하는 것은 쉬운 일이 아니다. 왜냐하면 경제활동에 대한 일치된 정의가 존재하지 않고 측정 방법도 여전히 완벽하지 않기 때문이다. 최근 몇 년 동안 디지털 경제 측정을 위한 연구들이 추진되면서 많은 실험적인 방법론이 개발되었다. 추정치의 크기에 차이가 나는 경향이 있지만, 대부분 연구에서 나타난 측정오류의 크기가 실질 GDP와 생산성 증가의 둔화를 설명하기에는 충분하지 않다는 것이 확인되었다.

예를 들어, 미국 필라델피아 연방준비은행.Federal Bank of Philadelphia 과 상무부 경제분석국.Department of Commerce, Bureau of Economic Analysis의 연구진들은 생산비용을 기초로 무료 콘텐츠의 가치를 추정하고, 이를 이용하여 GDP를 재추정하였다.[20] 그들은 공짜 신문과 같은 다른 형태의 무료 콘텐츠의 감소로 부분적으로 상쇄되는 측면도 있지만 무료 디지털 콘텐츠의 포함이 실질 GDP의 증가에 양(+)의 영향을 주었다는 것을 발견하였다. 다만 전체적인 영향은 상당히 작은 것으로 나타났다. 이들의 방법론을 이용하면 1995년과 2014년 사이에 평균 실질 GDP 성장률과 민간부문 TFP 증가율은 매년 각각 0.08%포인트와 0.07%포인트씩 높아진다. 이전에 논의된 브루킹스 연구소의 연구는 오늘날 경제적 측정오류가 20년 전에 비해 더 작다고 주장하고 있다. 저자의 추정에 따르면 2017년 미국의 민간 비농가 실질 GDP(정부, 비영리기관, 농장, 자가주택 제외)의 측정오류(하향 편의)가 1996년 1.08%에서

0.43%포인트 낮은 0.65%로
낮아졌다.

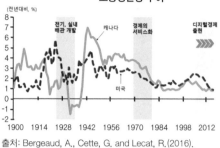

〈그림9-4〉 미국과 캐나다의 혁신·구조 변화와
노동생산성 추이

출처: Bergeaud, A., Cette, G. and Lecat, R.(2016).

대부분의 계정에 따르면,
2005년 이후에 발생한 경제
성장 및 생산성 향상의 둔
화를 설명하기에는 경제 측
정오류의 크기가 충분하지
않다. 이러한 관점에서, 생산성 통계가 과거의 주요 혁신과 구조적 변
화의 확산을 얼마나 포착하지 못했는지를 〈그림9-4〉를 보면 알 수
있다.[21] 또한, 빠르게 진행되는 혁신 주기에 신속히 적응하고 혁신의
이점을 최대한 활용하려는 노동자의 능력에 한계가 있어 단기 및 중
기적으로 생산성의 향상이 제한될 수 있다.[22]

측정오류의 중요성

대부분의 경제학자들은 거시경제 변수에서 측정오류가 존재한다는
것에 동의한다. 현재 그 크기는 비교적 작은 것으로 보이며, 어떤 경
우에는 측정오류가 줄어들고 있다. 현재까지 이용가능한 연구들은
측정오류가 최근 실질 GDP와 생산성 증가의 둔화를 설명하기에 충
분하지 않다는 것을 보여준다. 통계관련 국제기구나 통계 작성기관
은 이러한 상황을 인식하고 있다. 이들은 디지털 경제의 측정을 위
한 최선의 방법을 찾아 그 규모를 파악하기 위해 통계 분류체계와 편
제방법을 개선하려 노력하고 있다. 예를 들면, OECD와 IMF는 디지
털 경제가 거시경제 통계에 어떻게 영향을 미치고 있는지에 대한 이
해를 높이고 조정하기 위해 서로 협력하고 있다.[23] 미국의 경제분석

국.Bureau of Economic Analysis(BEA)은 2018년 3월 디지털 경제 위성계
정.satellite account의 잠정적 작성결과를 발표하였는데, 이러한 위성계
정을 통해 GDP에 대한 디지털 경제의 기여 정도를 측정할 수 있을 것
이다.[24] 또한 캐나다 통계청.Statistics Canada은 디지털 경제를 더 잘 이
해하기 위해 일련의 프로젝트를 진행하였으며, 2018년 8월 디지털 경
제와 관련된 중요한 통계 데이터 격차 축소에 활용하기 위해 '디지털
경제 서베이'.Digital Economy Survey 결과를 발표하였다.[25] 이러한 주제
에 대한 연구들이 계속 진행 중이고 아직은 실험 단계에 있다. 만약
이러한 노력들이 결실을 맺는다면, 향후 측정오류가 줄어들고 거시경
제 지표의 유용성이 더욱 높아질 것이다.

인플레이션, 실질 GDP 및 생산성에 관한 측정오류가 확대된다면,
이는 심각한 문제가 아닐 수 없다. 경제상황에 대한 부정확한 측정은
중요한 기회를 놓치는 등 정책 실수를 초래할 수 있다. 정부에게 정확
한 데이터는 종종 장기적 경제성과 달성을 목표로 하는 정책을 변경
함에 따른 이득을 분석하는 데 매우 중요하다. 이러한 정책에는 세제
개혁과 연구개발 정책 등이 포함된다. 부정확한 데이터는 세제 개혁
과 연구개발 지출 계획의 변경 또는 조기 종료를 초래할 수 있다.

비슷한 맥락에서 중앙은행들은 통화정책을 설계하고 조정하기 위
해 이들 3가지 지표를 자주 사용한다. 대부분의 선진국에서는 인플레
이션을 낮은 수준에서 유지하기 위해 중앙은행들이 '인플레이션 목표
제'.inflation targeting를 운용한다.[26] 이 제도에서는 통화정책이 실제 필
요한 것보다 너무 완화적이거나 너무 긴축적으로 설정되어 있는 경우,
정책 오류의 위험을 최소화하기 위해 인플레이션에 대한 정확한 판독
이 필요하다. 저조한 생산성 증가로 인해 경제활동이 과소(실제성장률

〈잠재성장률〉한 것으로 보고되고 있다면 이는 중앙은행에게 다소 상반된 2가지 과제를 안겨준다. 잠재성장률이 높다는 것은 한편으로는 경제가 생각보다는 느슨하게 운영되고 있다는 것을 의미할 수 있고(그리고 본질적인 인플레이션 압력이 작다는 의미), 따라서 단기적으로 더 많은 수용적(완화적; 확장적)인 통화정책을 필요로 한다(금리인하를 의미). 그러나 다른 한편으로 잠재성장률이 높다는 것은 경제를 안정되게 유지하기 위해 더 높은 중립금리 수준을 유지해야 한다는 점을 의미할 수도 있다. 이는 일단 경제활동이 잠재 수준에 도달하면 중앙은행은 금리를 올릴 여지가 더 많다는 것을 뜻한다.

통화정책이 측정된 경제데이터를 통해 추정된 이론적 개념에 근거해 수행된다는 점을 고려할 때, 측정오류가 클 경우 경제가 확장되는 속도를 억제하는 일을 더 어렵게 만든다. 그러나 측정오류의 크기가 작고 안정적인 한, 통화정책과 재정정책에 영향을 크게 미치지는 않는다. 물론 이러한 논의는 디지털 경제가 더욱 성장하게 되면 바뀔 수도 있다.

3. 디지털 경제 측정관련 최근 논의

지금까지 논의한 디지털 경제의 측정오류와 관련해 그동안 많이 제기되어 왔고 진전을 이룬 것은 GDP의 측정범위, 디지털 상품·서비스의 가격 측정, 공유경제의 산출물 측정 등 3가지이다.

GDP의 측정 범위

GDP는 시장가격으로 평가되는 시장 및 준시장.near-market 생산량을 측정하기 위한 척도이다. 이러한 생산량을 추정하기 위해, 개념적으로 동일한 답을 산출하는 3가지 접근방법이 사용된다. GDP는 (1)모든 거주 생산자의 부가가치를 더하고 제품에 대한 세금 및 보조금을 조정하는 방법[생산접근법], (2)가계소비, 자본형성, 정부소비 및 순수출에 대한 최종 지출을 합(C+I+G+X-M)하는 방법[지출접근법], (3)부가가치 창출을 위해 생산요소 즉, 노동과 자본을 제공한 사람들에게 분배된 소득과 정부에 납부된 세금을 합산하는 방법[분배 또는 소득접근법]을 통해 추정될 수 있다.

GDP에 대한 논란은 디지털 제품이, 특히 "공짜"로 공급될 때 발생하는 복지 이득.welfare gains이 GDP에 반영되지 않는다는 비판에서

시작되었다. 무료 제품은 무급 자원봉사자나 소비자 자신('셀프 서비스')에 의해 생산될 수 있다. 또는 광고료와 사용자에 관한 데이터의 수집에 기반한 온라인 플랫폼에 의해 생산될 수 있다.[27] 전자의 예로는 위키피디아 등에 게재된 온라인 지식 미디어/컨텐츠, 오픈소스 소프트웨어, 전자우편 등이 있는데 수익원이 없이 무료로 제공되는 디지털 서비스이기 때문에 현행 국민계정체계.2008SNA에서 GDP에 포함되지 않는다. 다시 말해 생산비용과 판매금액이 '0'이므로 화폐적 거래가 없어 GDP 개념에 따라 측정되지 않는 것이다.[28] 후자는 TV드라마, 온라인 동영상, 구글이나 유트브의 검색 등의 온라인 디지털 서비스를 말한다. 대부분의 사람들은 이러한 디지털 서비스가 무료라고 생각하기 쉽다. 그러나 이러한 서비스를 소비하려면 원하지 않을 수도 있는 광고를 보아야 한다. 따라서 온라인 디지털 서비스는 실제로는 광고료 등과 같은 수익원을 기반으

로 생산되고 이를 소비자들이 소비한다고 볼 수 있다. 서비스 제공업체가 거둬들인 광고수입을 기초로 디지털 서비스의 가치를 평가하여 GDP에 포함하고 있다. 또한 디지털 서비스의 이용자들에 관한 정보(빅데이터)의 가치를 평가하여 GDP에 반영할 수 있다는 주장도 있다.

생산접근법에서의 '생산' 또는 지출접근법에서의 '소비'에 대한 정의를 바꾸고, 이를 통해 소득접근법에서 소득의 의미를 무시함으로써 무료 디지털 제품의 생산을 측정하려는 아이디어가 있다. 만약 무료 디지털 제품이 생산과 소비에 합산된다면, GDP 편제자들은 그 제품의 소비자와 생산자의 총소득을 증가시키기 위한 2가지 거래를 처리해야 한다. 첫 번째 처리는 생산자가 소비자에게 소득을 이전(귀속소득)한 것으로, 두 번째는 소비자가 그 소득으로 생산자가 제공한 광고서비스를 구매(생산자의 소득)한 것으로 간주하는 것이다. 결국 무료 제품이 매매되었다고 보는 것이다. 물론 소비자가 동시에 받고 반환하는 귀속소득은 실제 화폐소득과 상당히 다르고, 마찬가지로 귀속 생산자 수익도 실제 수익과 상당히 차이가 날 수 있다.

디지털 상품과 서비스의 가격 측정

디지털 경제의 확산에 따라 컴퓨터, ICT 장비, 소프트웨어, 데이터베이스 등의 제품은 그 성능이 빠르게 개선된다. 현실에서 이러한 제품의 가격지수는 품질의 변화를 신속히 반영하지 못하는 것으로 알려져 있다. 또한 디지털 신제품의 출현이 가격지수에 제때 포착되지 못하는 경우가 많다. 통신 서비스의 가격 측정은 다양한 가격 할인제도, 묶음 판매 등으로 인해 더욱 어렵다.

가격 평가가 적절하게 이루어져야 하는 이유는 명목 산출액 또는 지출액을 실질화.deflating 하는 데 가격지수가 사용되기 때문이다. 가격지수가 현실을 제대로 반영하지 못하고 과대 평가되어 있다면 실질 산출액이 적게 계산되어 경제성장률도 과소 평가되는 문제가 발생한다. 따라서 가격지수는 시간 흐름에 따른 제품의 품질 변동을 고려하여 조정해야 한다. 예를 들어 보자. 과거에 지불했던 가격으로 노트북을 구입했을 때 처리속도, 화면해상도, 메모리 크기 등 여러 면에서 그 노트북의 성능은 훨씬 개선되었을 것이다. 그 노트북은 더 나은 제품이지만 그 가격은 하락하였을 것이다. 품질 개선은 컴퓨터의 가격을 빠르게 떨어뜨리는 쪽으로 작용하기 때문에 관련 제품의 인플레이션은 보통 마이너스를 보일 것이다. 그러나 물가지수가 품질조정을 충분히 반영하지 못해 과대 평가될 경우 실질 생산량의 증가를 정확히 측정하지 못하는 결과를 초래할 것이다. [29]

공유경제의 산출물 측정

현행 국제기준인 국민계정체계(2008SNA)에 의해서는 잘 분류되지 않은 디지털 부문인 공유경제.sharing economy/collaborative economy에 대한 통일된 명확한 정의는 아직 없다. OECD의 디지털 경제 자문그룹.Advisory Group on Measuring GDP in a Digitalized Economy을 중심으로 현재 디지털 및 공유경제 개념을 정립하기 위해 연구하고 있다. 또한 영국 통계청.ONS은 공유경제에 대한 연구의 필요성을 강조하면서 다음과 같이 공유경제를 정의한다. 공유경제는 디지털 중개 플랫폼을 통해서만 실행 가능한 개인(당사자)간.Peer-to-Peer(P2P) 혹은 소비자간.Consumer-to-Consumer(C2C) 거래에 의해, 이용도가 낮은 자산을 공유함으로써 당사자들이 자산의 주된 용도 이외의 이용으로부터 이득을 얻으려는 활동을 말한다.[30] 공유경제를 사람들이 자신의 기술(운전이나 컴퓨터 기술 등)을 빌려주고, 그들의 자원(재산이나 자동차 등)을 돈을 대가로 이용할 수 있게 하는 디지털 플랫폼에 의해 촉진되는 활동으로 정의하기도 한다.[31]

디지털 중개 플랫폼에 기반한 공유경제로 가장 잘 알려진 예는 교통 서비스를 제공하는 우버.Uber와 주거 서비스를 제공하는 에어비엔비.AirBnB이다. 또 다른 예인 이베이.e-Bay도 오랜 기간 동안 유통 중개 서비스를 제공해 왔다. 그것의 '새로움' 때문에 새로운 어휘들('공유경제', '우버라이제이션' 등)이 생겼지만, 공유경제의 기본이 되는 근본적인 거래는 그 자체로는 새롭지 않다. 사실 가계는 오래 전부터 주택임대 서비스 제공, 택시 서비스 제공, 차고 세일을 통한 중고 또는 신제품 판매와 같은 개인간 거

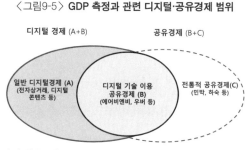

〈그림9-5〉 **GDP 측정과 관련 디지털·공유경제 범위**

디지털 경제 (A+B) 공유경제 (B+C)

일반 디지털경제 (A)
(전자상거래, 디지털
콘텐츠 등)

디지털 기술 이용
공유경제 (B)
(에어비앤비, 우버 등)

전통적 공유경제(C)
(민박, 하숙 등)

출처: 한국은행 2017.

래를 해왔다. 그리고 GDP는 적어도 개념적으로는 이러한 거래에 의해 창출된 부가가치를 포착한다(〈그림9-5〉 참조). 오늘날의 디지털 경제가 과거 방식의 개인간 거래와 다른 점은 거래의 규모다. 예를 들어, 에어비앤비는 현재 힐튼 월드와이드.Hilton Worldwide의 시가총액에 가까울 정도이다.

이러한 발전을 가능하게 했던 것은 무엇인가? 우선, 관련 서비스 제공자와 생산자 모두에게 진입 장벽을 낮추고 시장 규모를 증가시키며 위험을 최소화하기 위한 웹기반 중개에 의해 제공된 기회가 많아졌기

때문이다. 또한 소비자 접근성을 높이는 광대역 접속이 폭발적으로 증가하였고 컴퓨터의 연산능력이 크게 향상되었기 때문이다. 따라서 문제는 GDP에 대한 개념적 계정체계가 이러한 거래들을 포함하느냐가 아니라, 개인간 거래를 측정할 수 있게 설계되어 있고 상대적으로 미미한 부문을 측정할 수 있도록 고안된 현재의 편제방법이 그것들을 정확하게 측정할 수 있을 만큼 충분히 견고한지의 여부이다.[32]

GDP 측정과 관련하여 논의되고 있는 디지털·공유경제의 범위는 에어비앤비와 같이 디지털 기술을 직접 이용하는 공유경제와 디지털 기술에 기반한 디지털 콘텐츠(예: 무료로 제공되는 디지털서비스) 등이다.

4. 디지털 경제의 측정과 빅데이터

인터넷은 시장 활동과 비시장 활동 간, 그리고 임금 노동자와 비임금 노동자 간의 경계를 허물고 있는 공유경제를 더욱 확산시키고 새로운 형태의 소비를 촉진시키고 있다. 이로 인해 측정의 '대상'과 그것을 측정하는 데 쓰이는 '도구'가 영향을 받고 있다. 사람들은 빅데이터가 이 2가지 문제(측정 및 도구)를 해결하는 데 도움을 줄 것으로 기대한다.

빅데이터로 디지털 경제를 측정한다?
빅데이터를 이용하여 디지털 경제를 측정하려는 몇 차례의 연구가 있었다. 디지털 경제의 측정에서 가장 중요한 문제는 디지털 경제에 의해 나타나는 각 산업 활동을 평가하는 것이다. 즉 산업별 디지털 경제의 규모를 측정하는 것이다. 어떤 시점에 존재하는 사업 활동의 분류는 생산시스템에서 생산되는 제품과 서비스의 특성, 그리고 생산시스템의 상태를 반영한다. 그 상황은 혁신의 물결에 의해 비롯된 디지털 경제의 결과인데 그러한 사업 활동을 기존의 체계로 분류하는 데는 한계가 있다.

먼저 영국의 사례가 있다.[33] 2013년 국립경제사회연구소.National Institute of Economic and Social Research(NIESR)는 빅데이터를 이용하여 영국에서 '디지털 경제'의 역할에 대한 영국 사람들의 견해를 조사하였다. 조사 결과에 따르면 영국 디지털 경제는 규모가 작은 신생기업.start-ups에 의해 주도되었는데, 아직은 적은 수입을 내며 작은 고용 규모를 가지고 있고 주로 런던에 집중되어 있었다. 이 조사결과 2가지 문제점이 제시되었는데, 하나는 표준산업분류.SIC는 디지털 경제에 의해 파생되는 사업을 분류하는 데 충분하지 않다는 점이고, 다른 하나는 기업이 사업 활동을 전환했을 때 분류 갱신이 신속하게 이루어지지 않는다는 점이다. 이러한 문제를 웹-추출 기법을 이용하여 해결하였으며, 각 산업부문과 생산된 제품의 특성을 결합한 고유의 분류체계를 이용하였다. 그 결과 16억 7,600개의 사업체 중 14%가 디지털 경제로 분류되었으며, 이는 고용 면에서는 전체의 11%를 차지하는 것이다. 조사 대상 기업들 중에는 신생기업들만 있는 것이 아니라 디지털화가 진행중인 기존 기업들도 있었다. 또한 지리적 데이터는 이 기업들이 모두 런던에만 집중되어 있지 않음을 보여주었다.

다음으로 네덜란드에 대한 사례이다.[34] 2016년 네덜란드 통계청.CBS 부설 국립통계연구소.Dutch National Statistical Institue는 웹-추출 전문업체인 데이터프로바이더.Dataprovider와 공동으로 연구하여 영국의 사례와 비슷한 결과를 얻었지만 차별적인 결과도 얻었다. 연구에서 도메인명이 ".nl"인 웹사이트와 네덜란드 기업으로 식별된 도메인명이

".com"인 총 250만 개의 인터넷 사이트에 대하여 그 내용을 텍스트 분석하고, 인터넷이 보조적이지만 해당 기업의 활동에 영향을 주는지 분석하였다. 먼저 기업들을 5가지 범주로 분류하였다. 우선 3가지 범주는 디지털 경제와 관련되어 있는 ① 온라인 상점 사이트, ② 데이팅 사이트나 정보사이트와 같은 온라인 서비스 사이트, ③ 웹디자이너 등 ICT 사업을 포함한다. 나머지 2개의 범주는 웹사이트가 존재하지 않는 사업체와 웹사이트가 존재하지만 수동적이며 최소한의 온라인 활동만을 하는 사업체이다. 분석 결과, 2015년 기준 모두 250만여 개 사이트 중 84만여 개가 네덜란드 통계청이 관리하는 사업자등록부에 매칭되었고, 나머지 사이트는 주로 개인별 사이트였다. 55만 개 사업체(전체 사업체의 36%)가 인터넷 사이트를 가지고 있었다. 55만 개 사업체는 총매출액의 87%, 일자리의 86%를 차지하였다. 인터넷 경제(온라인 상점, 온라인 서비스 및 인터넷 관련 ICT)의 핵심은 총사업체의 3.3%, 일자리의 4.4%, 그리고 매출의 7.7%를 차지하였다. 웹사이트가 없는 사업체 중 83%가 자영업자로 나타났다.

이러한 연구 사례들은 동일한 기준에 따라 동일한 내용을 측정하고자 한 것이 아니지만 데이터의 경제활동 기여와 데이터 활용관련 문제점 측면에서 많은 정보를 제공한다. 인터넷 콘텐츠를 분석하면 인터넷으로부터 수집한 데이터 또는 정보를 통해 해당 기업이 어떤 사업 활동을 하는지에 대한 최신 정보를 얻을 수 있다. 이러한 정보들은 디지털 경제의 측정뿐만 아니라 환경, 사회적 책임 등과 같은 분야에서 기업들의 활동을 파악하는 데에도 활용될 수 있다.

사실 유럽 차원의 디지털 경제와 관련한 통계는 이미 존재하고 있었다. 2002년부터 유럽연합통계청.Eurostat은 각 회원국의 통계기관들과 함께 대기업과 중소기업의 ICT 사용, 전자상거래.e-commerce 등에 대한 서베이[35]를 실시해 오고 있다. 이 결과에 따르면, 2014년 네덜란드는 온라인 방식으로 거래하는 기업 비중이 16%로 나타났다. 영국은 11%, 프랑스는 10% 기업이 온라인 거래를 이용하였다. 네덜란드의 결과는 네덜란드 통계청이 조사한 결과와 직접 비교하기 어렵다. 개념이나 조사 범위[36]의 차이, 서베이 응답이나 웹-추출 과정에서의 편의.bias 때문만은 아니다. 웹-추출에 의한 결과와 서베이 응답 결과 간 비교는 유용한 측면이 있다. 2가지 다른 방법이 어느 정도 대체 가능한지, 웹-추출 방법이 서베이 응답부담을 줄일 수 있는지 평가하는 데에 도움이 될 것이다.

앞서 제시한 서베이 결과는 기업들이 빅데이터나 클라우드 컴퓨팅 기술을 사용한 정보도 제공한다. 프랑스에서는 2015년 기준으로 농업 부문과 금융보험 부문을 제외한 10명 이상의 직원을 가진 기업중 11%가 빅데이터를 이용하고 있는 것으로 나타났다. 2016년에는 250명 이상 직원을 가진 기업중 24%가 빅데이터를 이용한다고 응답하였다. 또한 조사에 응답한 기업중 17% 정도가 클라우드 컴퓨팅을 이용한다고 응답하였는데 이는 유럽 평균 21% 수준에는 미치지 못하는 것이다.

중요성이 점점 높아지는 디지털 경제는 개인 또는 가구 입장에서도 평가되어야 한다. 유럽 '사업체' 대상 ICT 서베이처럼 '가구'를 대상으로 하는 서베이도 있다. 가구를 대상으로 한 서베이 통계는 개인 차원에서 디지털 경제의 영향에 대한 정보를 제공한다. 2015년 ICT 서베이에 따르면 개인의 65%가 인터넷을 이용하여 재화와 서비스를 구매한 경험이 있는 것으로 나타났다. 그러나 기존의 통계는 협력 (공유) 온라인 경제에 의해 파생된 가구주들의 새로운 형태의 생산 활동이나 이와 관련된 소득의 흐름을 제대로 측정하지 못한다. 행정 데이터를 이용해도 그러한 소득을 포착하기 쉽지 않고 다른 형태의 소득과 구분하기 어렵다. 예를 들면 에어비엔비.Airbnb를 통한 아파트의 일시 임대, 이베이.e-Bay를 통한 온라인 판매 등의 경제활동이 있다. 이에 대한 하나의 대안은 바로 이러한 종류의 서비스 제공자에 의해 기록되는 정보를 적극 활용하는 것이다. 프랑스 국립통계경제연구소.Institut national de la statistique et des études économiques(INSEE)는 인터넷 플랫폼을 통해 개인업자에 의한 관광·숙박 공급의 규모를 측정하고자 하였다. 또한 Bean 보고서[37]는 국가 공식통계의 범주 밖에 있는 빅데이터를 실험적으로 이용한 사례를 인용하고 있다. 즉 미국 JPMorgan Chase 은행의 연구소는 2012년 10월부터 2015년 9월 기간중 600만 명 이상의 고객 계정의 자금이동 (빅)데이터를 익명화하여 개인의 월별 소득의 변동을 측정하였다. 온라인 플랫폼 경제.Online Platform Economy, 이른바 '기그경제'[38].gig economy에서 발생한 소득의 흐름을 통해 이러한 변동을 파악한 것이다. 이러한 협력(공유) 경제 참가율은 1개월에 1%, 3년 연속 누계할 경우 4%로 추정되며, 해당 개인이 적극 참여한 달의 노동소득에 대해 15% 정도 기여한 것으로 나타났다.[39]

소비자의 입장에서 문제는 디지털 서비스에 의해 창출되는 가치들에 관한 것이다. 이것은 '측정오류'에 대한 질문에서 핵심이다. 국민계정은 교환된 재화나 용역을 최종 소비 단위의 한계가치.marginal value로만 평가하고, 전체 소비의 효용과 한계효용 사이의 차이에 해당하는 '소비자잉여'를 무시한다. 최근 가격 설정방식의 특징을 활용함으로써 '우버'나 '에어비앤비'와 같은 디지털 경제에서 빅데이터가 소비자잉여를 평가하는 데 유용할 것이라는 주장이 제기되었다. 또한 빅데이터는 개개인에 맞는 다양한 부문의 소비 욕구를 정확히 측정 가능하게 하여, 제공되는 서비스를 실제 값에 가깝게 측정할 것이다. 가격 설정이 계층화될수록 가격 측정이 훨씬 복잡해지지만, 다양한 개인이 기꺼이 지불할 의사를 정확하게 알 수 있고 그 결과 제공된 서비스 가치를 보다 잘 측정할 수 있을 것이다. 이는 디지털 경제의 역설적인 영향이라 할 수 있다.

빅데이터와 소비자잉여 측정

온라인 개인(당사자)간.P2P 플랫폼에 의해 생성된 데이터는 개인별 행동에 대한 매우 세부적인 정보를 제공하므로, 이러한 데이터를 이용하면 이전보다 더 정확하게 실제 수요를 측정할 수 있다. 시카고 대학과 옥스포드 대학의 경제학자들과 우버 사의 연구자들[40]은 미국에서 승객 운송서비스.UberX가 소비자 후생에 미치는 영향을 측정하기 위해 우버의 풍부한 세부 데이터세트를 이용하였다.

연구진들은 2015년 1월부터 6월까지 우버 사의 4대 미국 시장(시카고, 로스앤젤레스, 뉴욕, 샌프란시스코)에서 UberX 소비자 세션[41] 중 생성된 5,400만 건의 세부 데이터와 우버 사의 할증요금 알고리즘.surge pricing algorithm을 결합하여 여러

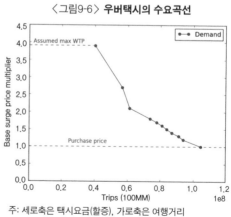

〈그림9-6〉**우버택시의 수요곡선**

주: 세로축은 택시요금(할증), 가로축은 여행거리

지점에서 수요의 가격탄력성을 추정하였다. 그 결과, 연구진들은 예상했던 것보다 수요의 가격탄력성이 낮다는 점을 발견하였다(그림 9-6> 참조). 즉, 대중교통이나 택시를 포함한 다른 옵션이 가능함에도 불구하고, 소비자들은 더 높은 가격에서 UberX에 대해 상대적으로 강한 선호도를 보였다. 이렇게 계산한 탄력성 추정치를 사용하여 소비자잉여를 계산하였다.

연구진들은 2015년 승객 운송비서스인 UberX가 우버 사의 4대 시장[42]에서 약 29억 달러의 소비자잉여를 발생시켰다고 주장하였다.[43] 소비자잉여는 사람들이 서비스에 대해 지불할 의향이 있는 금액과 실제로 지불한 금액 간 차이인데 승객들이 소비한 1달러당 약 1.60 달러의 소비자잉여가 발생했다는 것이다. 이 소비자잉여 추정치는 우버 운전자가 받는 수익보다 2배 더 크고 운전자 몫이 제거된 후 우버 사가 차지한 수입보다 6배 더 컸다. 한편, UberX 서비스에서 생성된 미국 전체 소비자잉여는 68억 달러였다.

사실, 사람들이 제공된 서비스에 대해 얼마를 지불했는지 뿐만 아니라 그들이 얼마나 더 지불할 의향이 있었는지를 알아야 하기 때문에 소비자잉여를 추정하는 것은 어렵다. 국민계정에서는 재화와 서비스를 한계효용이 반영된 가격, 즉 마지막으로 소비된 단위가 제공하는 웰빙의 이익으로 평가한다. 일반적으로 한계효용은 체감한다. 그래서 전체 소비에 의해 생성된 총효용은 과소 평가된다. 소비자잉여는 바로 이러한 차이로 정의된다. 이를 다시 설명하기 위해서는, 우선 소비자가 소비한 각 단위에 대해 기꺼이 지불할 의향이 있었을 가격부터 시작하여 다음 가격별 전체 수요흐름(곡선)을 알 필요가 있다. 빅데이터는 시장에서의 가격차별 현상을 파악하여 현행 국민계정 편제기준으로 불가능했던 소비자의 후생을 측정하는 데 활용될 수 있는 것이다.

대부분의 우버 승객들이 소비자잉여라는 개념에 대해 알고 서비스를 이용한 것은 아닐 것이다. 그러나 연구자들이 소비자잉여를 측정한 시도는 소비자들이 얻는 이익에 대한 통찰력을 제공해 우버 서비스가 왜 인기가 있는지를 설명하는 데 도움이 된다. 그런 측정 문제를 탐구하는 것은 전통적인 방식으로는 가능하지 않았지만, 우버 사가 수집할 수 있고 연구자들과 공유할 수 있는 크고 방대한 데이터세트가 있기 때문에 이제는 그러한 측정도 가능해진 것이다.[44]

우버 사가 자신의 운송서비스와 관련해 수집한 대량의 데이터는 소비자잉여에 관한 질문에 대한 답을 찾으려는 연구자들에게 좋은 아이디어를 제공한 사례이다.

Zoom-in 소비자잉여

소비자잉여.Consumer Surplus란 소비자가 어떤 상품을 구입하기 위해 최대로 지불할 의사가 있는 금액에서 실제로 지불한 금액을 차감한 크기의 금액을 의미한다.

소비자잉여와 수요곡선은 밀접한 관계가 있다. 아래 〈그림9-7〉에는 우유 시장의 가격대별 수요량이 표시되어 있는데, 이 시장에서는 6명의 소비자가 각자 1병씩의 우유를 원한다고 가정하자. 첫 번째 소비자는 우유 1병에 대해 최대 2,000원을 지불할 의사가 있다. 이 같은 지불 의사 금액은 다음 소비자로 갈수록 낮아져 여섯 번째 소비자의 우유 1병에 대한 최대 지불 의사 금액은 1,000원이 된다.

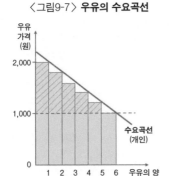

〈그림9-7〉 **우유의 수요곡선**

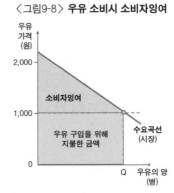

〈그림9-8〉 **우유 소비시 소비자잉여**

우유의 시장 가격이 1,000원이라면 첫 번째 수요자는 우유 1병으로부터 1,000원 만큼의 소비자잉여를 얻으며, 두 번째 수요자는 그보다 조금 적은 소비자잉여를 얻는다. 결과적으로 우유 시장에서 6명의 수요자가 얻게 되는 총 소비자잉여는 빗금 친 부분만큼이 된다.

〈그림9-8〉에는 시장 가격(P=1,000)이 결정되고 이 가격을 기준으로 거래될 때 시장에 참여한 소비자 전체가 얻게 되는 소비자잉여와 소비자가 우유를 구입하기 위해 지불한 금액이 표시되어 있다. 만약 우유의 시장 가격이 1,000원보다 하락한다면 그림에서 소비자잉여에 해당하는 삼각형의 크기가 확대될 것이다. 이와 같이 시장 가격이 낮아질수록 소비자잉여는 커진다.

빅데이터와 경제통계 작성

디지털 혁명의 결과로 생겨나고 저장되는 데이터의 양이 빠르게 증가하고 있다. 이러한 데이터는 경제활동과 관련되어 있지만 공식적인 경제통계에 잘 반영되고 있지 않다는 주장이 있다. 디지털 기술 발전 속도에 비해 통계 작성 기법이 상대적으로 더디게 발전한 면이 있지만 경제활동에 대한 보다 현실적이고 시의 적절한 추정 또는 예측을 위해, 그리고 기존의 통계 작성기법을 개선하기 위하여 빅데이터를 활용하는 시도가 있어 왔다.

이 장에서는 공식 경제통계 작성에 빅데이터를 활용한 사례를 다룬다. 우선, 스캐너 데이터와 웹-추출 데이터와 같은 시의성 높은 데이터를 이용하여 물가 수준을 측정한 연구 사례를 소개한다. 다음으로 온라인 기사·스캐너·카드 데이터를 이용하여 GDP 성장률 추이를 파악하거나 일부 구성항목을 측정한 연구결과를 보여준다. 또한 소셜미디어에 담긴 경제주체의 심리를 분석하여 경제상황을 판단하고 예측하는 심리지표를 작성하고자 하는 연구도 소개한다.

1. 빅데이터와 경제활동 측정

디지털 혁명의 결과로 생겨나고 저장되는 데이터의 양이 빠르게 증가하고 있다. 이러한 데이터는 많은 경우 경제활동과 관련되어 있음에도 공식적인 경제통계에는 제대로 반영되고 있지 않다. 약 5년 전의 한 추정치에 따르면 전 세계의 데이터 생성은 2.5 엑사바이트(2.5×10^{18} 바이트)로 추정되었으며, 2018년 IDC는 앞으로 2025년까지 175 제타바이트의 데이터가 생성될 것이라고 예상했다(1.75×10^{21} 바이트).

이러한 데이터의 급증에 따른 '저장'에 대한 수요 증가로 인해 1980년대 이래 1인당 정보 저장용량은 40개월마다 두 배가 되었다.[1] 하지만 디지털 시대의 전개에도 불구하고 공식적인 경제통계를 산출하는 데 사용된 기법은 상대적으로 더디게 발전하였으며 이로 인해 실제 경제활동의 측정은 점점 더 부정확해지고 있다는 우려가 있다.

실질 경제성장률과 생산성을 추정하는 데 필요한 국내총생산.GDP 과 같은 개념의 지표는 UN이 글로벌 표준으로 정한 국민계정체계.System of National Account(SNA)에 의해 측정된다. 이 표준은 2차 세계대전이 끝난 이래 1960년대의 경험을 토대로 여러 차례 개정되었다. 그러나 크게 개정된 것은 1953년, 1968년, 1994년, 2008년 이렇게 4번이다. 이러한 개정 내용의 많은 부분이 금융·공공 서비스 및 정부 부문의 활동을 보다 잘 측정한다거나 무형적인 경제활동을 보다 더 잘 추정하기 위한 것이었다. 이러한 부문의 실질 생산량을 자동차, 가공식품, 신발 등의 생산과 같은 물질적 경제활동과 비교하기 위해 국민계정 전문가들은 다소 모호하기는 했지만 산출물과 가격지수를 독창적으로 계산했다.

새로운 밀레니엄이 시작되면서 인터넷과 이동전화의 사용이 폭발적으로 증가함에 따라 공식 통계의 타당성에 대한 의문이 제기되었다. SNA기준에 따른 인간의 경제 활동 측정에 문제가 있다는 것이다. 디지털 시대에 적지 않은 서비스가 제로(0) 또는 저렴한 가격으로 제공되고 있는데, 이는 관련 서비스의 가격지수가 현실을 잘 반영하지 못하고 과대 평가되어 있을 경우 실질 산출물이 과소 평가되고 결과적으로 생산성도 과소 측정하게 된다. 디지털 경제를 측정하는 일은 'gig' 경제의 규모를 추정하는 것보다 어렵다는 평가도 있다. 페이스북, 구글, 애플, 아마존 및 마이크로소프트 사와 같은 5대 인터넷 기업의 무료 제공서비스에 대한 대가로 소비자들은 그들의 선호, 습관 등 자신에 관한 정보를 데이터 형태로 기업들에게 제공해 왔다. 그러나 국민계정 전문가들은 초기에 이러한 부분까지는 잘 알지 못했다는 지적도 있다.[2] 실제로 인터넷 대기업에게 돈은 데이터이다. 데이터의 가치가 정확하게 평가되지 않으면 명목 생산량의 실질화를 위한 가격지수 사용은 왜곡된 결과를 초래할 것이다. 5대 인터넷 대기업의 자본시장 가치의 합산액이 미국 GDP의 20%에도 미치지 못하는 3조 달러에 불과하다는 것은 우연이 아니라는 것이다.

　경제활동에 대한 보다 현실적이고 시의 적절한 추정 또는 예측을 위해, 그리고 기존의 통계 작성기법을 개선하기 위하여 빅데이터를 활용하는 다양한 방안이 연구되어 왔다. 이미 정책 수행이나 경제 예측 등에 활용되고 있는 사례들도 많다.

2. 빅데이터와 물가 수준의 측정

대표적인 공식 물가지수인 소비자물가지수.CPI와 생산자물가지수.PPI
는 주로 거래규모가 큰 대표품목에 대해 표본조사하는 방식으로 만들
어진다. 그러나 품목의 종류와 거래 경로가 다양해진 가운데 제품의
생성 주기와 수명은 짧아지고 있어 서베이에 기반해서 작성된 물가지
수는 문제점을 드러내기 시작했다. 빅데이터는 이러한 문제를 보완
하는 데 활용할 수 있다.[3]

스캐너 데이터

스캐너 데이터의 이해　　최근 전자 판매 시스템이 소규모 상점에까
지 확대되면서 스캐너 데이터로 쌓이는 품목의 범위나 규모가 크게
늘어나고 있다. 스캐너 데이터.scanner data는 일종의 지급결제 데이
터로 상품에 부착된 바코드.bar code를 스캐너가 판매시점 마다 읽을
때 대량으로 생성되는 구조화된.structured 정형 빅데이터로, 일명 판
매시점.Point of Sale(POS) 데이터로도 알려져 있다. GTIN 등 세부 상
품별 정보를 담고 있는 상품코드 단위로 해당 상품의 판매업체, 제조
업체, 거래시점, 거래량, 거래금액 등 상세한 거래내역이 집계된다.
GTIN는 Global Trade Item Number를 줄인 용어로, 상품 식별에
사용되는 8~14자리의 국제표준 거래상품 번호인데 업체코드와 상

〈표10-1〉 **스캐너 데이터 예시**

판매 시점	업체명	상품 코드	상품명 (용량, 판매단위 등 속성 포함)	거래 수량	거래 총액
XXXX	XXXX	XXXX	XXXX (XXmℓ, XXkg)	XXXX	XXXX

품코드, 검증번호로 구성되며 물류 식별 자리가 추가되기도 한다. 상품코드는 스캐너를 사용하여 POS 시스템에 자동으로 거래정보를 입력하기 위해 넓고 좁은 막대.bar 형태로 표시되므로 통상 '바코드'로 불린다.

물건이 판매될 때마다 실시간으로 기록되어 생성되는 거래내역 자료이기 때문에 속보성과 정확성 면에서 우수하다. 또한 판매점에서 발생한 매출 총액만 기록되는 신용카드 데이터와 달리 상품별 상세정보, 예를 들면, 판매가격뿐만 아니라 제조업체, 판매업체, 거래시점, 거래금액, 거래량 등 다양한 정보도 얻을 수 있다.

스캐너 데이터의 유용성　물가 수준 측정과 관련하여 스캐너 데이터가 갖는 유용성[4]은 크게 3가지이다.

- **다양한 상품의 가격정보 활용 가능**　동일한 품목도 제조업체, 판매점 등에 따라 가격이 다르게 나타날 수 있다. 현 CPI를 작성할 때처럼 서베이 방식으로 파악된 거래가격 정보는 일부 대표 규격 상품에 한정되어 있지만, 스캐너 데이터는 실제 거래가 이루어진 모든 상품의 광범위한 가격 정보를 포함한다. 동일한 품목을 구성하는 하위 상품들의 가격 움직임이 서로 다를 때 가격 측정시 일부 상품만을 대상으로 하게 되면 선택편의.selection bias가 발생하여 가격 정보의 왜곡 현상이 나타나는 것으로 알려져 있다. 반면, 스캐너 데이터는 거래되는 모든 상품의 가격 정보를 포함하고 있어 이를 이용하면 전반적인 가격 움직임에 대해 서베이 방식에 비해 보다 정확한 정보를 얻을 수 있다.
- **보다 정확한 가격 정보 활용 가능**　서베이 방식에 의한 가격조사

는 통상 매월 1회 이루어지므로 조사시점이 아닌 시기에 일어나는 가격 변동은 반영할 수 없다. 예를 들어, 가격할인 행사가 자주 있는 경우 가격을 조사하는 시점에 가격할인이 있는지 여부에 따라 측정된 가격이 다를 수 있다. 또한 CPI와 같이 월 단위로만 가격 변화가 파악되기 때문에 가격의 변동이 심한 석유류, 원자재 등과 같은 품목의 가격 변화는 정확히 측정하기가 어렵다. 그러나 스캐너 데이터는 모든 거래 정보를 포함하고 있으며 주 단위로도 데이터를 수집할 수 있어 보다 정확한 세부 가격 및 판매 물량 정보를 확보할 수 있다. 〈그림10-1〉에서 보듯이 스캐너 데이터로 측정된 가격이 CPI에 비해 가격수준의 미세한 변화를 더 잘 보여주며 스캐너 데이터가 어떤 상품의 가격 인상 시점을 보

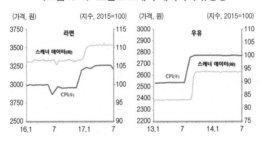

〈그림10-1〉 **고빈도 스캐너 데이터의 유용성**

주: 각 그림에서 좌측 세로축은 상품가격(원)을, 우측 세로축은
CPI(2015=100)를 나타냄

다 정확하게 측정할 수 있다. 주단위로 집계되는 스캐너 데이터로 측정한 가격과 소비자물가지수.CPI를 비교하면, 스캐너 데이터가 CPI에 비해 가격변화의 미세한 움직임을 잘 포착하였으며, 가격인상 시점에 주별로 기록되는 스캐너 데이터 그래프의 기울기가 CPI로 나타낸 그래프의 기울기에 비해 더 가파르다.

- **거래 수량정보 활용 가능** 일반적인 가격에 대한 서베이의 경우 판매량에 대한 조사가 이루어지지 않아 가격 변동에 따른 판매량

의 변화를 파악할 수 없다. 이 때문에 대부분의 가격 조사에서는 상위 단계의 가격지수를 작성하기 위해 상당 기간동안 고정된 가중치를 사용한다. 이처럼 가중치를 고정할 경우 지수를 안정적으로 산출하는 데 도움이 되지만 새로운 상품의 출시, 상대가격에 따른 판매량 변화 등을 제때 반영하기 어려워 가격 측정 과정에서 왜곡을 초래할 수 있다.[5]

한편, 절대 가격이 달라져도 판매량이 영향을 받는다. 가격의 인상이 예정된 경우 평소보다 판매량이 일시적으로 크게 늘어나지만, 실제 가격인상 이후 판매량이 일시적으로 평소에 비해 더 감소하는 현상이 발생할 수 있다. 또한 할인 행사로 인해 판매가격이 잠시 낮아진 경우 평소에 비해 판매량이 급증하지만 이후에는 판매량이 평소보다 더 큰 폭으로 감소하는 현상이 발생할 수 있다.[6] 이러한 절대 가격의 변화로 인한 소비자들의 수요 변화는 가격인상의 영향을 축소하거나 체감가격을 실제보다 낮추는 역할을 하게 되는데 이로 인한 물량 변화를 고려하지 않으면 가격 정보에 상향 편의를 초래한다.

스캐너 데이터의 한계-대표성 검증 및 정보 수집범위 확대　스캐너 데이터는 다양한 상품의 가격과 물량 정보를 제공하지만 서베이 조사와 달리 조사대상 업체가 모집단을 정확히 반영하지 못할 가능성이 있으며 농축수산물, 내구재 등에 대한 정보는 많이 부족한 실정이다. 먼저, 스캐너 데이터는 확률표본 기반의 서베이 조사와 달리 조사대상 지역, 업체 등이 편중되어 있어 모집단 대표성을 확보하기 어렵다는 단점이 있다. 통계청이 작성하는 CPI는 전국 38개 도시의 백화점,

대형마트, 전통시장 등 약 2만 5천개 업체를 대상으로 조사하여 작성되지만 상공회의소의 스캐너 데이터는 약 2천개 업체를 통해 수집되고 있다. 또한, 스캐너 데이터를 제공하는 업체들은 POS 시스템을 갖춘 업체들이므로 대형업체에 편중된 정보가 수집되고 있을 가능성이 높다.[7] 한편, 스캐너 데이터를 통해 파악할 수 있는 거래정보도 현재로서는 일부 품목으로 제한되어 있다. 상공회의소 스캐너 데이터의 경우 대형할인점, 백화점 식품매장, 편의점, 슈퍼마켓 등에서 거래되는 상품들의 정보만 수집되고 있을 뿐만 아니라 이들 품목은 주로 가공식품, 주류 및 담배, 생활잡화 등이다. 따라서 전체 소비재 중 상당 부분을 차지하는 농축수산물, 의류, 내구재 등과 같은 품목의 가격 정보는 파악하기 어렵다.

이러한 상황에서 스캐너 데이터를 공식 통계 편제에 활용하기 위해서는 많은 노력이 필요하다. 우선 스캐너 데이터의 대표성 결여 문제를 해결해야 한다. 그리고 소매업체 이외에 POS 시스템을 갖춘 음식점이나 개인서비스업자로부터 자료를 수집하는 것도 고려할 수 있다. 또한 스캐너 데이터는 입력 실수로 인한 이상치.outliers를 포함하고 있을 수 있는데 이를 식별하여 적절히 정제하기 위한 통계기법을 개발하는 것도 주요한 과제이다. 특히 빅데이터로서 스캐너 데이터의 장점을 살려 공식통계 작성에 활용하려면 대용량 데이터를 가공해 통계 정보를 추출하는 데 적용할 머신러닝.Machine Learning 기법에 대한 지속적인 연구가 필요하다.

스캐너 데이터 활용 사례 이러한 장점 때문에 노르웨이(1995년), 네덜란드(2002년), 스위스(2008년), 스웨덴(2012년), 벨기에(2016년) 등 유럽 국

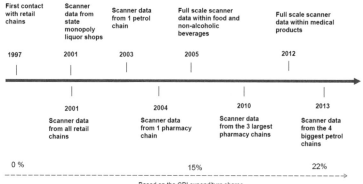

〈그림10-2〉 **노르웨이의 스캐너 데이터 활용**

First contact with retail chains | Scanner data from state monopoly liquor shops | Scanner data from 1 petrol chain | Full scale scanner data within food and non-alcoholic beverages | Full scale scanner data within medical products

1997   2001   2003   2005   2012

2001   2004   2010   2013

Scanner data from all retail chains | Scanner data from 1 pharmacy chain | Scanner data from the 3 largest pharmacy chains | Scanner data from the 4 biggest petrol chains

0 %   15%   22%

Based on the CPI expenditure shares

출처: Statistics Norway

가들과 호주(2013년), 뉴질랜드(2014년) 등 일부 아시아 국가들의 통계 당국은 CPI 작성에 실제로 스캐너 데이터를 활용하고 있다. 최근 미국, 영국, 일본, 프랑스에서도 연구자나 통계 작성기관들이 스캐너 데이터를 활용하기 위하여 연구하고 있다. 우리나라의 경우에는 통계청이 스캐너 데이터를 CPI 작성에 활용하기 위한 연구를 진행한 바 있다.[8]

노르웨이 통계청은 〈그림10-2〉에 나와 있는 것처럼 이미 2000년 대 초반부터 스캐너 데이터를 활용하기 시작하였으며, 적용 품목을 점점 늘려왔다.

유럽연합통계청.Eurostat은 스캐너 데이터의 입수부터 처리, 이용 등에 관한 가이드라인을 제시하는 한편 회원국들이 물가지수 작성할 때 스캐너 데이터를 활용할 것을 권장하고 있다. 유럽연합통계청의 이러한 권고는 각 회원국들이 작성하고 있는 통합 소비자물가지수[9].Harmonized Index of Consumer Prices(HICP)의 정합성을 유지하기 위해서 이다.

일본 도쿄대학의 쓰도무 와따나베.Tsutomu Watanabe 교수는 니케이.Nikkei 사의 일별 POS 데이터를 이용하여 Nikkei-UTokyo 일별 지

〈그림10-3〉 **일본의 공식 MIC와 Nikkei-UTokyo 지수 비교**

출처: UTokyo Daily Price Project(http://www.cmdlab.co.jp/price_u-tokyo/media_e)

수를 작성[10]하였다. 〈그림10-3〉에 나타나 있듯이 Nikkei-UTokyo
지수[11]가 총무성.Ministry of Internal Affairs and Communications(MIC)의
공식 식료품 물가지수.MIC Index for grocery component와 비슷한 움직
임을 보이고 있다.

또한 와따나베 교수는 많은 일본인들이 보유하고 있는 T 포인트
카드의 제휴사(슈퍼마켓, 약국, 편의점, 외식 체인 등)에 의해 수집되는
구매가격 데이터를 활용하여 T-point Index.TPI를 개발하였다. 이
TPI에는 식품과 생활용품은 물론 주거, 패션, 영상, 음악 등 다양한
소비 품목들이 포함되어 있으며 성별, 연령 등 구매자의 속성별 물
가지수를 작성하는 것도 가능하다.

우리나라에서는 대한상공회의소, 닐슨코리아 등이 스캐너 데이
터를 수집하고 있다. 상공회의소 스캐너 데이터는 대형할인점, 백
화점, 슈퍼마켓, 편의점 등 약 2,000개 소매업체의 가공식품, 주류,
담배, 생활잡화 등에 대한 판매 내역을 포함한다. 관세청이 보유하
고 있는 수출입 통관 자료에도 수출입되는 제품들의 가격과 수량

정보가 기록되어 있다. 이런 점에서 수출입 통관 자료도 스캐너 데이터의 일종으로 볼 수 있다. 현재 한국은행은 일부 품목의 통관 자료를 수출입 물가지수 편제에 활용하고 있다.

한편 스캐너 데이터는 거래가 이루어져 기록된 품목이 모두 포함되므로, 확률표본에 기반해 포함된 품목을 대상으로 하는 CPI에 비해 다양한 상품의 가격 및 수량에 관한 정확한 정보를 포함하고 있다. 따라서 전문가들은 스캐너 데이터의 상세한 정보를 활용하여 가격은 물론, 상품/상점간 대체현상 등 수요 변화를 적시에 반영함으로써 경제 현실을 보다 잘 반영하는 체감 생계비를 측정할 수 있을 것으로 보고 있다.[12]

웹-추출 온라인 데이터

온라인에 있는 가격 데이터는 현재의 공식 물가지수 통계보다 훨씬 시의성이 높으며, 제품의 포괄범위도 광범위하다. 온라인 가격 데이터를 사용하여 단기 예측치를 개선하고 현재 가격지수의 강건성.robustness과 신뢰성.reliability을 점검할 수 있다(예: 혼합주기모형을 통해 월별 데이터 기반 기존 예측모형을 개선). 스웨덴 중앙은행.Sveriges Riksbank은 과일과 채소 소비자물가의 단기적 변화 예측 시 온라인 가격 데이터의 유용성을 확인하였다. ECB도 실험적 분석을 통해 가격 데이터가 충분히 세분화.granularity된 경우 예측력이 있다는 점을 밝혔다.

온라인 전자상거래 사이트에 있는 가격정보를 이용하여 물가지수를 개발한 대표적인 사례는 2007년부터 MIT대의 카발로.Alberto Cavallo 교수와 리고본.Roberto Rigobon 교수에 의해서 시작된 '10억개 물가 프로젝트'[13]. Billion Prices Project(BPP)이다. 이 프로젝트는 웹-추출.web-scraping을 위해 고안된 소프트웨어를 통하여 전 세계 온라인 소매업체 웹사이트에 올라와 있는 HTML 코드를 분석하여 수많은 상품의 가격정보를 매일 수집한다.

이 프로젝트는 처음에 아르헨티나의 일일 인플레이션 측정을 위한 프로젝트.Inflación Verdadera로 시작되었으며 2007~16년중 아르헨티나 정부가 작성한 공식 CPI를 대체하는 물가지수를 산출하는 것이 목표였다.[14] 현재는 70개 이상 국가의 1,000여개의 소매업체가 판매하는 1,500만개 물품들의 가격 변동을 모니터링하여 이를

〈그림10-4〉 **BPP 및 공식 물가지수(CPI) 변동률 추이**

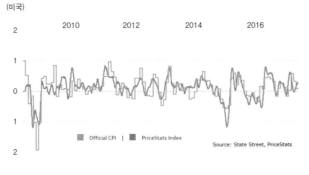

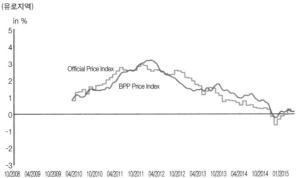

출처: PriceStats (www.pricestats.com)

기초로 22개국[15]의 일별 물가지수[16]를 만들어 PriceStats[17]을 통해 발표하고 있다. BPP를 통해 작성된 물가지수는 〈그림10-4〉에서 볼 수 있듯이 CPI와 같은 공식 통계의 움직임과 유사한 모습을 보이고 있으며, 속보성이 높아 물가 동향을 보다 신속하게 파악할 수 있다.

이러한 온라인 가격정보에는 상품의 브랜드, 사이즈, 신제품 관련 사항 등 부가적 정보도 포함되어 있고 정보수집 비용도 서베이 방식에 비해 저렴하다. 이러한 여러 장점으로 인해 사람들은 온라인 가격 데이터가 기존 가격 데이터를 보완할 수 있을 것으로 보고 있다. BPP 결과가 2008년에 제공되었다면, 리먼 브라더스 파산에 뒤이은 미국의 인플레이션 전환점이 공식 소비자물가지수에 나타나기 몇 개월 전에 이미 식별되었을 것이라고 주장하는 연구결과[18]도 있다. 물론 온라인에 존재하지 않는 품목의 가격정보를 수집할 수 없고 온라인 가격과 오프라인 가격 간의 차이 또는 실거래 가격과의 괴리 발생 등 단점도 있다.

주요국의 공식 통계작성기관에서도 BPP와 유사한 방식으로, 물가지수를 작성하는 데 웹-추출 데이터를 활용하고 있다. 유럽연합 통계청은 통합 소비자물가지수.HICP 작성을 위해 매달 회원국 통계청.NSOs을 통해 약 3백만 개의 가격정보를 수집하고 있다. 그리고 28개의 회원국들에게 스캐너 데이터뿐만 아니라 웹-추출 데이터도 활용할 것을 권장하며 인터넷 가격정보 수집 소프트웨어의 개발을 지원하고 있다. 영국 통계청은 2014년부터 자동 웹-추출 도구의 개발과 함께 연구해온 새로운 물가지수.Clustering Large Datasets Into Price indices(CLIP) 시험편제 결과를 홈페이지에 올려 공개하고 있다.

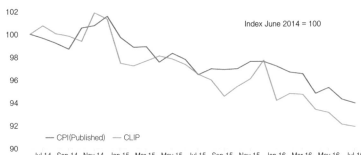

〈그림10-5〉 영국의 공식 음식료품 CPI와 CLIP 비교

Index June 2014 = 100

— CPI(Published) — CLIP

Jul 14 Sep 14 Nov 14 Jan 15 Mar 15 May 15 Jul 15 Sep 15 Nov 15 Jan 16 Mar 16 May 16 Jul 16

출처: Office for National Statistics

〈그림10-5〉에서 보면 음식료품.food and non-alcoholic beverages에 대한 영국의 공식 CPI와 CLIP는 지수 수준에 차이가 있지만 유사한 움직임을 보이고 있다.

한편 미국 노동통계국.BLS은 CPI 구성항목인 TV, 카메라 등 일부 전자제품의 품질을 조정[19]하는 데 웹에서 수집한 상품별 특성을 반영하고 있다.

3. 빅데이터와 GDP

정책이나 예측 담당자자들이 적절한 경제정책을 마련하기 위해서는 경제 상황에 대해 실시간으로 평가해야 한다. 하지만 경제활동의 대표적인 척도인 국내총생산.GDP 성장률은 보통 분기별로 집계되고 빨라야 한 달 이상 지난 후 공표된다. 상당한 시간이 흘러서야 해당 시점의 경제상황을 파악하게 되는 것이다. 이러한 문제를 해결하기 위해 정책담당자 또는 경제전문가들은 금융 및 노동시장 데이터와 같은 보다 속보성 있는 다양한 지표를 면밀히 모니터링하거나 이들 지표로 구성된 경기동행지수를 만들기도 한다.

대표적인 거시경제지표인 GDP는 서베이, 센서스, 행정 데이터 등 다양한 소스의 데이터를 반영하여 작성된다. GDP 통계 작성 시 빅데이터가 많은 부문에 활용되는 것은 아니지만 온라인 기사 텍스트, 스캐너 데이터, 카드사용액 데이터는 GDP 성장률 추이를 추적하거나 일부 구성항목(예: 품목별 소비지출)의 움직임을 파악하는 데 필요한 정보로 활용할 수 있다.

언론기사 텍스트 데이터

통화정책보고서와 국가예산 자료에 다양한 금융 및 거시경제 데이터가 반영되어 있는데, 정책 담당자에게는 어떤 지수의 변화 원인을 아는 것이 변화 그 자체만큼이나 중요할 수 있다. 자주 사용되는 지표들은 자체 보유하고 있는 구조화된 데이터베이스를 통해서나 데이터 제공업체로부터 얻는다. 이와는 달리, 사람들은 자신의 경제행위에 참고하고 경제 변동을 이해하기 위해 매우 많은 고빈도 정보를 사용한다. 이 정보는 체계적이지 않으며 데이터 전문제공기관에서 오지 않고 미디어를 포함한 다양한 채널을 통해 생성, 공유 또는 필터링된다.

미디어 가운데 하나인 경제뉴스 기사로부터 추출한 텍스트 정보도 경기순환지수 작성이나 분기 GDP 성장률 추정에 이용할 수 있다. 언론기사가 경제에 대한 적절한 설명을 제공하는 한, 어떤 시점에 특정 주제가 언론에 집중 보도될수록, 이 주제는 경제의 현재와 미래를 위해 중요한 것일 수 있다. 노르웨이 중앙은행은 이러한 인식하에, 토픽모형[20].Topic Model과 감성분석을 이용해, 전체 경제뉴스 기사를 감성극성(긍정/부정)이 반영된 80개 토픽에 대한 시계열로 변환한 후, 동 시계열에 주성분분석.PCA을 적용하여 뉴스지수를 작성하였다.[21] GDP 성장률과 비교해 본 결과, 뉴스지수가 주요 경기순환 변동을 잘 포착하였다. 뉴스 데이터 토픽시계열의 주성분(PCA1,PCA2)으로 작성된 뉴스지수가 GDP 성장률의 움직임을 잘 설명하였다(<그림10-6> 참조). 또한 시계열 자료로 표현된 뉴스 텍스트 정보를 이용하여 일별 경기동행지수.Newsy Coincident Index of Business Cycles(NCI)를 작성하였다. 그 결과 NCI는 일반적인 경기순환, 즉 저성장기, 경기 상승 및 하강기, 고성장기를 잘 추적하였다(<그림10-7> 참조). 특히

〈그림10-6〉 **뉴스지수와 GDP 성장률 추이 비교**

〈그림10-7〉 **경기동행지수(NCI)와 GDP 성장률 추이 비교**

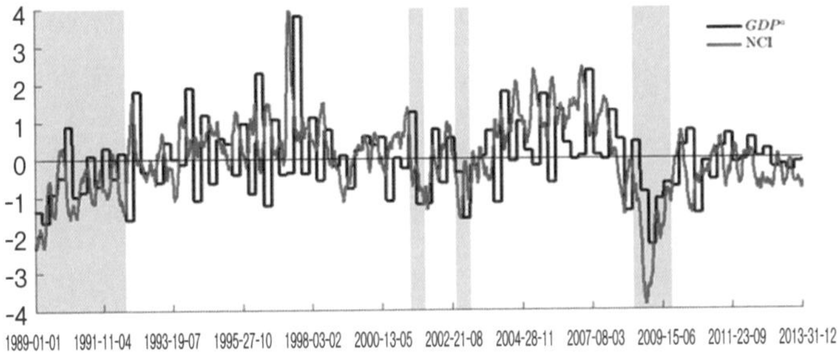

주: 회색 음영은 경기침체기를 나타냄
출처: Norges Bank, 2016.

2000년대 이후의 세 차례의 경기하강 전환점을 주가나 채권수익률과 같은 실시간 시장지표들에 비해 예측을 더 잘 하는 것으로 평가되었다.

스캐너 데이터

소비자물가 등 물가 수준 측정에 활용되고 있는 스캐너 데이터는 상품별 세부내역, 판매가격 등의 정보를 포함하고 있기 때문에 GDP를 구성하는 항목인 소비지출 통계를 작성하는 데에도 활용할 수 있다. 실제로 미국 상무부 경제분석국.BEA에서는 국민소득 구성항목 가운데 스캐너 데이터로 추정할 수 있는 항목을 발굴해 가계소비지출 통계를 작성할 때 참고하고 있다.

지급결제 데이터

최근 기술진보의 영향으로 경제활동과 관련하여 더 정확하고 시의적절한 정보로 활용 가능한 고빈도 데이터 소스들이 많이 생겼다. 거래 결제를 위한 지급수단이 전통적인 현금이나 장표 방식에서 직불결제 등 전자지급 방식으로 바뀌면서 수많은 전자 지급결제 빅데이터가 생성·축적되고 있다.[22] 대표적인 고빈도 데이터인 전자 지급결제 데이터를 이용하여 GDP의 상당 부분을 차지하는 소비지출의 움직임을 분석한 사례가 있다. 즉 직불카드, 체크카드 등 일별 지급결제 데이터를 이용하여, 9/11 테러(2001년), 북미지역의 대규모 정전(2003년) 및 사스 사태의 확산(2003년)과 같은 예상치 못한 사건 직후 캐나다의 개인소비지출 추이를 분석하였다.[23] 한편 한국은행은 신한카드 이용액 데이터를 가지고 가계소비지출, 서비스업 생산 등 국민소득 구성항목 가운데 카드 결제 데이터로 추정할 수 있는 항목을 찾아 GDP 추계에 활용하는 방안을 연구하였다.[24]

4. 빅데이터와 심리지표

소비자동향지수.CSI, 기업경기지수.BSI 등 공식 발표되는 경제심리지수들은 각각 소비자, 기업가의 경제에 대한 인식을 파악하기 위해 작성한다. 경제심리지수는 GDP 등 실물지표에 비해 속보성 및 선행성 측면에서 장점을 지니고 있어 경제상황을 진단하거나 단기적으로 예측하는 데에 활용된다. 이러한 심리지수들은 대부분 표본 설계에 의해 모집단을 잘 대표할 수 있게 추출된 가구나 기업을 대상으로 한 서베이 방식을 통해 작성되고 있다.

　최근 스마트폰, 태블릿 PC 등 모바일 기기의 사용이 확산됨에 따라 소셜미디어가 정보 교환과 의사 소통을 위한 중요한 수단으로 이용되

고 있다. 소셜미디어 데이터는 실시간으로 수집·분석 가능하므로 전통적인 경제심리지수 조사보다 신속하고 저렴하게 경제에 대한 심리를 추출할 수 있는 장점이 있다. 그래서 소셜미디어에 나타난 경제주체들의 정서나 심리를 분석하여 경제상황을 판단하고 예측하는 지표로 활용하려는 시도가 계속 있어 왔다. 그리고 다양한 뉴스 기사 정보도 소셜미디어를 매개로 퍼져 경제주체들의 심리에 영향을 미치고 있다. 이러한 사회관계망 데이터는 소비자들의 경제심리를 추출하거나 경제 및 금융 상황을 파악하는 데 필요한 새로운 소스가 될 수 있는 것으로 받아들여지고 있다.

소셜미디어 텍스트 데이터

각종 소셜미디어 소스 정보를 이용하여 새로운 방식의 심리지수를 작

성한 흥미로운 사례가 있다. 네덜란드 통계청은 2014년 행정비용과 조사응답 부담을 줄이기 위한 목적에서 출발하여 소셜미디어지수,social media index(SMI)를 시험적으로 작성하였다. 소셜미디어 모니터링 전문회사인 구스토,Coosto는 접근 가능한 페이스북, 트위터, 링크드인 등 여러 오픈 소셜미디어 플랫폼에 담긴 메시지들을 모으고 이를 문장 단위로 분석한 후 해당 메시지의 의미 면에서의 감성을 긍정, 중립 및 부정으로 구분하여 데이터베이스에 저장하였다. 네덜란드 통계청은 구스토로부터 데이터베이스 접근권을 구입한 후 저장된 소셜미디어 메시지에 대해 감성을 측정(긍정 의견수, 부정 의견수) 하고 이를 이용하여 SMI[25]를 산출하였다. 네덜란드 대중의 감성지수는 기존 설문방식으로 얻은 월간 소비자신뢰지수,consumer confidence index(CCI)와 높은 상관관계를 보였다. 〈그림10-8〉에 나타나 있듯이 SMI는 네덜란드 공식 심리지표인 소비자신뢰지수와 유사한 움직임을 보이고 있다.[26]

〈그림10-8〉 네덜란드 소셜미디어지수와 소비자신뢰지수 추이 비교

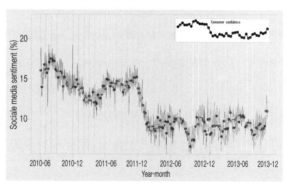

출처: Daas and Puts (2014)

이와 같이 소셜미디어에 돌아다니는 메시지와 같은 비정형 텍스트 데이터를 이용한 심리지수는 소비자 등 경제활동 참가자의 판단, 기대 등의 심리뿐만 아니라 그 원인에 대한 정보도 제공 가능하며, 실시간 수집되는 데이터를 이용할 수 있어 속보성과 시의성이 높은 정보를 제공할 수

있다. 이러한 유용성 때문에 새로운 방식의 심리지수는 기존 경제심리지수를 보완하거나 정책 결정을 위한 모니터링 지표로 활용 가능하다. 그러나 소셜미디어를 적극 활용하는 특정 집단의 의견이 그렇지 않은 집단에 비해 더 많이 반영될 가능성이 있고, 텍스트 마이닝.Text Mining의 기술적 한계 때문에 경제주체의 심리 상태를 완벽하게 추출하는 것이 어려운 경우가 있다.[27]

온라인 데이터와 텍스트 마이닝   텍스트 마이닝은 텍스트 데이터를 계량화하고 이를 분석하기 위해 사용되는 다양한 통계적 방법들과 정보처리 방법을 통칭하는 용어이다. 자연어처리기법.natural language processing(NLP) 또는 전산언어학.Computational Linguistics이라 부르기도 한다. 한편 문서에 나타난 글쓴이 또는 의견제시자의 감정, 견해 등의 정보에 초점을 두는 텍스트 마이닝을 감성분석.sentiment analysis이라고도 부른다. 텍스트 마이닝 기법을 이용하면 다량의 텍스트 데이터가 가진 정보를 짧은 시간에 요약해 낼 수 있으며 사람들이 인식하고 있는 미묘한 정보들도 텍스트로부터 객관적으로 추출할 수 있다.

텍스트 형태의 데이터, 특히 비정형 데이터를 분석하기 위해서는 이를 정제하고 정형화된 형태로 가공하는 전처리 작업.preprocessing이 필수적이다. 전처리 작업은 보통 지표 산출을 위한 분석 작업보다 많은 시간이 소요되고 분석 결과에도 영향을 크게 미친다. 대표적인 전처리 방법으로는 문장 부호, 숫자, 관사 등 불용어.stopwords를 삭제하고 어근별로 단어를 분류한 후 이를 출현 여부 또는 출현 빈도를 기준으로 벡터화하는 것이다. 전처리 작업이 완료된 텍스트 데이터는 데이터 마이닝 기법 또는 텍스트 데이터 고유의 성질을 활용하여 분석할 수 있다. 각 문서의 주제 또는 문서에 담긴 심리 상태(긍정/중립/부정) 등에 통계적 기법을 적용하여 분류.Classification 또는 군집화.Clustering하여 분석한다.

텍스트 마이닝을 위해서는 데이터 분석에 필요한 사전.dictionary 구축, 심리를 나타내는 핵심 감성어휘.sentiment words 선정 등과 같은 관련 분야에 대한 전문 지식을 바탕으로 한 전처리 작업 과정과 통계 분석방법에 대한 전문지식이 결합되어야 한다.

🔍 Zoom-in 감성분석

감성분석은 텍스트에 표현된 사람들의 주관적인 생각, 의견 등의 감성정보를 추출하여 수치화하는 방법으로 오피니언 마이닝.Opinion Mining 또는 감정 인공지능.Emotion AI이라고도 부른다. 감성분석은 감성의 극성.polarity 분류, 감성의 수치화 등의 과정으로 구성된다. 감성의 극성 분류는 데이터 내에 포함된 감성 극성을 긍정, 중립, 부정으로 파악하는 것이다. 감성의 수치화 과정은 극성별 감성 값을 종합하여 최종 감성점수 산출하는 것이다.

감성분석은 주로 어휘.lexical 접근법과 모형.model 접근법을 통해 이루어지며, 두 방법을 결합한 혼합.hybrid 접근법도 있다. 먼저, 어휘 접근법은 "Bag of Words"[28] 방식이라

고도 하며 감성 극성이 기 부여된 단어 목록인 감성사전.sentiment dictionary을 이용하여 텍스트 내 감성점수를 계산한다. 다음으로 모형 접근법은 머신러닝[29] 기법으로 텍스트 내 단어와 문맥.context 으로부터 감성정보를 추출한 후 점수화하는 방법이다. 감성 극성이 기 분류된 텍스트(학습 데이터.training data)를 이용하여 감성 극성 예측모형을 생성한 다음 동 모형을 적용하여 신규 텍스트에 대한 감성 극성을 분류하고 이를 점수화한다.

끝으로 혼합 접근법은 텍스트와 감성 극성이 이미 짝지어진 데이터를 이용하여 각 감성 극성별 해당 어휘를 분석·배분하는 보다 과학적인 방법인 머신러닝을 통해 감성사전을 구축하고, 이를 이용하여 감성점수를 산출한다.

언론기사 텍스트 데이터

주요국 중앙은행들은 언론의 경제 뉴스기사에 나타난 감성.semtiment 정보를 분석·활용하기 위한 연구를 진행하고 있다. 감성정보는 사람들의 감정, 의견, 평가 등으로 표현되는 심리적 정보이다. 일반 기사 및 사설, 논설, 칼럼 등 경제 뉴스기사는 대표적인 비정형.unstructured 빅데이터로, 작성자나 인터뷰 대상자가 느끼는 경제상황에 대한 심리를 포함하고 있는데 텍스트 데이터의 한 종류이다.[30]

최근 텍스트 마이닝 기술의 발전에 힘입어 뉴스 형태의 데이터로부터 감성정보를 추출·분석하는 것이 가능해졌다. 뉴스 데이터는 매일 생산·수집되고 있으며, 온라인 뉴스 웹사이트에서 웹-추출 기법을 이용하여 비교적 쉽게 입수할 수 있어 속보성과 비용 면에서 장점이 있다.

샌프란시스코 연방준비은행은 경제에 관한 뉴스 기사가 기자나 인터뷰 응답자들의 감정상태를 전달하기 때문에 공식자료 제공 이상의 역할을 한다고 평가하고 경제·금융 관련 뉴스기사를 이용하여 심리지표를 작성한 연구[31]를 소개하였다(〈그림10-9〉 참조). 경제관련 뉴스기사에서 부정.Negativity 감성에 대한 점수를 도출하고, 동 점수를 이용하여 월 단위 뉴스지수를 작성하였다. 분석에 이용된 데이터는 16개 주요 미국 신문사의 1980.1월~2015.4월까지의 기사중 미국 경제에 대해 작성된 23만 여건의 기사였다. 동 심리지표는 미국 경제에 부정적 영향을 끼친 주요 사건들의 발생시점에서 부정 감성지수가 급격한 정점.spike 현상을 보이는 등 미국의 경제상황을 잘 반영하고 있다. 미래 경제상황 예측력 면에서도 미시간대학의 소비자심리지수.consumer sentiment index, 컨퍼런스보드의 소비자신뢰지수.consumer confidence index 등 기존 서베이 방식의 심리지수에 비해 우월한 것으로 평가되었다.

〈그림10-9〉 **부정 감성지수 추이**

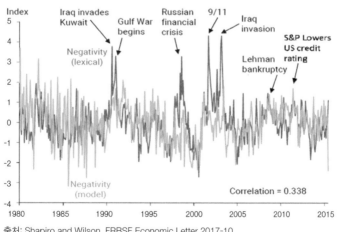

출처: Shapiro and Wilson, FRBSF Economic Letter 2017-10.

영국의 중앙은행인 영란은행.Bank of England은 금융시장 심리지표를 산출하기 위하여 런던대학교와 공동으로 연구하였다.[32] 연구자들은 금융시장의 심리가 뉴스 기사의 어조.tone에 반영될 경우 뉴스 기사를 분석함으로써 시장의 움직임을 설명할 수 있고 예측할 수 있다고 보았다. 영란은행 일간보고서.internal market commentary, 브로커 보고서.broker reports, 로이터통신 뉴스.Reuters news archive 등에 사용된 텍스트 단어를 분석하여 시장 관련 심리(감성요인)를 '기대'.excitement와 '불안'.anxiety로 구분하고(<그림10-10> 참조) 이러한 두 요소로 구성된 금융시장 불안지수를 추출하였다. <그림10-11>에서 볼 수 있듯이, 영란은행 일간보고서로부터 추출한 시장불안지수.market comment daily(MCDAILY)가 미국 월가의 '공포지수'로 불리는 시카고 옵션거래소.Chicago Board Options Exchange(CBOE)의 변동성지수.Volatility Index(VIX)와 유사한 움직임을 보이고 있으며 금융시장이 불안했던 시기에 특히 높게 나타났다.

우리나라의 활용 사례로, 금융 및 경제 뉴스에 사용된 심리 관련 단어들을 이용하여 산출한 심리지수가 주가, 금리, 환율에 대해 유의한 예측력을 가진다는 연구도 있다. 표학길 등의 연구자는 긍정 혹은 부정적 심리가 포함된 핵심어.seed lexicon와의 동반출현빈도.Point-wide Mutual Information(PMI)를 기준으로 기사에 나타난 단어의 극성[33].polarity을 측정하고 이를 가중평균하여 심리지수를 만들었다.[34]

이외에도 뉴스 기사에 나타난 어조를 분석하여 투자자들의 심리를 평가하고 이를 통해 기업의 부실위험 또는 주가 등을 예측하는 연구 사례들이 많이 있다.

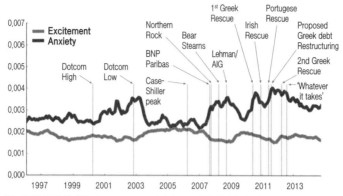

〈그림10-10〉 **로이터 감성요인 변동 추이**

주: 세로축은 각 단어(Excitement, Anxiety)의 수로 조정된 단어의 빈도수

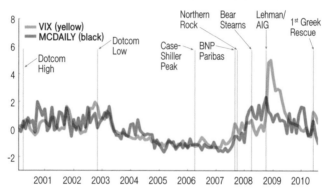

〈그림10-11〉 **금융시장 불안지수(MCDAILY)와 VIX 비교**

주: 세로축은 각 지수 값의 평균과 표준편차를 이용하여 정규화한 값
출처: Bank of England, Chicago Board Options Exchange, 2018.

11장

빅데이터의 다양한 활용
경제분석·예측, 정책, 핀테크, 서비스 개발

빅데이터의 가치를 이해하는 일은 여전히 진행형이고 도전 과제이지만, 이미 많은 분야에서 빅데이터가 활용되고 있다. 빅데이터는 경제상황 평가, 예측 등 경제분석 또는 정책적 목적으로 활용되고 있을 뿐만 아니라 금융상품 개발, 리스크 분석 등 금융분야에서 가치있는 요소로 투입되고 있다. 또한 기업들은 고객관리·마케팅, 상품 추천, 번역, 기사 작성과 같은 새로운 서비스 개발 등에도 빅데이터를 활용하고 있다. 정부를 포함한 공공부문에서도 조직 운영의 효율성을 제고하는 한편 교통상황·도로관리·건강관리 등 공공서비스의 품질 제고 등을 위해 빅데이터가 활용되고 있다.

우리 주변에서 보면 차세대 기술인 빅데이터 분석을 활용하고 있는 사례는 매우 많다. 그러나 본 장에서는 서울시 심야버스 노선과 같은 일상 속에서의 활용사례는 다루지 않는다. 대신 경제 상황 분석과 예측, 신용패널 빅데이터를 이용한 가계부채의 동태적 특성 분석, 중앙은행의 정책 커뮤니케이션, 금융분야에서 핀테크 서비스 개발 등 빅데이터의 다양한 활용 사례들을 소개한다.

1. 경제의 상황 분석

인터넷 사용자가 급증하면서 개인이나 기업의 인터넷 검색 과정에서 입력된 수많은 검색어들이 방대한 데이터베이스에 저장되고 있다. 이러한 데이터들은 노동시장 동향, 경기 등 경제상황 분석을 위한 새로운 형태의 정보 소스이다. 또한 언론기사가 저장된 데이터베이스나 트위터, 블로그 등 소셜미디어 상에 있는 특정 용어 또는 경제주체 심리를 포함하는 기사의 수를 파악하여 경제상황을 평가할 수 있다. 그리고 인공위성을 통해 작성된 이미지 데이터를 이용하여 운송·화물 및 건설 활동을 신속하게 파악할 수도 있다. 한편, 개인 신용정보에 기반한 신용패널DB는 대표적인 정형 빅데이터로서 기존의 총량 거시지표로는 불가능했던 상세한 분석을 가능하게 한다.

인터넷 검색 데이터

인터넷 검색 데이터는 경제지표로서 여러 가지 매력적인 속성을 가지고 있다. 그것은 시의성이 높고 응답자 샘플이 방대하다. 우리나라의 경우 2018년 기준 인터넷 이용률[1]이 90%가 넘는다.

개인이나 기업이 서베이 질문에 응답하도록 하는 전통적 조사방법과는 달리, 데이터가 경제주체들의 일상적인 활동의 부산물로 수집된다. 그래서 기존 조사방법에 의할 경우 자주 나타나는 부정확한 응답과 무응답 문제를 피할 수 있다. 그리고 필요한 정보가 폭넓은 범위의 이슈들에 대해서 연속성을 가지고 수집될 수 있으며 특정 관심 이슈에 대한 시간·지역별 변화 추이를 파악하는 데에도 유용하다. 또한 가장 큰 장점은 어떤 특정 사건 전후의 변화를 신속하게 분석할 수 있다는 점이다. 미리 정해진 몇 개의 질문들에 의해서 제한된 정보만 얻을 수 있는 전통적 조사방법과 다른 점이다.

오늘날 인터넷은 개인이나 기업의 경제활동과 관련하여 매우 중요한 수단이 되었다. 실업자나 곧 직장을 잃을지도 모른다는 두려움을 갖고 있는 사람들이 복리후생 제도를 알아보고 새로운 일자리를 찾기 위해 인터넷을 검색할 가능성이 높다. 그래서 사람들은 인터넷 검색어를 통해 노동시장의 동향을 파악할 수 있다고 보았다. 인터넷 검색 데이터를 이용한 노동시장에 대한 연구가 많은 나라에서 수행되었다.

구글 트렌드[2]와 같은 검색어 데이터베이스에서 "실업"과 같은 특정 검색어 빈도를 지수화하여 경기변동, 불확실성 정도를 진단하는 등 경제상황을 실시간으로 분석할 수 있다. 구글 검색어 빈도를 지수화하여 노동시장이나 주택시장을 설명하는 모형의 설명변수로 추가하였을 때 설명력과 예측력이 제고되었다는 연구가 있다. 미국의 경우, 노동시장 선행지수로 알려진 신규 실업수당 청구건수.Initial Job Claims 의 결정모형에 일자리.jobs와 복지.welfare, 실업.unemployment과 같은 구글 트렌드[3].Google Trends 데이터를 설명변수로 추가하여 추정한 연구가 있다.[4] 이 경우 검색 데이터 시계열이 설명변수로 포함된 모형이 그렇지 않은 모형(설명변수로 과거 시계열만 포함)에 비해 모형 설명력과

⟨그림11-1⟩ **미국 실업수당 청구건수 및 노동시장관련 구글트렌드[1] 추이**

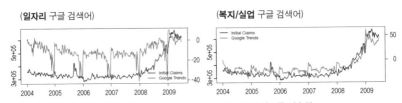

주: 1) Google에서 실업수당(JSA: Jobseekers Allowance) 검색어 빈도를 지수화
출처: Choi and Varian, 2009.

예측력이 크게 높아진다는 사실이 확인되었다.

이 밖에 독일[5]과 이탈리아[6]의 실업률을 예측하는 데 실업 관련 인터넷 검색어 데이터를 이용한 연구가 있는데 다른 연구들과 마찬가지로 실업률 예측에 있어 검색 데이터의 유용성이 확인되었다.

〈그림11-2〉 **구글 검색 데이터를 이용한 실업률 예측**

(독일)

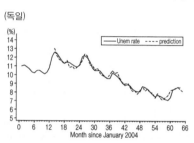

출처: Askitas and Zimmerman, 2009.

(이탈리아)

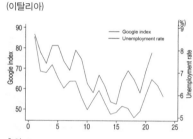

출처: Bank of Italy, 2009.

실업 관련 검색 빅데이터가 영국의 실업률을 예측에 유용한 시사점을 준다는 연구결과도 있다. 영란은행의 연구자는 영국을 대상으로 텍스트 마이닝 기법을 써서 실업수당 Jobseekers Allowance(JSA)에 대

〈그림11-3〉 **영국 실업수당 구글지수[1)]와 실업률**

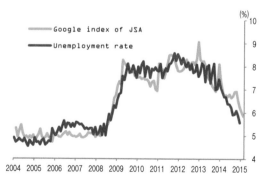

주: 1)Google에서 실업수당(JSA: Jobseekers Allowance)
　　검색어 빈도를 지수화
출처: Bank of England, 2011.

한 구글 검색어 빈도에 기반한 지수를 산출한 다음 이를 설명변수로 추가하여 회귀모형을 추정하였다.[7] 그 결과 실업률에 대한 설명력과 예측력이 향상되었다. 또한 그들은 구

글 검색 데이터의 움직임이 공식 통계를 잘 추적한다는 사실을 발견했다. 〈그림11-3〉은 구직자의 수당 구글지수가 공식 실업률을 매우 유사하게 움직이는 것을 보여 준다.[8]

　이러한 연구들은 구글 검색지수 또는 데이터가 종종 다양한 경제지표와 상호 연관되어 있으며 단기적인 경제예측에 활용될 수 있다는 좋은 사례이다. 다만, 검색 데이터도 소셜미디어 데이터와 마찬가지로 모집단 대표성이 부족할 뿐만 아니라 검색 단어의 선택에 민감하며 잡음.noise이 많다는 문제가 있기 때문에 의미 있는 정보를 추출하기 위해서는 보다 정교한 처리작업이 필요하다.

　우리나라에서도 경제상황 판단이나 예측을 위해 검색 데이터, 소셜네트워크 서비스 데이터 등 빅데이트를 활용한 연구들이 있다. 검색어 데이터 연구[9]의 경우 호황과 불황 관련 네이버 검색 데이터를 바탕으로 네이버 검색 경기지수를 작성하고, 동 지수가 경기 판단 및 예측에 얼마나 유용한지를 평가한 것이다. 네이버 검색 경기지수는 기존의 경제심리지수와 매우 밀접한 선행관계를 가지고 있으며, 경기예측 모형에서 기존 모형(임의보행 및 AR(1))에 비해 동 지수를 포함한 예측 모형의 예측력이 우수한 것으로 나타났다. 또한 현재 공표되고 있는 우리나라의 소비자물가지수를 보완할 수 있는 보조지표를 개발할 필요성이 제기됨에 따라 안전행정부는 빅데이터 활용 시범과제로, 미국 MIT의 BPP를 벤치마킹하여 우리 실정에 맞는 일일 물가지수 개발을 추진한 바 있다. 아울러 구글 검색데이터와 우리나라 실물지표 간 대응성 분석과 예측력 분석을 통해 구글 검색 데이터의 경기지표로서의 유용성을 평가한 연구도 있다.[10] 또한 네이버 고용 검색지수를 개발하여 고용 관련 공식통계와 비교 분석한 연구가 있다.[11] 네이버 고용 검색지수는 고용관련 공식통계와 밀접하게 움직였으며 예측력도 다른 모형에 의할 때보다 뛰어난 것으로 나타났다.

언론기사 또는 소셜미디어 데이터

언론기사 데이터베이스나 트위터, 블로그 등 소셜미디어 상의 특정 용어, 이벤트 또는 경제주체 심리를 포함하는 기사나 게시물의 수를 파악하여 불확실성을 측정하고 이를 가지고 경제상황을 판단하기도 한다.

특정 용어가 포함된 언론 기사의 빈도수를 이용하여 불확실성지수를 만든 미국 학계의 사례[12]가 많이 알려져 있다. 이 연구에서 연구자들은 미국과 유럽의 주요 언론기사에서 경제(economic 또는 economy), 불확실(uncertain 또는 uncertainty), 정책관련 용어(congress, deficit, Federal Reserve, legislation, regulation, 또는 White House) 등 3가지 범주의 단어를 조사하였다. 그리고 이러한 범주의 단어를 포함하는 기사의 빈도수를 구한 뒤 이를 전체 기사의 수로 나누어 경제정책 불확실성지수.economic policy uncertainy(EPU) index를 산출하였다. 현재 미국, 우

<그림11-4〉 **글로벌 경제정책 불확실성 지수와 주요 경제사건**

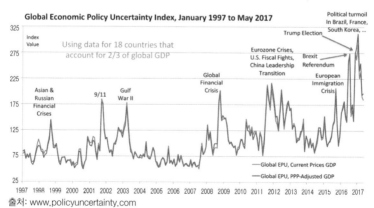

출처: www.policyuncertainty.com

리나라 등 20개국의 개별 EPU 지수와 이들을 합성한 글로벌 EPU 지수[13]가 웹사이트에 공개되고 있다. 〈그림11-4〉를 보면 2016년말 우리나라의 정치불안이 글로벌 EPU 지수에 반영되었다는 것을 확인할 수 있다. 이와 같이 EPU 지수는 정보의 신뢰성, 일관성 등의 측면에서 한계가 있을 수 있으나 경제정책 관련 불확실성 추이를 빠르게 포착할 수 있을 뿐만 아니라 개별국가 지수도 산출되므로 국제 비교를 할 수 있다는 장점이 있다.

이러한 경제정책 관련 EPU 지수는 경제 분석에 활용되는 대표적인 사례이다. 불확실성지수가 상승할 경우 투자와 고용이 위축되는 경향이 있고 주가 변동성은 커지는 것으로 나타났다.

영란은행은 2014년 9월 스코틀랜드의 분리독립 투표가 있었을 때 스코틀랜드 지역에 위치한 은행들의 뱅크런 발생 가능성을 파악하기 위하여 트위터 상의 관련 검색어로 추출한 게시내용을 분석함으로써 금융 리스크를 점검한 사례가 있다.

위성 이미지 데이터

인공위성은 설문 조사에 비해 더 정확하게 그리고 계정 내 기록된 정형화된 데이터를 이용하는 것보다 더 신속하게 운송·화물 및 건설 활동을 모니터링 할 수 있다. 인공위성이 촬영한 이미지를 분석하는 미국의 벤처기업인 스페이스노우.SpaceKnow 사는 2016년 6,000개가 넘는 중국의 산업시설을 인공위성으로 촬영한 22억 개의 스냅샷을 분석하여 위성 제조업지수.Satellite Manufacturing Index(SMI)를 만들었다. 주요 공업지역의 출입 차량, 신규 건설 공장 등 위성 이미지를 특수한 알고리즘을 통해 자동으로 판독해 지수화하여 산업동향을 파악하는 것이다. 지수는

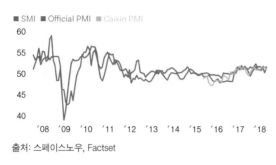

〈그림11-5〉 **중국의 공식 PMI와 SMI**

출처: 스페이스노우, Factset

0~100 사이에서 움직이는데 50을 기준으로 그 이상이면 경기 팽창, 그 이하이면 경기 수축을 의미한다. 중국 제조업 경기의 추이를 파악할 수 있어 헤지펀드의 투자 자료로 활용되고 있다.[14]

불빛의 방출 관련 위성 데이터를 이용하여 경제성장 상황을 추적한 사례도 있다. 스페이스노우 사는 2017년부터 아프리카 지역의 27개 국가들을 대상으로 불빛 위성 이미지 데이터를 이용하여 아프리카 불빛지수.African Lights Index를 작성·발표하고 있다. 이러한 지수는 시의성 있고 신뢰할 만한 데이터가 턱없이 부족한 아프리카 지역에서 투자자들이나 정책당국이 활용할 수 있는 대용지표로 활용되고 있다. 나이지리아의 분기 GDP 성장률과 불빛지수의 움직임을 보여준다.

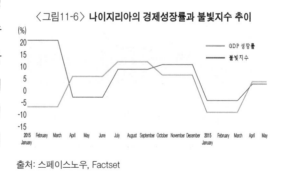

〈그림11-6〉 **나이지리아의 경제성장률과 불빛지수 추이**

출처: 스페이스노우, Factset

신용정보 패널 데이터: 정형 데이터

한국은행은 가계부채 관련 미시정보 수요에 부응하기 위하여 2015년 4월 우리나라 최초로 가계부채DB를 만들었다. 이 DB는 신용거래가 있는 개인들로 구성된 모집단으로부터 동일인 표본을 매분기 추출하는 패널DB로 데이터들이 데이터베이스 내에 일정한 형식에 따라 저장되어 있기 때문에 '정형' 데이터라고 할 수 있다. 유경원·이상호는 정형적 빅데이터 세트의 장점[15]을 이용하여 이전에는 파악할 수 없었던 가계부채의 '동태적 특성'. dynamic features을 파악하는 한편 우리나라 가계부채의 건전성 여부와 그로 인한 리스크 요인을 평가하였다.[16] 이들은 가계부채의 전년대비 변화를 '유입'. inflow과 '유출'. outflow로 구분하였다. 즉 가계부채가 스톡 변수인 만큼 매기의 유입이나 유출과 같은 플로우 변수의 변동이 가계부채의 변화를 가져온다는 점에 주목하였다. 또한 데이터가 충분하기 때문에 부채의 유입은 '신규 유입'. entrants과 '기존지속'. increasers으로 나누고, 부채의 유출은 전체 부채를 모두 갚는 '청산'. exiters과 일부를 갚는 '상환'. decreasers으로

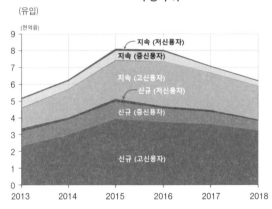

〈그림11-7〉 **신용등급별 주택담보대출 유입과 유출 구성 추이**

(유입)

(유출)

출처: 유경원·이상호, 2019.

세분하였다. 나아가 이러한 부채 변화의 4가지 유형이 차주의 특성(신용등급, 소득 수준 등)에 따라 어떻게 다른지 살펴보았다. 이러한 과정을 통해 가계부채 변동에 대한 유입 및 유출 요인의 영향, 그리고 어떤 특성의 차주 계층이 이러한 변동을 주도하는지 파악할 수 있었다.

〈그림11-7〉에는 우나나라 가계부채의 동태적 특성이 유출과 유입으로 나누어 그려져 있다. 가계부채 변화에 있어서 주도적 역할을 하고 있는 것은 가계부채의 '유입'이었으며, 보다 구체적으로는 기존 주택담보대출보다는 신규 대출이 변화를 주도하며, 신용등급별로 더 세분하여 살펴본 결과, 주로 고신용자들의 신규 주택담보대출이 가계부채의 변화를 가져오는 것으로 나타났다. 이러한 분석이 가능했던 것은 금융기관을 대상으로 조사한 가계신용 등 기존의 총량 거시통계와는 달리 가계부채DB가 개인 차주별 상세한 정보를 포함하고 있는 개인 신용정보에 기반한 금융 빅데이터이었기 때문이다.

🔍 Zoom-in 한국은행 가계부채DB

한국은행 가계부채DB는 미국 뉴욕 연준에서 2010년 구축한 소비자 신용패널[17].Consumer Credit Panel(CCP)을 벤치마크하여 만들어진 정형 빅데이터 세트이다. 민간 신용정보사(NICE 평가정보)가 보유한 개인의 신용정보 중 일정 표본 100만여 명을 대상으로 하고 있다. 이들 표본은 신용거래가 있는 개인들로 구성된 모집단으로부터 동일인을 매분기 추출하기 때문에 신용정보 패널DB라 할 수 있다. 주요 특징은 다음과 같이 크게 3가지이다.

개인 신용정보 기반 금융 빅데이터　부채DB는 금융기관을 대상으로 조사한 가계신용 등 기존의 총량 거시통계에 비해 개인 차주별 상세한 정보를 포함하고 있는 개인 신용정보 기반의 금융 빅데이터이다. 개인별 연령·거주지·신용등급·소득수준 등과 같은 고유 특성정보, 대출액·신용카드 또는 체크카드 사용실적 등의 금융거래정보, 연체금액·세금체납·채무불이행 등 신용도와 관련된 정보를 분기단위로 상세하게 수록하고 있다. 소득정보의 경우 금융기관의 여신심사 시 제출된 증빙소득이 주를 이루며, 증빙소득 자료가 없는 경우 신용정보사가 자체적으로 추정한 소득을 소득정보로 간주한다. 이러한 추정소득은 차주별 과거 증빙소득, 신용카드실적, 직업정보 등을 기반으로 추정한다.

높은 시의성　한국노동패널, 가계금융·복지조사 등 기존 서베이는 1만 가구 내외의 제한된 표본을 대상으로 1년에 한번, 6개월 이상 경과한 시점에 발표된다. 그러나 가계부채DB는 상대적으로 큰 100만 명 이상의 표본을 대상으로 분기마다 작성되며 해당분기 종료 후 약 2개월이 지난 시점에 DB에 수록되므로 시의성 면에서 우수하다.

높은 신뢰성　개인들의 금융거래 활동의 결과로 나타난 실제 데이터를 기반으로 하기 때문에 기존의 서베이 방식에 의한 주관적 정보에 비해 신뢰성이 높다고 볼 수 있다. 서베이 방식에 의한 데이터의 경우 무응답 및 표본이탈, 소득이나 부채에 대한 과소응답 등의 문제가 있는 것으로 알려져 있으나 가계부채DB의 경우 금융 소비자의 신용거래 과정에서 생성된 실제 데이터이기 때문에 서베이 자료에서와 같은 문제를 줄일 수 있다. 이와 같은 유용성으로 인해 가계부채DB는 차주의 신용정보를 활용하여 부채유형, 상환방식, 만기구조 등 부채의 구조를 분석하는 데 활용 가능하며, 개별 차주의 부채 규모와 연령, 신용등급, 연체율 등 실제 거래정보를 이용하여 다양한 미시 분석도 수행할 수 있다.

〈표11-1〉 가계부채DB 주요 정보 현황과 출처

내 용	주요 변수	출 처
식별정보	연령대, 성별, 거주지, 신용점수·등급, 소득·등급 등	신용정보원, NICE평가정보
가계대출	업권, 상품, 총건수, 총금액, 신규건수 및 금액 등	신용정보원
채무불이행	채무불이행(신용관리대상) 등록 총건수 및 총금액, 세금체납 관련 총건수 및 총금액, 파산/면책관련 확정 총건수 및 총금액, 개인회생 확정 총건수 및 총금액 등	신용정보원
기업여신공여	카드잔액: 업종, 업권, 상품, 신용공여잔액, 만기도래액 등 여신한도: 업종, 업권, 상품, 한도액 및 잔액 등 여신담보: 업종, 업권, 상품, 담보잔액 등	신용정보원
대부업대출	대부업대출 기관수 및 총금액	NICE평가정보
계좌별대출	업권, 상품, 상환방식, 대출용도, 만기일, 대출잔액, 거치기간, 연체대환대출여부, 원리금상환액 등	NICE평가정보
카드	신용카드 한도, 이용금액, 체크카드 이용금액 등	NICE평가정보
연체	업권, 상품, 미해제연체 총금액, 분기중 신규연체 등	NICE평가정보

출처: 한국은행 2019.

2. 현재의 경제예측, nowcasting

현재 단기예측을 의미하는 나우캐스팅[18], nowcasting은 'now'와
'forecasting'이 결합된 용어로 현재 또는 현재와 가까운 미래에 대한
초단기 전망을 의미한다. 보통 공식 경제통계는 공표에 이르기까지
상당한 시차가 있다. 즉 공식 통계는 발표하는 시점의 경제상황을 나
타내는 것이 아니라 이미 과거가 된 시점의 경제상황이 반영된 것이
다. 이런 점 때문에 사람들은 기존 공식 통계보다 신속하게 경제상황
을 파악하는 데 도움이 되는 적시성 높은 지표 개발를 위해 노력을 기
울여 왔다. 특히 경제정책에 활용되는 대표적 지표인 GDP의 경우 그
중요성이 매우 높지만 분기 단위로 작성되고 있다. 그래서 사람들은
현재의 GDP를 예측하는 데 나우캐스팅 기법을 적용하고 있다. 이 방
법은 추정 대상인 GDP와 같은 경제지표를 공표시점이 더 이르거나 공
표 주기가 짧은 다른 변수들이 가진 정보를 활용한다. 계량적인 경제
지표, hard information 뿐만 아니라 경제심리 등과 같이 완벽하게 계량화
하여 평가하기 힘든 정성적 정보, soft information, 금융시장 및 원자재시
장에서 실시간 업데이트 되는 가격정보 등 다양한 변수들이 활용된다.

〈그림11-8〉 **FRB NY의 2019.2분기 GDP 나우캐스팅**(2019.6.28.일 발표)

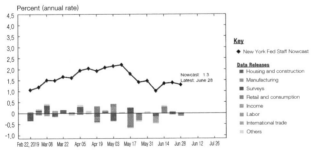

출처: Federal Reserve Bank of New York

최근 미국, 유럽, 캐나다, 일본 등 주요국을 중심으로 빅데이터를 활용하여 경제지표의 나우캐스팅을 시도하고 있다. 빅데이터는 기존 나우캐스팅에 활용되던 공식 통계지표에 비해 속보성이 우수할 뿐만 아니라 다양한 정보를 포함하고 있어 유용한 추가적인 정보를 제공할 수 있는 것으로 평가되고 있다.

〈그림11-8〉은 미국의 나우캐스팅 사례를 보여준다. 미국 뉴욕 연준.FRB NY은 다양한 빅데이터로부터 선별한 37개의 변수들을 통계기법을 이용하여 2017년 GDP 나우캐스팅 모형을 구축하였으며 나우캐스팅 결과는 홈페이지에 매주 공개되고 있다.

노르웨이 중앙은행[19]은 신문기사에서 추출한 텍스트 정보 시계열에 대해 추세를 제거한 후 표준화 과정을 거쳐 보정한 일별 뉴스 시계열을 구하였다. 그리고 이 일별 시계열에 대해 시변모수 동태요인모형.time-varying parameter dynamic factor model(TVP DFM) 등을 적용하여 분기 GDP 성장률을 나우캐스팅 하였다. 〈그림11-9〉는 매분기별 공식 GDP 성장률의 범위(최대치 및 최소치)와 일별 뉴스기반 시변모수.TVP 모형으로 구한 GDP 성장률 예측치 범위를 비교한 것이다. 뉴스기사를 활용한 나우캐스팅 결과는 경기변동을 잘 추적하고 있는 것으로 나타났다. 또한 뉴스기사 모형에 기반한 GDP 성장률 나우캐스팅 결과는 예측오차 면에서 노르웨이 중앙은행의 여타

〈그림11-9〉 **GDP성장률과 TVP모형의 GDP성장률 나우캐스팅 비교**

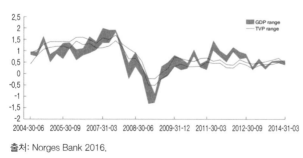

출처: Norges Bank 2016.

벤치마크 예측모형들과 유사하지만 경기 전환점 포착에 있어서는 더 우수한 것으로 나타났다.

　신용카드를 비롯하여 직불카드, 수표 거래 등 캐나다의 전자결제 관련 빅데이터와 경기종합지수, 실업률 등의 경제변수를 이용하여 GDP 나우캐스팅 추정모형을 만든 사례가 있다.[20] 대규모 전자결제 데이터들은 광범위한 지출 활동을 포착하고 매우 적시에 이용할 수 있어 나우캐스팅을 위한 적절한 변수가 될 수 있다는 점에 착안한 것이다. 정보의 양이 많아질수록 나우캐스팅의 정확도가 높아지는 것으로 나타났다(〈그림11-10〉 참조). 주어진 분기에 대해 5개월 동안 GDP 성장률을 나우캐스팅 하였는데 마지막 나우캐스팅의 예측오류는 처음 나우캐스팅에 비해 65% 줄어들었다. 지급결제 관련 빅데이터 활용을 통해 기존 나우캐스팅 모형의 성능을 개선한 사례라 할 수 있다.

〈그림11-10〉 **캐나다 지급결제 데이터를 이용한 월별 나우캐스팅 결과 비교**

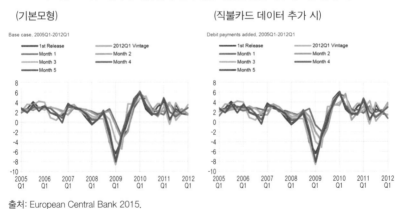

출처: European Central Bank 2015.

　한편 은행 상호 간 지급·송금의 원활화를 위한 금융 메시지와 거래 처리 서비스 제공기관인 '은행간국제금융통신협회'[21].SWIFT의 데이터

〈그림11-11〉 **SWIFT Index에 의한 GDP 성장률 예측치 발표 일정**

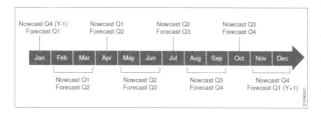

통신망을 통해서도 결제와 관련된 데이터들이 생성·축적되고 있다. 매매 지시, 거래이행 확인, 지급 지시 등 금융거래 관련 표준화된 메시지가 일정한 양식, 즉 'FIN message'에 기록된다.

SWIFT는 고객지급 등 수많은 메시지[22]와 같은 사실에 기초해서 경제활동의 움직임을 조기에 추출하여 SWIFT Index를 작성[23]하고 있다. 이 지수는 SWIFT 지급결제 관련 메시지의 양을 통해 현재 또는 가까

〈표11-2〉 **SWIFT 빅데이터를 이용한 GDP 성장률 추정**

Region/ Conutry	Q3-2013 vs. Q3-2012 (Year-on-Year %)	Q4-2013 vs. Q4-2012 (Year-on-Year %)	Q1-2014 vs. Q1-2013 (Year-on-Year %)	Forecast Q1-2014 Trend	
	GDP Actual (published by OECD)	GDP Nowcast	GDP Forecast	Direction[2]	Rate of change[3]
OECD	1.1%	1.4%	1.5%	Growing	Faster
EU27	0.1%	0.7%	0.9%	Growing	Faster
US	1.6%	2.1%	2.2%	Growing	Faster
UK	1.5%	2.3%	2.6%	Growing	Faster
Germany	0.6%	1.4%	1.6%	Growing	Faster

출처: OECD(2013.11.12일), "SWIFT Index anticipates a strong start to 2014 for the UK and US economies."

운 미래의 GDP 성장률을 나우캐스팅 하는 것으로 EU 및 OECD회원국 전체, 미국, 영국, 독일 등을 대상으로 작성되고 있다. 〈표11-2〉에는 SWIFT 통신 메시지 빅데이터를 분석해서 GDP 성장률을 추정한 결과가 정리되어 있다. 물론 이러한 수치들은 공식 GDP 성장률과는 다소 차이가 있다. 하지만 SWIFT 지수는 실제 금융거래에 기반해 작성되므로 '속보성'에 강점을 둔 경제 모니터링 지표로 활용할 수 있다.

3. 중앙은행 커뮤니케이션

보통 중앙은행은 정책결정 의결문, 기자간담회, 의사록 등과 같은 문서.text 데이터를 통해 경제주체들과 커뮤니케이션을 한다. 이 과정에서 중앙은행이 사용한 단어, 어조.tone 등을 텍스트 마이닝.Text Mining 기법으로 분석한 후 지수화하여 이를 통해 정책의 방향, 경제상황에 대한 인식과 기대, 불확실성 정도 등을 파악할 수 있다.

미국 연방공개시장위원회.FOMC가 발표하는 의결문의 논조가 변할 경우 향후 금리 결정 방향이나 장기 국채금리가 영향을 받고 통화정책의 기본모형으로 알려진 테일러 준칙[24].Taylor rule에서 통계적으로 의미 있는 설명력을 갖는 것으로 알려져 있다.[25] FOMC 의결문에 등장한 단어들의 극성.polarity을 분석하여 도출된 심리지수를 활용할 경우 향후 통화정책 방향에 대한 더욱 세밀하고 구체적인 정보를 얻을 수 있다.

ECB의 통화정책과 관련해서도 기자회견문의 어조는 향후 통화정책 기조에 유의한 수준의 설명력을 보였으며 긍정적 어조는 시장의 변동성을 줄이는 효과가 있다는 주장이 있다.[26] 동 연구에서는 ECB의

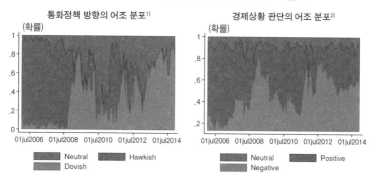

〈그림11-12〉 **ECB의 통화정책 기자회견문 어조의 분포**

통화정책 방향의 어조 분포[1]   경제상황 판단의 어조 분포[2]

주: 1) 적색: 매파적(hawkish), 청색: 중립적(neutral), 녹색: 완화적(dovish)
　　2) 적색: 긍정적(positive), 청색: 중립적(neutral), 녹색: 부정적(negative)
출처: Picault and Renault, 2017.

커뮤니케이션에 특화된 어휘사전.lexicon을 만들고 조건부확률 언어
모형(n-gram)을 이용하여 정책 방향과 경제상황에 대한 어조를 추출한
결과를 테일러 준칙에 대입[27]하여 예측력과 설명력이 있음을 확인하
였다.

　한편 머신러닝.Machine Learning 기법을 이용하여 FOMC의 의결문을
경제전망.Economic Outlook과 선제안내.Forward Guidance로 구분하고
어휘사전 방식으로 어조를 측정한 연구가 있다.[28] FOMC 의결문에서
선제안내에 해당하는 내용은 실물변수에 영향을 미쳤으나 영향의 파
급력은 금융시장에 대해 더욱 큰 것으로 나타났다.

4. 금융·지급결제: 핀테크 금융

금융서비스 분야에서 빅데이터는 크게 고객맞춤형 마케팅, 금융상품
개발, 리스크 파악, 신용평가, 부정행위 방지 등과 연계하여 활용되고

있다. 이러한 활용은 첨단 핀
테크.FinTech의 비약적인 발
전이 있었기 때문에 가능해
졌다.

　인터넷 전문은행의 경우 빅데이터 분석을 통해 고객들에게 맞춤형 핀
테크 서비스를 제공한다. 그리고 빅데이터를 활용해 다양한 금융상품
으로 구성된 거대한 포트폴리오의 리스크 익스포져 계산 속도를 개선
하여 리스크의 조기 파악 체계를 구축한 사례(예: Bank of America)가 있다.

　글로벌 온라인 쇼핑몰인 알리바바.Alibaba는 2004년부터 물품대금
결제 솔루션인 알리페이.Alipay를 통해 핀테크를 시작하였고 자회사
인 알리파이낸스.AliFinance는 2007년부터 전자상거래 내역, SNS 데이
터, 각종 신용자료 등을 수집·분석하는 빅데이터 기반의 신용평가시
스템을 가동하여 소액 대출·투자 심사에 활용하는 한편 보험, 은행 등
으로 핀테크 서비스를 확대하였다. 비자.Visa는 고객별 선호에 대한
빅데이터 분석을 통하여 실시간 마케팅에 활용하고 있으며, 나아가
고객의 과거 구매이력에 대한 빅데이터 분석을 통해 카드의 부정사용
을 사전에 감지하고 있다.

　또한 빅데이터에 기반하여 새로운 형태의 금융서비스를 창출하고
있는 핀테크 기업들이 있다. 예를 들면, 미국의 렌딩클럽.LendingClub
과 영국의 레이트세터.Ratesetter는 대표적인 P2P 대출 업체로서 대출
신청자의 금융정보와 온라인 활동 정보 등을 통합·분석하여 대출 위
험도를 판단해서 불특정 다수의 투자자와 연결하는 서비스를 제공하
고 있다. 미국의 Mint.com과 같은 핀테크 기업은 여러 금융기관에 흩
어져 있는 소비자들의 금융정보를 사전 동의 하에 통합·분석하여 그

결과를 보여주는 개인 통합 금융플랫폼 서비스를 제공하고 있다. 그리고 미국의 핀테크 기업인 어펌.Affirm은 공개정보 분석을 통해 평가한 개인 신용도를 기준으로 수수료를 차별화하여 할부 구매를 지원하고 있다. 독일의 크레디테크.Krediech와 홍콩의 렌도[29].Lenddo와 같은 핀테크 기업은 소셜네트워크에 떠돌아다니는 전자상거래 내역, 지인들의 정보, 서비스 가입신청서 상의 문장 특성 등을 분석해서 대출과 관련한 고객의 신용도를 평가하는 데에 활용하고 있다.

한편 우리나라에서도 빅데이터를 활용하여 핀테크 서비스를 제공하는 사례가 많이 있다. 기업은행의 경우 소셜미디어 상의 빅데이터를 활용하여 은행의 이미지 등 평판을 파악·관리하고 있다. 카드사는 빅데이터를 마케팅, 고객맞춤형 서비스 제공 등에 활용하고 있다. 현대, 신한, KB국민, 삼성카드 등 국내

<그림11-13> **핀테크와 활용**

핀테크 : Finance(금융) + Technology(기술)

지급결제　금융 소프트웨어　금융 데이터 분석　플랫폼 개발

카드사는 고객마케팅, 신상품 개발, 제휴서비스 제공, 카드이용 편의성 제고 등을 위해 고객 관련 빅데이터를 활용하고 있다. 현대카드사는 2012년 초부터 950만 회원들의 카드 결제정보인 빅데이터를 활용하여 소비 트렌드와 경기변동 상황을 분석하는 '현대카드×빅데이터' 프로젝트를 진행하고 있다. 외식, 의류 등 업종별 가맹점을 방문하는 고객의 성별·연령대·직업·재방문율 등의 정보를 활용하여 특정 부문의 소비 특성을 분석한다. 이 프로젝트는 고객의 소비 행태 등과 관련

된 빅데이터를 활용해 카드 사용 마케팅에 적용하는 사례이다. 한편 2014년 5월 신한카드사는 2,200만 고객의 카드 사용실적과 같은 빅데이터를 토대로 고객별 소비 패턴과 트렌드를 분석해서 세대와 계층을 초월한 남녀 각각 9개 고객 그룹을 추출한 후, 고객 유형에 최적화된 새로운 카드 시리즈인 '코드나인'.Code9을 내 놓았다. 고객의 연령과 성별, 소득·지역 등 계층을 뛰어넘어 소비 패턴과 변화의 흐름을 감지하여 새로운 상품을 개발하는 데 빅데이터 분석기법을 적용한 것이다.

보험사들은 보험사기 적발과 예방 등에 빅데이터를 활용하고 있다. 현대해상은 2010년 10월 국내에서 최초로 빅데이터에 기반한 '보험사기방지시스템'.Insurance Fraud Detection System(IFDS)을 구축하였다. 이 시스템 적용 후 전체 사기 사건의 약 25%를 파악하고 있는 것으로 알려졌다. 이 시스템은 사고가 접수되면 사건의 사기 위험도를 보상 담당자에게 자동으로 전달해 사기 여부 판단과 처리를 지원한다. 삼성화재는 빅데이터 분석 솔루션을 자체 개발하여 보험사기 유형을 분석하여 보험금의 지급 결정에 활용하는 한편 빅데이터를 분석해서 사고의 위험도를 점수로 측정한 후, 일정 점수 이상의 건에 대해서는 사기 의심 건으로 판단하여 즉각적인 조사를 벌이기도 한다. NH농협손해보험도 2016년 11월 보험사기방지시스템을 구축하여 다양한 데이터를 DB화함으로써 보험사기를 방지하는 데 활용하고 있다.

5. 기업의 새로운 서비스 개발

기업들은 새로운 서비스를 개발하여 고객들에게 제공할 목적으로 빅데이터를 활용하고 있다. 빅데이터를 활용한 대표적인 사례로 잘 알

출처: @Pexels

려진 것은 세계 최대 인터넷 검색서비스 제공업체인 구글 사의 자동번역서비스인 '구글 번역'.Google Translate이다. 구글은 2006년 4월 수억 건의 원문과 번역된 텍스트 데이터를 기초로 유사한 문장과 어구를 자동 번역하는 프로그램을 개발하였다. 2016년 2월에는 인공신경망 기술을 적용하여 번역의 정확도를 높였다. 구글 번역은 처음에는 중국어, 러시아어, 영어, 아랍어 등 4개 언어로 출시되었으나 이후 언어를 계속 추가하여 2019년 12월 현재 103개 언어로 번역하는 기능을 갖추고 있다.

이러한 구글 사의 번역 서비스가 주는 시사점은 무엇인가? 과거 아이비엠.IBM이 수백만 건의 데이터에 기반하여 영어와 불어간 자동번역을 시도하였으나 실패했던 사례와 비교할 때, 빅데이터의 활용을 위해서는 무엇보다도 데이터의 양적 규모가 중요하다는 것이다. 미국의 내러티브 사이언스.Narative Science 사는 2010년에 컴퓨터 프로그램이 작성하는 기사, 즉 로봇 저널리즘 사업을 시작했다. 인공지능 기술이 구현된 '퀼'.이라는 로봇기자에 의해 쓰여진 단신 기사는 야후, AP통신 등 언론사에 유료로 판매되고 있다. 2013년에는 사업을 확장하여 금융 관련 빅데이터에 기초해 서비스 사업에 필요한 보고서를 작성하여 제공하고 있다. 내러티브 사이언스 사의 전체 고객 중 60%가 이러한 서비스를 활용하고 있다. 2014년에는 보험업체인 올스테이트.Allstate도 내러티브 사이언스 사의 고객이 되었다.

아마존은 협업 필터링[30] 기법을 통해 파악한 고객 선호를 이용하여 고객들에게 상품을 추천하는 서비스를 제공하고 있다. 아마존의 이러한 추천 서비스는 전체 매출의 35%를 초과할 정도이다. 또한 최근에는 페이스북 계정 정보와 연계하여 고객의 친구나 지인들이 선호하는 상품을 추천하는 서비스도 제공하고 있다.

한편,우리나라에서는 기술이나 전문인력의 부족 등 인프라의 미비로 기업들의 빅데이터 활용이 아주 활발한 상황은 아니다. 그러나 빅데이터의 활용을 계속 늘려 가치를 창출하고 있는 기업들도 있다. 에스케이텔레콤.SK telecom은 2011년 2월부터 빅데이터를 비즈니스와 접목하는 것에 중점을 두고 위치와 유동인구·지리 정보, 매출 정보, 소비업종 등 다양한 데이터를 종합적으로 분석한 뒤 상권 분석, 타겟 마케팅 지원 등의 비즈니스 솔루션을 제공하는 '지오비전'.Geovision 서비스를 제공하고 있다. 유무선 통신서비스업체인 케이티.KT는 2012년 9월 개인신용평가 전문회사인 코리아크레딧뷰로.Korea Credit Bureau(KCB)와 업무 제휴를 맺고 두 회사가 보유한 빅데이터를 활용하여 마케팅과 고객관리를 지원하는 서비스를 제공하고 있다.

5. 공공부문

공공부문에서는 자체 보유 빅데이터를 정부 운영의 효율성 증대, 공공서비스의 품질 제고 등에 활용하고 있다. 미국은 국토보안, 치안, 탈세방지 등의 공공분야에서 빅데이터를 활용하고 있다. 미국 국토안보부.Department of Homeland Security(DHS)는 범정부적 빅데이터 수집 및 예측 체계를 도입하여 테러·범죄를 방지하는 한편 테러자금 추적, 테러리스트 색출 기능 등을 강화하는 데 활용하고 있다. 연방수사국.Federal Bureau of Investigation(FBI)도 범죄자의 유전자와 관련된 빅데이터를 구축하여 유전자를 분석하여 범죄자를 신속히 검거하는 데 활용하고 있다. 또한 미국 국세청.Internal Revenue Service(IRS)은 2011년 빅데이터에 기초해서 탈세방지 솔루션을 개발·운영함으로써 고의로 세금을 체납하는 사람들을 찾아내고 있다. 영국은 데이터 원스톱 서비스를 정부 웹사이트(data.go.uk)를 통해 제공함으로써 공공부문에서 생산된 정보를 공유하여 많이 활용될 수 있도록 하고 있으며 이와 함께 커뮤니티 서비스를 통해 일반인들이 많이 참여할 수 있도록 권장하고 있다. 싱가포르는 국가위험관리시스템.Risk Assessment and Horizon Scanning(RAHS)을 구축·운영하고 있다. 수집된 다양한 빅데이터에 기반한 시뮬레이션과 시나리오 기법을 통해 테러 발생, 전염병 확산, 금융위기 발발 등과 같은 국가적 위험요인을 미리 파악하여 이에 대응하고 있다.

한편 우리나라 공공부문에서도 빅데이터 활용에 대해 활발한 논의가 진행되고 있으며 일부 도시 행정이나 공공 서비스 제공과 관련하여 빅데이터가 활용되고 있다. 서울시는 2013년 케이티.KT와 업무협약을 체결하였으며, 이렇게 수집한 시민들의 스마트폰 이력 데이터를 활용

서울시, 빅데이터로 사회를 혁신하다. 2016 빅데이터캠퍼스 컨퍼런스
출처: https://froma.co.kr/116 [fromA 프럼에이]

해 0시에서 5시까지 심야시간의 유동인구 밀집도를 분석하고 이를 토

대로 심야버스의 노선과 배차 간격을 최적화하였다. 오산시는 가구별 소득, 소비지출, 사교육비지출, 맞벌이비율 등 약 130개 항목에 대한 데이터세트를 구축하여 아동돌봄 정책을 위한 기초자료로 활용하고 있다. 가구 단위의 데이터를 돌봄센터 설치 우선지역을 선정하는 데 이용하는 등 수요자 맞춤 정책을 추진하고 있다. 한국도로공사는 수집된 도로 관련 데이터를 분석하여 도로의 균열 정도를 자동 판독하는 AI 기반 도로관리 정책을 펴고 있다. 이러한 빅데이터·AI 기반의 스마트한 도로 관리를 통하여 차로차단, 교통정체, 안전사고 우려, 신뢰도 저하 등 기존 인력점검 방법을 개선할 수 있었다.[31] 건강보험공단은 2014년부터 가입자 정보, 진료·검진 기록, 질병정보 등과 같은 빅데이터를 활용해 개인별 건강위험 요인을 분석하고, 질병별 위험군에 따라 예방 프로그램을 제공하고 건강 상담자를 연결하는 등 맞춤형 건강관리 서비스를 개인별로 제공하고 있다.

나오며...

......

Where is the Life we have lost in Living?

Where is the Wisdom we have lost in Knowledge?

Where is the Knowledge we have lost in Information?

......

우리 말로 옮겨보면, 다음과 같다.

생활(Living) 속에서 잃어버린 우리의 삶(Life)은 어디에 있는가?

지식(Knowledge) 속에서 잃어버린 우리의 지혜(Wisdom)는 어디에 있는가?

정보(Information) 속에서 잃어버린 우리의 지식(Knowledge)은 어디에 있
는가?

토마스 엘리엇(Thomas S. ELIOT, 1888-1965)이 쓴 "반석에서의 합
창",Choruses from The Rock(1934)이라는 시의 일부이다. 1930년대에 이
미 엘리엇은 큰 의미가 없는 것 같은, 넘쳐나는 정보와 지식에 빠져
헤매고 있는 사람들의 삶에 탄식(?)하고 있다. 시에 대해 문외한이기
때문에 엘리엇이 말하고자 했던 것을 제대로 해석한 것인지 모르겠지
만 정보에 대한 접근이 쉬워질수록 지식은 견고해지지 못하고 여기저

기 떠돌아다니는, 그 유용성을 잘 알 수 없는 지식의 홍수에 빠져 지혜를 얻지 못하는 세태를 지적한 것 같다. 엘리엇의 시는 사실 1930년대보다는 80여 년이 흐른 지금의 상황에 더 적합하지 않을까 한다. 만약 엘리엇이 지금도 살아 있다면 또 어떤 시를 썼을까?

우리의 일상은 모바일 기기와 웹서비스의 이용 없이는 불가능한 시대가 되었다. 우리의 행동은 물론 생각까지도 데이터로 쌓이고 있다. 우리는 매일 먹고 일하고 놀면서 데이터를 생산한다고 해도 과언이 아니다. 도처에 설치된 지능형 기계들도 데이터를 만들어 낸다.

디지털 혁신의 산물이자 혁신을 더욱 가속시키는 빅데이터를 이용하여 통찰력을 얻고 각 분야에 적용해서 가치를 창출하려는 시도들이 끊임없이 이루어지고 있다. 빅데이터의 오용, 또는 활용 실패 사례도 있지만 그 보다는 빅데이터의 유용성과 가치가 더욱 부각되고 있다. 산업, 개별 기업이나 기관들은 앞다투어 데이터를 활용하기 위해 고심하고 있다. 물론 지나친 기대와 과장된 목소리는 경계해야 하겠지만 21세기 중요한 자원으로서 데이터는 우리의 삶에 지대한 영향을 미치고 있다.

데이터와 정보가 넘쳐나고 있지만 80여 년 전 엘리엇처럼 탄식까지 할 필요는 없다. 데이터의 증가는 계속될 것이고 동시에 가공·분류·분석 등 여러 기법의 발전으로 데이터의 활용이 더욱 증가할 것이다. 기술이 급속도로 발전하고 있고 영역도 크게 확대되고 있는 상황에서 한 사람이 여러 가지 기술과 분야를 담당하는 것은 거의 불가능하다.

그래서 기술이 융합되어 더욱 발전하는 가운데 각기 다른 역량을 가진 다양한 전문가들 예를 들면, 데이터 과학자, 데이터 분석가, 데이터 엔지니어, 통계학자/전문가, 경제·경영학자/전문가 등 많은 사람들의 협업이 보다 더 중요해진다. 혼자로는 불가능하지만 공동체로서 협업을 하면 불가능했던 것도 할 수 있다. 이것이 이른바 '집단지성'.collective intelligence의 힘이다. 데이터와 정보는 함께 공유할수록 그 가치가 커진다. 물론 모든 데이터와 정보가 다 유용하고 가치있는 것은 아니다. 기업이든 정부를 포함한 공공기관이든 데이터와 정보의 늪에 빠지지 않으려면 조직 구성원들이 데이터에 대한 이해를 바탕으로 필요한 데이터가 무엇인지 잘 파악하는 것이 중요하다. 또한 데이터의 체계적 관리를 위한 거버넌스 프레임워크를 확립해서 이를 전사적으로 적용해야 한다. 이 책이 그렇게 하는 데 도움이 되었으면 한다.

끝으로 책 내용 중에 있을 수 있는 오류는 전적으로 필자의 책임이다.

주 석

1장 디지털 혁신과 빅데이터

1 나머지 3가지 특징적 현상은 다음과 같다. ① 혁신 활동은 디지털 기술에 의해 가능해지는 서비스의 개발에 더욱 초점을 맞추고 있다. ② 가상 시뮬레이션, 3D 인쇄 및 기타 디지털 기술에 힘입어 혁신을 위한 더 많은 실험과 개선 기회를 제공함으로써 혁신 주기가 계속 단축되고 있다. ③ 디지털 혁신의 복잡성과 분야 간 상호요구 증가에 따라 혁신은 협업을 요구하고 있다[Digital Innovation: SEIZING POLICY OPPORTUNITIES, OECD, 2019].

2 이 밖에도 블록체인과 분산원장기술, 무선통신기술과 사물인터넷, 바이오인증, 클라우드 컴퓨팅 등이 있다 ["디지털혁신과 금융서비스의 미래: 도전과 과제," 한국은행, 2017].

3 McKinsey Global Institute, "Big Data," June 2011.

4 IDC, "Big Data Analytics: Future Architectures, Skills and Roadmaps for the CIO," September 2011.

5 Douglas Laney, "The Importance of 'Big Data': A Definition," Gartner, June 2012.

6 SQL(Structured Query Language)은 관계형 데이터베이스 관리시스템(RDBMS)의 데이터를 관리하기 위해 설계된 프로그래밍 언어이다.

7 수 기가바이트(GB)의 데이터나 몇 백만 개의 관측치의 경우 표준 관계형 데이터베이스(예: MongDB)로 다루기가 어렵다. 이러한 크기의 데이터를 관리하기 위해서는 관계형 데이터베이스와는 다르게 설계된 비관계형 데이터베이스인 'NoSQL'를 이용한다. 이 용어는 보통 "SQL뿐만 아니라" (not only SQL)라는 의미로 많이 해석된다. NoSQL 데이터베이스는 데이터 조작 능력 면에서 SQL 데이터베이스보다 원시적이지만 더 많은 양의 데이터를 처리할 수 있다.

8 매년 생성·복제·캡처되는 새로운 데이터의 양을 의미한다 [DATA AGE 2025, IDC White Paper, November 2018].

9 여기서 데이터는 전자 형태로 전송되고 저장되며 소프트웨어를 통해 처리되는 사실들의 집합인 '디지털' 데이터를 말한다. 즉 텍스트 파일, 이메일, 전자·문서·책, 디지털 이미지·오디오·비디오 등이다. 데스크톱, 랩톱, 휴대폰, 태블릿, 전자 센서 등 다양한 장치에 의해 생성되며 데이터를 생성하거나 액세스하는 장치의 내부 또는 외부에 있는 저장 매체에 이진 값(0 또는 1) 문자열로 저장된다.

10 데이터의 형태 또는 구조를 말한다.

11 2011~2019년 기간 중 PC 및 스마트폰을 이용한 소셜미디어 사용자는 연평균 약 10% 증가하였으며 2021년에는 전세계인구의 3분의 1에 해당하는 30억이 넘을 전망이다[Statista].

12 대규모 데이터를 다수의 컴퓨터로 구성된 클러스터를 이용해 분산 저장 및 처리하기 위한 목적으로 개발된 Java 기반의 오픈소스 소프트웨어 프레임워크로 2011년 말 최초로 보급되었다.

13 트위터가 내놓은 오픈소스 소프트웨어로 대표적인 실시간 분산 처리 시스템이다. 분산 서버를 통해 실시간 데이터를 빠르게 처리한다.

14 오픈소스(open source)란 소프트웨어 등을 만들 때 해당 소프트웨어의 설계지도라 할 수 있는 소스코드를 무료로 공개하여 누구나 이용할 수 있도록 하는 것을 말한다.

15 이러한 수사법을 모순어법 또는 형용모순(Oxymoron)이라 한다.

16 "Big Data is just Data," Stephen DeAngelis, February 1, 2018.

17 1990년대 '실리콘 그래픽스 인터내셔널'(SGI)의 수석 과학자였던 존 마시(John R. Marshey)가 1998년 4월 25일에 발표한 'Big Data … and the Next Wave of InfraStress' 보고서에서 '빅데이터'란 용어를 썼다. 물론 이전에도 이 단어를 쓴 사람이 있지만 마시가 빅데이터 용어를 대중화시킨 인물로 알려져 있다. 이와 관련한 내용은 스티브 로어(Steve Lohr)가 쓴 New York Times 기사를 참조: "The Origins of 'Big Data': An Etymological Detective Story," February 1, 2013.

18 처음으로 '3V' 개념을 써서 빅데이터를 설명한 사람은 가트너 그룹의 더글라스 레이니(Douglas Laney)이다.

19 미국 Greentech Media의 편집장인 마이클 카넬로스(Michael Kanellos)의 설명을 주로 참조하였다 ["The Five Different Types of Big Data," Michael Kanellos, March 11, 2016].

20 미국의 IT 연구·자문기관인 가트너는 다크 데이터에 대해 좁게 정의하고 있다. 즉 '조직의 활동 중 수집, 처리, 저장되지만 분석, 비즈니스 관계 및 직접 수익 창출 등을 위해서는 활용되지 않는 정보 자산이라고 본다[가트너 용어집]. 조직은 종종 규정 준수 목적으로 다크 데이터를 유지하며 이러한 데이터의 저장과 보호에는 일반적으로 가치보다 더 많은 비용이 발생한다.

21 "The Smart Data Manifesto: Goodbye Big Data, Hello Smart Data," eXelate White Paper, May 1, 2013.

22 Thomas H. Davenport, "Even Small Data Can Improve Your Organization's Judgment," Harvard Business Review, March 26, 2012.

23 과거 데이터를 이용하여 추세나 현황을 파악(주로 기술분석)하며, 주로 기업 내부시스템을 기준으로 사전에 정의된 관계형 데이터, 즉 정형 데이터를 가지고 분석하여 기업의 전략적, 전술적 의사결정에 유용한 정보를 제공하는 것이 목표이다. BI 도구는 기업 경영자에게 경영 상태에 관한 정보를 제공하는 보고서, 대시보드, 그래프, 도표 등이다. 수학적·통계적 알고리즘에 기반하여 비정형 빅데이터를 분석하는 고급 빅데이터 분석(advanced big data analytics)과 대비되는 개념이다.

24 "Predicts 2013; Information Innovation," Gartner, 2012.

25 7장 미주 번호 21번 참조.

26 "5 Types of analytics: Prescriptive, Predictive, Diagnostic, Descriptive and Cognitive Analytics," WeirdGeek, May 11, 2018.

27 예를 들어, 인공지능은 텍스트의 단어뿐만 아니라 쓰거나 말하는 것의 전체 맥락을 이해할 수 있을 정도로 발전하였다.

2장 데이터 혁명과 데이터 경제

1 온라인 상 개인정보(이름, ID, 주소 등)와 게시글 자체는 물론 웹 브라우저, 파일, 플래시 쿠키와 같은 플러그인으로 생성된 파일들도 포함된다. 컴퓨터 과학자 타이 래튼베리(Tye Rattenbury)는 사업의 핵심 기능과 관련된 기본적인 데이터를 빅데이터라고 부르고 보조적 성격의 데이터 또는 '나머지' 데이터는 데이터 잔해로 구분하기도 했다. [www.computerworld.com/article/3070475/]

2 디지털 경제(digital economy)는 넓은 의미로 정보경제(information economy), 네트워크 경제(network economy), 지식기반 경제(knowledge-based economy), 데이터 경제(data economy), 인터넷 경제(internet economy)라는 용어들과 동일한 뜻으로, 또는 유사어로 쓰이고 있다. 이러한 용어들은 어떤 측면을 강조하느냐에 따라 사람들이 달리 부른 것으로 기본적으로 그 내용은 같다고 할 수 있다.

3 "The use of big data analytics and artificial intelligence in central banking," IFC Bulletin No 50, May 2019.

4 Financial Stability Board, "Artificial intelligence and machine learning in financial services - Market developments and financial stability implications," November. 2017.

5 본 소절에 소개된 주요국의 데이터 활성화 전략 및 추진과제에 관한 내용은 "데이터 산업 활성화 전략"(4차 산업혁명위원회 의결, 관계부처 합동, 2018.6), "데이터 경제 기반 정책 연구"(4차산업혁명위원회, 한국정보화진흥원, 2018.12) 등의 여러 자료를 참고하였다.

6 유럽연합(European Union, EU)의 개인정보보호 법령으로 2012년 최초 법제화되었으며 2018년 5월 시행되었다.

7 예일대 교수인 데이비드 겔런터(David Gelernter)가 1992년에 쓴 "Mirror Worlds"란 책에서 유래. 미러월드는 가상현실(Virtual Reality, VR) 기술을 통해 컴퓨터로 구현된다는 점에서 일반 가상세계(Virtual World) 혹은 가상환경 공간(VR space)과 유사하지만 복제 대상이 우리가 살고 있는 현실공간이라는 점에서 일반 가상세계와는 다르다.

8 David Newman, "How to Plan, Participate and Prosper in the Data Economy," Gartner, Stamford, CT. Chicago, 2011.

9 "Building a European data economy," COM(2017) 9 final, European Commission, 2017.

10 "데이터 경제 기반 정책연구," 한국정보화진흥원 수행, 2018.12.

11 European Data Market Study, SMART 2013/0063, IDC, 2016.

12 "The Rise of the Data Economy: Driving Value through Internet of Things Data Monetization," IBM, 2016.

13 데이터 산업의 시장 규모는 데이터를 매개로 하는 광고 매출, DB시스템 구축 용역 매출 등 DB 관련 간접 매출을 포함한 광의의 개념이다 [데이터 산업 현황 조사 보고서, 한국데이터산업진흥원 2019.12].

3장 빅데이터, 데이터 과학과 통계

1 North-Holland Publishing Company, Amsterdam, 1971. IFIP: International Federation for Information Processing(국제정보처리연합).

2 "미래의 인재는 데이터 과학에서 나온다," 박성현, 주간 미래한국, 2018.6.14.
[http://www.futurekorea.co.kr/news/articleView.html?idxno=107505]

3 https://priceonomics.com/whats-the-difference-between-data-science-and/

4 "통계학 연구의 과거 현재와 4차 산업혁명 시대의 데이터 사이언스의 역할과 비전," 학술원논문집(자연과학편) 제56집 2호, 2017.

5 콘웨이는 데이터 과학 전문가가 되기 위해서는 컴퓨터 사이언스를 전공해야 된다는 것이 아니고 텍스트 파일을 명령줄에서 조작할 줄 알고 벡터연산을 이해하고 알고리즘적으로 사고하는 정도의 프로그래밍 기술을 갖추면 된다고 보고 해킹할 수 있는 정도의 기술이 필요하다고 보았다. 그러나 최근에는 데이터 과학 지식으로, 보다 명시적인 학문인 컴퓨터 사이언스에서 다루는 기술을 요구한다.

6 오바마 행정부에서 최초 수석 데이터 과학자로 지명된 패틸(D.J. Patil)은 2015년 2월 캘리포니아 산호세에서 열린 빅데이터 컨퍼런스에서 데이터 과학을 "팀 스포츠"에 비유하였다.

7 Thomas H. Davenport and D.J. Patil, "Data Scientist: The Sexiest Job of the 21st Century," December 2012. [https://hbr.org/2012/10/data-scientist-the-sexiest-job-of-the-21st-century]

8 패틸은 비즈니스 네트워크 인맥 사이트인 LinkedIn.com에서 데이터 및 분석의 전문가로 일했으며 후에는 미국 백악관의 수석 데이터 과학자(CDS)로 활동했다. 하버드 비즈니스 리뷰에서 패틸은 자신 이외에 비슷한 시기에 페이스북에서 데이터 분석의 선두주자가 되었던 Jeff Hammerbacher도 신조어에 관여했다고 밝혔다.

9 https://datascience.berkeley.edu/about/what-is-data-science/ 참조.

10 https://elu.nl/careers-in-data-science-data-analyst-vs-data-engineer-vs-data-scientist/ 참조.

11 데이터 랭글링(Data Wrangling)은 원시 데이터를 수작업으로 또다른 형태로 전환하거나 매핑하는 과정이다.

12 https://www.sas.com/en_us/insights/analytics/what-is-a-data-scientist.html 참조.

13 https://whatsthebigdata.com/2016/07/08/the-new-data-scientist-venn-diagram/ 참조.

14 경험이나 학습 등을 통하여 습득함으로써 개인에게 체화되어 있으나 언어나 문자로 나타내기 어려우며 겉으로 드러나지 않은 지식을 말한다. 많은 경우 경험을 통해서 얻는 지식이기 때문에 '경험지'(experiential knowledge)라고도 한다.

15 여기서 '가공'은 데이터 구조화, 즉 원시 데이터(raw data)를 수작업 등을 통해 또 다른 형태로 전환하거나 매핑하는 과정(data wrangling)을 뜻한다.

16 Sean Kandel, "The Sexiest Job of the 21st Century is Tedious, and that Needs to Change," Harvard Business Review, April 2014.

17 Data Scientist(n.): Person who is better at statistics than any software engineer and better at software engineering than any statistician. — Josh Wills (@josh_wills) May 3, 2012.
[https://twitter.com/josh_wills/status/198093512149958656]

18 유럽연합 집행위원회(European Commission: EC) 하부의 조직으로, 유럽 28개 회원국의 정치·경제 통합체인 유럽연합(European Union, EU)의 공식 통계 관련 업무를 담당한다. 주된 기능은 EU의 여러 기관에 다양한 통계 정보를 제공하고, 통계 기준을 설정하여 EU 회원국, 가입후보국, 유럽자유무역연합(EFTA) 회원국 등 유럽의 여러 국가들 간의 통계 방법 등의 조화를 도모하는 것이다.

19 http://unstats.un.org/bigdata 참조.

20 "What does Big Data mean for Official Statistics?," UNITED NATIONS ECONOMIC COMMISSION FOR EUROPE, CONFERENCE OF EUROPEAN STATISTICIANS, March 10, 2013.

21 ONS의 데이터 과학 캠퍼스(DSC)는 데이터 과학을 공식통계에 적용하는 탐구 프로젝트를 수행하고 있다(예: (1)오픈 소스 주소 매칭 서비스(The Address Index) 개발 (2)온라인 구직 포털 서비스 개선 (3)웹-스크랩핑 관련정책 개발 (4)잉글랜드와 웨일즈 지방의 범죄조사 시 텍스트 데이터의 자동코딩 등 자연어처리(NLP) 방법 개발 등). 또한 DSC는 공공의 이익을 위한 프로젝트도 수행하고 있다. ONS 내부적인 프로젝트는 거리의 식물 측정을 위해 이미지 데이터를 가지고 머신러닝을 활용하는 것으로부터 ONS 웹사이트의 검색기능 향상을 위한 비지도 클러스터링에 이르기까지 다양하다. 외부적으로는 특허청과 함께 글로벌 특허 출원의 NLP 기법을 통해 새로운 기술 트렌드의 변화를 분석하였다. [https://datasciencecampus.ons.gov.uk/]

22 일반적으로 적합성, 시의성, 정확성, 일치성 등을 기준으로 평가한다.

4장 빅데이터 시대의 데이터 거버넌스(DG)

1 정치학이나 행정학에서 쓰이는 국가 또는 정부의 통치기구 등의 집합체를 뜻하는 'government'와도 구별된다.

2 "What is the difference between management and governance?," November 17, 2017, VComply Editorial. [https://blog.v-comply.com/difference-management-governance/]

3 프랑스 Pôle Universitaire Léonard de Vinci의 아피오(Francesco Appio) 교수는 지역사회 조직의 통치(governance)에 있어 이사회(governance body)와 관리자들(managers)이 그들의 책임을 명확히 기술하는 데 어려움이 있다고 하였다. 그는 '거버넌스'는 조직의 목표, 방향, 한계, 책임의 틀을 정하는 전략적 작업이지만, '관리'는 자원의 배분과 조직의 일상적인 운영을 감독하는 것이라고 구분하였다. 좀 더 단순하고 쉽게 구분하는 방법으로 거버넌스는 "무엇?"을 결정한다. 즉, 조직이 무엇을 하고 미래에 어떤 모습이 되어야 하는가를 결정하는 것이다. 관리는 "어떻게?"를 결정한다. 즉, 조직이 어떻게 그러한 목표를 달성해야 할지 결정한다. [https://www.researchgate.net/post/]

4 The Information Systems Audit and Control Association, 국제정보시스템감사통제협회, IT 거버넌스에 대해 전문적으로 논의하는 국제협의단체(international professional association).

5 Control Objectives for Information and Related Technologies의 약자이다.

6 Daniel Sholler, "What Does Data Governance Mean?," April 19, 2017.

7 Data Governance in the Big Data and Hadoop World, epam, 2015.

8 데이터 값이 저장되어 후에 읽혀질 장소를 말하며 이 장소에 기억된 자료의 논리적인 구조와 그 값의 유형과 수를 결정하는 속성들로 특성이 결정된다[컴퓨터 정보용어대사전].

9 5 reasons why data governance is becoming more important for your business. [https://www.globodox.com/blog/]

10 예를 들면, 물리적 및 기술적 보안, 암호화, 서버, 소프트웨어, 컴퓨터 및 네트워크 장치, 데이터베이스 스키마 및 백업 등과 관련한 기술 분야에 대한 투자이다.

11 https://blog.iandisoft.com/it-governance-data-governance/ 참조.

12 '정의부터 사례·실행까지, CIO가 알아야 할 IT거버넌스', Cristina Lago, CIO Aisa. [http://www.ciokorea.com/news/40230]

13 'IT거버넌스 프레임워크 COBIT2019, 무엇이 어떻게 달라졌나', Sarah K. White, CIO. [http://www.ciokorea.com/tags/26735/CMMI/115188]

14 간단히 말해, 다른 데이터에 대해 설명하는 속성 정보이다. 보다 엄격히는 어떤 목적을 가지고 만들어진 데이터(Constructed data with a purpose)라 할 수 있다(Karen Coyle). 예를 들어, 통계적 메타데이터는 통계데이터에 대한 기술정보(descriptive information)나 문서를 말한다. 즉, 마이크로데이터, 매크로데이터 혹은 다른 메타데이터를 설명한 메타데이터 등이 그것이다[통계청].

15 "3 Reasons Why Data Governance is Important," by Lane Hartman, October 11, 2018. [https://blog.semarchy.com/]

16 노규성. "플랫폼이란 무엇인가," 커뮤니케이션북스, 2014.

17 "플랫폼이란 무엇인가?", 담덕의 경영학 노트 [https://mbanote2.tistory.com/410]

18 황순삼, "플랫폼과 생태계로의 진화," 2012. [http://swprocess.egloos.com/2906784]

19 여기서 공급자는 플랫폼을 개발하여 공급하는 사업자를 말하며, 플랫폼 협력사는 이해관계자로 플랫폼 공급자와 협력하여 플랫폼 개발을 지원하는 사업자를 의미한다.

20 김문구·박종현, "데이터 플랫폼의 산업생태계 현황과 주요 이슈," ETRI Insight, 한국전자통신연구원 미래전략연구소, 2019.

21 구글, 네이버, 다음 등에서 제공하는 검색 API(Application Programming Interface)로 특정 주제의 비정형 데이터를 수집할 수 있다. API는 응용 프로그램에서 사용할 수 있도록, 운영체제나 프로그래밍 언어가 제공하는 기능(파일, 창, 화상 처리, 문자)을 제어할 수 있게 만든 인터페이스로, 응용 프로그램에서 사용할 수 있다[위키피디아].

22 자바(Java)로 구현된 오픈소스 인터넷 검색 엔진으로 웹 데이터를 수집할 수 있다.

23 대량의 접속 기록(로그) 데이터를 수집할 수 있다.

24 하둡과 관계형 데이터베이스(RDBMS) 간 데이터(정형)를 전송할 수 있도록 설계된 도구이다.

25 "빅데이터 거버넌스-지속 가능한 빅데이터 활용의 전제요건," 조원섭 주간기술동향-포커스, 2013. 정보통신산업진흥원.

26 미국야구연구협회(Society for American Baseball Research, SABR)에서 만든, 야구를 통계학적/수학적으로 분석하는 방법론으로 저술가 겸 통계학자인 빌 제임스(Bill James)가 창시하였다[위키백과].

27 Data Governance in the Big Data and Hadoop World, epam, 2015.

28 "The need for big data governance"(Collibra_Mapr)와 "Data Governance in the Big Data and Hadoop World"(epam, 2015) 등 참조

29 문제의 정의가 어려운 경우, 데이터 기반으로 문제의 해결방안을 탐색하고 이후 지속적으로 개선해 나가는 방식이다. 요구사항을 정확히 파악할 수 없고 데이터에 대한 규정이 쉽지 않으며, 데이터 출처도 명확히 알기 어려운 상황에서 일단 분석을 시도하고, 그 후 결과를 확인하면서 발견된 시행착오를 반복적으로 개선해 나가는 '프로토타이핑 접근법'이 상향식 접근법의 대표적인 예이다. [https://kim-mj.tistory.com/73]

30 "The need for big data governance"(Collibra_Mapr)와 "Data Governance in the Big Data and Hadoop World"(epam, 2015) 등 참조

31 "Data Governance in the Big Data and Hadoop World," epam, 2015.

32 예를 들면, 하둡(Hadoop)은 대량의 데이터를 처리하기 위한 분산 처리 프레임워크이다.

33 데이터의 정확성(Accuracy), 접근성(Accessibility), 일치성(Consistency), 준수(Compliance), 효율성 (Efficiency), 보안성(Security) 등을 측정 또는 평가하는 기준지표를 말한다.

34 수집된 데이터 유형과 조직 및 데이터베이스 시스템 내에서 데이터가 사용, 저장, 관리 및 통합되는 방식을 관리하고 정의하는 규칙, 정책, 표준 및 모델 등으로 구성된 체계를 말한다[Techopedia].

5장 데이터 거버넌스(DG)의 구현과 과제

1 이 기법은 빅데이터 시대를 이끈 기술 혁신 결과의 하나로 2003년경 구글에서 개발하였다. 동 기법은 데이터를 일련의 키/값 쌍에 매핑한 다음 비슷한 키를 대상으로 계산을 수행한 후, 이를 하나의 값으로 줄여 수백 또는 수천 개의 저비용 시스템에서 대량의 비정형의 각 데이터 덩어리를 병렬로 처리한다.

2 "Data Governance in the Big Data and Hadoop World"(epam, 2015), "Data governance Best Practices" (CTI, 2019), "What is data Governance and why does it matter?" (WhatIs.com) 등 참조

3 개념 증명(概念證明, Proof of Concept(PoC)은 기존 시장에 없었던 신기술을 도입하기 전에 이를 검증하기 위해 사전에 사용해 보는 것을 뜻하며, 특정 방식이나 아이디어를 실현하여 그 타당성을 확인하게 된다. IT 업계에서 PoC는 신기술이 적용된 신제품을 직접 보고 어떻게 작동하는지를 시장에 소개하는 사전 검증의 개념으로 사용되기도 한다[디지털 타임스].

4 일정한 기준과 절차에 따라 조직 전체의 정보화 구성요소(업무, 응용, 데이터, 기술, 보안 등)를 통합하고 분석한 후 그 관계를 구조적으로 정리한 체계[zetawiki].

5 다양한 소스로부터 데이터를 수집한 후 정형 데이터, 비정형 데이터, 또는 2가지가 공존하는 데이터로 구분하여 데이터를 정제한다. 정제된 정형데이터는 시스템에서 추출(extract)하고, 데이터 웨어하우스(DW) 등에서 이용하기 쉬운 형태로 변환(transform)한 후, 대상시스템에 탑재(load)한다.

6 다른 기술들이 계층별로 쌓아있는 모양을 의미한다.

7 데이터 사일로는 일반적으로 중앙 집중식 조정이나 데이터 관리 체계 없이 개별 부서들이 각자의 시스템을 따라 업무를 수행하는 조직의 문화 또는 구조로 인해 발생한다. 데이터 관리 및 활용의 비효율성 초래하는 원인으로 지적된다.

8 Lane Hartman, "3 Reasons Why Data Governance is Important," October 11, 2018. [https://blog.semarchy.com/]

9 '잊혀 질 권리'(Right to be forgotten): 개인이 인터넷에 검색되는 자신의 정보 삭제를 요구할 수 있는 '개인정보삭제청구권'으로 2012년 유럽연합(EU)이 '일반정보보호규정'(GDPR)을 통해 처음으로 법제화했다.

10 https://www.etlsolutions.com/new/trusted-governance-trusted-data/ 참조.

11 https://www.csuchico.edu/data/data-governance/index.shtml 참조.

12 Data Governance Institute, http://www.datagovernance.com 참조.

13 "Data Governance in the Big Data and Hadoop World," epam, 2015.

6장 빅데이터와 금융산업

1 Kazim Hussain and Elsa Prieto, "Big Data in the Finance and Insurance Sectors"(Ch.12), New Horizons for a Data-Driven Economy, 2016.

2 장외 파생금융상품 거래 표준화 메시지 체계를 말한다[Financial products Markup Language].

3 금융거래와 관련된 각종 정보의 교환을 위해 개발된 전자 표준을 말한다[Financial Information eXchange].

4 온라인에서 금융기관과 기업, 고객간의 금융 데이터를 교환하기 위한 통일된 규약을 말한다[Open Financial eXchange].

5 금융회사 등이 서면이 아닌 전자형태의 문서를 실시간으로 서로 주고 받을 수 있는 전자문서교환시스템을 말한다[Financial Electronic Data Interchange].

6 예를 들어, 주로 텍스트 형식으로 되어 있고 콜 센터 운영자가 입력한 설명, 개별 청구와 관련된 주석 및 사례를 포함하는 대량의 보험청구 문서에 많은 사업적 가치가 들어 있다.

7 Daniel D. Gutierrez, "InsideBigdata Guide to Big Data for Finance," 2014.

8 관계형 데이터베이스 관리시스템(RDBMS), ETL(extract, transform, and load), BI(business intelligence), DW(data warehouse) 등 정형 데이터 분석 기술이다.

9 Kazim Hussain and Elsa Prieto, "Big Data in the Finance and Insurance Sectors"(Ch.12), New Horizons for a Data-Driven Economy, 2016.

10 IBM의 전 CEO, 지니 로메티(Ginni Romety)는 빅데이터가 21세기의 혁신을 주도할 수 있는 새로운 천연자원이라고 말하였다(2014.5월).

11 "Are you ready for the era of 'big data'?," McKinsey Quarterly, McKinsey Global Institute, 2011.

12 신경식·박현정·김성현, "금융산업 빅데이터 도입 방안"(2016.3월), 이석호·이윤석, "금융산업의 빅데이터 활용 및 이슈"(2014.10월), Sungard(글로벌 금융솔루션업체)의 연구자료인 "10 Big Data Trends Shaping Financial Service"(2012.6) 등 참조

13 금융안정위원회(FSB, 2016)는 새로운 사업모델, 업무, 생산, 서비스 등을 창출하여 금융시장, 금융기관 및 서비스에 실질적인 영향을 미치는 기술에 기반한 금융혁신이라고 핀테크를 정의하였다.

14 "핀테크 성공은 '빅데이터'에 달렸다." The Science Times, 2015.4.10.
[https://www.sciencetimes.co.kr/news/]

15 디지털 서비스 제공에서 시장지배력을 보유한 거대 기술기업으로 구글, 아마존, 페이스북, 애플(이상 미국), 바이두, 알리바바, 텐센트(이상 중국), 국내의 네이버, 카카오 등 대형 IT 플랫폼 기업을 말한다.

16 "Analytics: The real-world use of big data in financial services," IBM Institute for Business Value, 2012.

17 RFID(Radio-Frequency Identification)는 주파수를 이용해 ID를 식별하는 방식으로 일명 전자태그로 불린다. RFID 기술은 전파를 이용해 먼 거리에서 정보를 무선으로 인식할 수 있게 한다.

18 Kazim Hussain and Elsa Prieto, "Big Data in the Finance and Insurance Sectors"(Ch.12), New Horizons for a Data-Driven Economy, 2016.

19 가명정보 처리, 정보집합물 결합 시 개인정보 처리자는 법이 정한 안전성 확보조치를 해야 하며 특정개인을 알아보기 위한 행위를 금지하고 위반 시 과태료나 형사처벌 외에 과징금(전체 매출액의 3%)을 부과한다.

20 원 상태로 복원하기 위한 추가 정보의 사용·결합 없이는 특정 개인을 알아볼 수 없게 처리한 정보를 말한다.

7장 빅데이터와 금융안정

1 일반적으로 '금융안정 감시자'라는 용어는 '거시 건전성 감독자', '시스템적 위험 감독자' 등의 용어들과 동일한 의미로 쓰인다. 이 용어들은 금융부문 스트레스와 위기에 대해 경계하고 대응할 책임이 국가기관 또는 국제기구에 있다는 것을 의미한다.

2 글로벌 금융위기의 시작 시점은 리먼 브러더스가 파산보호 신청을 한 2008년 9월 15일로 보는 것이 다수 의견이나 많은 문헌들이 글로벌 금융위기 기간을 베어스턴스(Bear Sterns) 헤지펀드가 파산하여 금융시장에 큰 충격을 주기 시작했던 2007년 중반 이후부터 2009년 초반까지 시기로 정의한다.

3 Bank of England, "One Bank Research Agenda," Discussion Paper, February 2015.
[https://www.bitcoinnews.ch/wp-content/uploads/2013/12/discussion.pdf]

4 ① '원뱅크 리서치 어젠다' 이니셔티브: 까다로운 정책 질문에 대한 해결책을 제공하기 위해 영란은행이 새로운 데이터세트를 일반대중에게 공급할 것을 약속하였다[The 'One Bank Research Agenda' Initiative].
② '데이터 및 분석에 대한 새로운 접근법' 이니셔티브: 빅데이터 분석을 위한 연구센터 구축 목적으로 고급분석 부서인 Advanced Analytics Division를 신설하였다 [The 'New Approach to Data and Analysis' Initiative].
③ '원뱅크 데이터 아키텍처' 이니셔티브: 정보 공유를 용이하게 하기 위해 메타데이터 표준의 부분적인 시행을 통해 영란은행 전체에서 데이터를 통합하는 것을 목표로 한다. 영란은행 역사상 최초로 도입된 수석 데이터 담당관(Chief Data Officer)이 감독하도록 하였다[The 'One Bank Data Architecture' Initiative].

5 데이터 사용 및 시각화를 위한 혁신적인 접근 방법의 사례를 직원들에게 소개한다.

6 Center for Central Banking Studies.

7 David Bholat, "Big Data and Central Banks," Bank's Advanced Analytics Division, Quarterly Bulletin 2015 Q1, Bank of England.

8 Micheline Casey, "Emerging Opportunities and Challenges with Central Bank Data," 2014.
이 책의 p.135 "3. 중앙은행의 역할과 빅데이터 원천" 참조.

9 Mark D. Flood, Hosagrahar V. Jagadish and Louiqa Raschid, "Big data challenges and opportunities in financial stability monitoring," FINANCIAL STABILITY REVIEW, Bank of France, April 2016.

10 예를 들어, 2008년 9월, "규제기관들은 주요 OTC 파생상품 딜러였던 리먼과 다른 투자은행의 장외 파생상품 활동에 대해 충분히 알지 못했다".[The Financial Crisis Inquiry Report: Final Report of the National Commission on the Causes of the Financial and Economic Crisis in the United States, Financial Crisis Inquiry Commission, January 2011]

11 Viktoria Baklanova, Cecilia Caglio, Marco Cipriani and Adam Copeland, "The U.S. Bilateral Repo Market: Lessons from a New Survey," OFR Research Brief (16-01), January 2016.

12 2009년 4월 G-20회의(런던)에서 시작된 국제 통계개발·개선 사업으로, IMF/FSB 주도하에 국제기구그룹(IAG), G-20 회원국 및 일부 비회원국(FSB회원국)이 참여하고 있다. 통계개발(상세채권, 해외증권투자, 상세자금순환표, 파생상품, 대외직접투자 등)과 통계공유를 위한 19개 과제에 대해 2021년 이행 완료 목표로 2단계 사업(DGI-2)이 추진 중이다.

13 기관투자가들이 결산기를 앞두고 특정 보유종목을 집중 매수해 펀드수익률을 끌어올리는 것을 말한다.

14 Financial Industry Regulatory Authority(FINRA)는 미국 내 영업중인 증권회사들을 감독하는 증권산업 독립 규제기관으로, 2003년부터 '트레이스' 시스템을 통해 증권시장 거래 추적 보고서를 발표하고 있다. 트레이스(Trace)는 Trade Reporting and Compliance Engine을 의미한다.

15 미국의 재무부 금융조사실(Office of Financial Research, OFR)과 상무부 기술관리국 산하 국립표준기술연구소(National Institute of Standards and Technology, NIST)이 주도하고 있는데 금융 데이터세트와 텍스트 소스에서 기관 식별자(identifier) 자동 정렬과 기관 인식을 위한 새로운 기술을 개발하고자 한다. NIST의 주된 임무는 측정 과학, 표준 및 기술을 진보시켜 미국의 혁신과 경쟁력을 증진시키는 것이다.

16 Liran Einav and Jonathan Levin, "Economics in the age of big data," Science, 346(6210), November 2014.

17 축약형 모델링은 변수들 간의 인과관계에 기반한 '이론적 모델링'과는 달리 상관관계, 즉 두 변수의 선형 동행성(linear co-movement)에 기반하여 경제변수를 설명하고 예측한다.

18 표본의 길이, 즉 관측치의 개수(t)보다 설명변수의 개수(k)가 훨씬 더 큰 경우(k > > t), 다중공선성(multicollinearity)과 과적합(overfitting) 문제로 최소자승법(Ordinary Least Squares, OLS)과 같은 기존의 방법론 사용에 제약이 생긴다[curse of dimensionality, 차원의 저주].

19 현실에서 통상적인 경제이론이나 연구자의 직관에 기반하여 설명변수들을 선별하게 되는데, 이에 따라 설명변수의 자의적 선택이 문제로 지적된다. 모형 설계자는 변수를 하나씩 늘리거나 줄이면서 여러 조합의 설명변수를 포함하는 다양한 함수 형태를 시도한다.

20 Dhar, Vasant, "Data Science and Prediction," Communications of the ACM, 56(12), December 2013.

21 의사결정나무란 지도학습의 하나로 주어진 입력값에 대하여 출력값을 예측하는 통계적 모형이다. 이 명칭은 그 결과를 나무 형태의 그림으로 표현할 수 있다는 사실에 기인한다. 데이터를 분류하는 몇 가지 기준들을 나뭇가지 모양으로 연속해서 적용하여 분류한다. 동 모형은 추정할 모수의 수가 다른 모형보다 적으며, 규칙이 'If ~~이면, then ~~이다'의 형태이므로 이해하기 쉬워 머신러닝 기법 중 널리 쓰인다.

22 Hal R. Varian, "Big data: new tricks for econometrics," Journal of Economic Perspectives, 28(2), Spring 2014

23 과거의 데이터를 이용하여 가격이나 추세를 분석하고 예측하는 것을 말한다. 일반적으로 월이나 연 단위 또는 순환적인 사건의 주기에 대한 분석이 이루어진다.

24 Mark D. Flood, Jonathan Katz, Stephen Ong, and Adam Smith, "Cryptography and the Economics of Supervisory Information: Balancing Transparency and Confidentiality," OFR Working Paper (0011), September 2013.

25 특히 금융주기 단계가 레버리지 및 위험감수 경향이 증가하는 상승국면에 있을 때 금융기관은 많은 성과를 낼 수 있다. 반대로 하강국면인 경우 대규모 디레버리징(부채 감소)과 자산가격 조정이 발생하여 성과가 줄어든다.

26 Claudio Borio, "The Great Financial Crisis: setting priorities for new statistics," Journal of Banking Regulation, 2013.

27 Steve MacFeely, "Big Data and Official Statistics," In S. Strydom, & M. Strydom(eds.), Big Data Governance and Perspectives in Knowledge Management. Hershey, PA: IGI Global, 2019.

28 웹사이트 상의 가격 정보는 매사추세츠 공과대학교(MIT)에서 개발한 BPP와 같이 웹-추출 기법에 의해 자동으로 추출되는 가격 데이터로 인플레이션이나 주택가격의 구성요소를 측정하기 위하여, 그리고 트위터 메시지는 경제주체들 간의 감정 변화가 미치는 영향을 평가하기 위하여 이용된다. 또한 구글 검색어(Google searches)는 소매판매와 같은 일부 거시경제 지표를 나우캐스팅하기 위하여 이용된다.

29 Irving Fisher Committee on Central Bank Statistics(IFC), "Central banks' use of and interest in big data," IFC Report, October 2015.

30 2016년 7월 '중앙은행 통계: 집계 수준을 넘어 변화'(Central Bank Statistics: moving beyond the aggregates)라는 주제로 열린 제8차 ECB 통계 컨퍼런스가 계기가 되었다.

31 "The use of big data analytics and artificial intelligence in central banking," IFC Bulletin No 50, May 2019.

32 특정 품목의 가격 측정을 위하여 웹-추출(미국 노동부)을 한다거나 머신러닝 알고리즘과 결합된 웹 기반 정보를 활용하여 경제성장을 나우캐스팅(뉴질랜드 중앙은행) 하는 등 다양한 방법들이 시도되고 있다.

33 Bruno Tissot, "Financial big data and policy work: opportunities and challenges," Statistical Working Papers, Eurostat 2019.

34 Bruno Tissot and Evrim Bese Goksu, "Monitoring Systemic Institutions for the Analysis of Micro-macro Linkages and Network Effects," Journal of Mathematics and Statistical Science, Vol 4, No 4, April 2018.

35 Claudio Borio, "Macroprudential frameworks: experience, prospects and a way forward," speech on the occasion of the Bank's Annual General Meeting, Basel, June 2018.

36 Charles Bean, Independent review of UK economic statistics, 2016.

37 Bruno Tissot, "Using micro data to support evidence-based policy," International Statistical Institute 61st World Statistics Congress, July 2017.

38 Samuel Pinto Ribeiro, Stefano Menghinello and Koen De Backer, "The OECD ORBIS Database: Responding to the Need for Firm-Level Micro-Data in the OECD," OECD Statistics Working Papers, 2010/01, OECD.

39 Viktor Mayer-Schönberger and Kenneth Cukier, "Big Data: A Revolution That Will Transform How We Live, Work, and Think," Houghton Mifflin Harcourt, 2013.

40 Robert M. Groves, "Nonresponse Rates and Nonresponse Bias in Household Surveys," Public Opinion Quarterly, Vol 70(5): 646-675. 2006.

41 구글은 빅데이터에 대한 관심이 커지던 2008년에 독감 트렌드(Google Flu Trend)를 발표했다. 독감과 관련 있는 검색어 빈도를 추적해 독감 유행 시기를 예측하는 서비스였다. 이 서비스는 2009년 네이처(Nature)에 연구결과가 소개되면서 주목받았으나 2009년 신종 인플루엔자(H1N1)의 전 세계적 유행을 예측하지 못하고, 2013년에는 실제 독감 발생률의 2배에 달하는 예측치를 내놓으면서 신뢰를 상실하였다. 결국 구글은 독감 트렌드 서비스를 중단하였다.

42 유럽중앙은행제도(The European System of Central Banks: ESCB)에 속한 유럽의 중앙은행들은 1980년대 이후 이러한 접근법을 따랐다.

43 유럽의 경우 주요국들은 아래와 같은 시스템을 운영하고 있다.
   • 이탈리아 중앙은행: Bank of Italy Remote Access to Data(BIRD)
   • 프랑스: Centre d'accès sécurisé aux données(CASD)
   • 영국 정부: Administrative Data Research Network(ADRN)
   • 독일 연방은행: Research Data and Service Centre(RDSC)

8장 빅데이터와 중앙은행

1 Caitlin Malone, "The Influence of Big Data on Central Banks," December 27, 2017.
[https://dailydatanews.com/2017/12/27/big-data-banking/]

2 센트럴뱅킹(CENTRAL BANKING)은 공공정책 및 금융시장 분야에 특화된 금융전문발행사로 중앙은행, 국제금융기관, 금융시장 인프라와 규제 등에 중점을 두고 발간을 하고 있다. 센트럴뱅킹은 1990년에 The Banker의 편집장이자 G30(Group of Thirty)의 전무인 Robert Pringle에 의해 설립되었다. 이후 2007년 Incisive Media에 의해 인수되었으며 2017년 4월 다시 Incisive를 인수한 Infopro Digital의 일부가 되었다.

3 Emma Glass, "Big data in central banks: 2017 survey results," CENTRAL BANKING, November 2017.

4 Daniel Hinge and Karolina Silyte, "Big data in central banks: 2019 survey results," CENTRAL BANKING, November 2019.

5 이 가운데 2/3가 개도국과 신흥국 중앙은행이다.

6 이 가운데 2/3가 유럽 소재 중앙은행이다.

7 통상 '공식통계'라 부른다. 대표적인 거시경제 데이터의 하나인 GDP통계도 많은 경우 서베이 방식을 가미하여 작성된다.

8 전통적인 공식통계는 서베이 및 센서스와 같은 적절한 통계 프로세스를 통해 특정 통계목적으로 작성되기 때문에 '설계된 데이터'(designed data)라고도 한다. "Big data and central banking," Tissot, B. IFC Bulletin 44, BIS, 2017.

9 "Central banks' use of and interest in big data," IFC Report, Irving Fisher Committee on Central Bank Statistics(IFC), October 2015.

10 특정적인 정책 목적을 위해 수집된 데이터는 개인정보 보호 또는 법률적 이유로 개별 수준에서 공공영역에 있지 않을 수 있다.

11 이러한 데이터에 의해 파악되는 인과관계의 정확성과 예측능력에 의문을 제기하기도 한다.

12 Meeting of the Expert Group on International Statistical Classifications, "Classification of Types of Big Data," United Nations Department of Economic and Social Affairs, ESA/STAT/AC 289/26, May 2015.

13 "Central banks' use of and interest in big data," 2015, 69개 IFC 회원국 중앙은행 및 통화당국이 응답하였다.

14 데이터 소스 및 공급의 일관성 결여와 데이터 품질의 불확실성을 지칭한다(2014, IBM).

15 위성 이미지처럼 부산물이 아닌 예외적인 경우도 있다.

16 이동 데이터처럼 생성 시 많은 비용이 드는 예외적인 경우도 있다.

17 "Big data in central banks: 2019 survey results," CENTRAL BANKING, November 2019.

18 "Central banks' use of and interest in big data," IFC Report, October 2015 Survey conducted by the Irving Fisher Committee(IFC) on Central Bank Statistics

19 Big data and central banking-Overview, IFC Bulletin 44, Bank for International Settlements, 2017.

20 스캐너 데이터(Scanner Data) 또는 Point-of-Sales Data로 출고가격, 표본가격이 아닌 소매점에서 최종 판매될 때의 가격 정보를 의미한다.

21 Mark D. Flood, Hosagrahar V. Jagadish and Louiqa Raschid, "Big data challenges and opportunities in financial stability monitoring," Financial Stability Review, 2016, issue 20, 129-142.

22 단위시간 동안 전달 가능한 데이터 최대량

23 실시간으로 패턴을 파악하고 긴급상황을 탐지하여 조치를 취하기 위해 센서 데이터, 웹 트래픽 등 시간과 함께 연속성을 지니는 다양하고 방대한 스트림 데이터를 분석하는 것을 말한다.

24 Gregg E. Berman, "Transformational Technologies, Market Structure, and the SEC," Remarks to the SIFMA TECH Conference, New York, 2013.

25 Alon Halevy, Anand Rajaraman and Joann Ordille, "Data integration: the teenage years," In: Proceedings of the 32nd International Conference on Very Large Data Bases (VLDB '06), 9-16, 2006.

26 유럽을 거점으로 영업을 하는 모든 보험회사에게 적용되고 있는 규제체계로 자기자본규제, 감독당국에 의한 감독시스템 구축, 정보공시의 투명성 강화 등 크게 3가지 핵심사항으로 구성되어 있다.

27 David Bholat, "Big Data and central banks," Bank of England Quarterly Bulletin, 55(1), pp. 86-93, 2015.

28 Kevin Finan, Ana Lasaosa and Jamie Sunderland, "Tiering in CHAPS," Bank of England Quarterly Bulletin, 53(4), pp. 371-78, 2013.

29 UN Global Pulse, "Big Data for Development: Challenges & Opportunities-White Paper," 2012.

30 Afshin Ashofteh, "Big Data Mining for Central Banks," 2017.

9장 빅데이터와 디지털 경제 측정

1 Charles Bean, Independent review of UK economic statistics, 2016.

2 유럽연합 28개 회원국들이 공동으로 수행하는 유럽통계시스템(ESS) 내의 프로젝트로 ESSnet Big Data가 있다. 주된 목적은 빅데이터 소스의 유용성 탐구를 통해, 그리고 구체적인 애플리케이션을 구축함으로써 공식통계의 생산에 빅데이터를 활용할 수 있도록 하는 것이다. "ESSnet 빅데이터 I"(2016년 2월~2018년 5월)에 이어, 현재 "ESSnet 빅데이터 II"가 진행되고 있다(2018.11월~2020.12월).

3 Nadim Ahmad and Paul Schreyer, "Measuring GDP in a Digitalised Economy," OECD Statistics Working Papers 2016/07, OECD.

4 "디지털 공유경제의 GDP 측정 관련 최근 국제적 논의 현황," 「국민계정리뷰」 제4호, 한국은행, 2017.

5 신제품이 경제에 도입될 때 소비자물가지수 편제 시 즉시 반영되지 않는다는 것을 의미한다. 신기술이 비싸고 출시 이후 초기에 더 빨리 감가상각되는 경향이 있다는 점을 감안하면 중요한 누락으로 볼 수 있다.

6 CPI 바스켓 가중치는 미국(노동통계국, BLS)이나 캐나다(Statistics Canada)의 경우 2년마다 갱신된다. 새로운 제품은 기존 제품을 대체하거나 샘플 회전 또는 업데이트 중에 CPI 바스켓에 주기적으로 진입할 수 있다. BLS는 매 4년마다 그러한 회전을 수행하는 반면, 캐나다 통계청은 2년마다 바스켓 내용과 가격의 출처를 점검하여 갱신한다.

7 Leonard Nakamura, Jon Samuels, and Rachel Soloveichik, "Measuring the 'Free' Digital Economy within the GDP and Productivity Accounts," ESCoE Discussion Paper 2017-03, December 2017.

8 Erik Brynjolfsson, Felix Eggers and Avinash Gannamaneni, "Using Massive Online Choice Experiments to Measure Changes in Well-being," 2017.

9 헤도닉 모델(Hedonic models)은 품질 변화를 조정하기 위한 기법 중 하나인데, 이 모델에서는 어떤 상품의 가격이 각각의 품질 특성들(자동차의 경우 성능, 안정성, 승차감 등)로 분해될 수 있다고 전제하고 그러한 특성들을 설명변수로 하여 회귀분석을 실시함으로써 개별 특성들의 기여 정도를 파악하고자 한다. 통계작성기관은 일정한 품질 특성 집합을 가정하여 특정 상품의 가격을 추정할 수 있으며, 그 후 특성(품질)의 변화에 의해 유발되는 가격변화와 순수한 가격변화를 구별할 수 있다.

10 GDP 맥락에서의 인플레이션 측정치를 GDP 디플레이터라고 하는데 CPI와 마찬가지로 GDP 디플레이터는 전반적인 물가 변동의 척도이다. GDP 디플레이터의 범위는 CPI와 달리 한 국가의 국경(수입 제외) 내에서 생산되는 모든 상품과 서비스를 포함하며 소비자 구매 제품에만 국한되지 않는다. 또한 GDP 디플레이터는 고정된 상품 및 서비스 바스켓을 기반으로 하지 않는다.

11 총요소생산성은 노동과 자본과 같은 생산요소로는 설명되지 않는 나머지 성장기여분(잔차, residual)으로, GDP 성장과 관련하여 "설명되지 않은" 원천도 포함한다. 여기에는 측정오류가 있는 경우에 이것도 포함한다. 흔히, 솔로우 잔차(Solow Residual)라고도 한다.

12 전통적인 측정 기법들이 자연스레 변하는 경제성장을 알아차리지 못하는 문제를 일컫는 말이다. 미국 시카고대 교수인 차드 시버슨(Chad Syverson)은 2017년 초, 새로운 정보통신기술의 유용성이 생산량 증가에 정확히 반영되지 않기 때문에, 또는 ICT를 기반으로 한 신제품의 가격 디플레이터가 과대 평가되어 있기 때문에 생산성 향상이 노동 통계에 잘 포착되지 않는다고 주장하면서 "측정오류 가설"을 주장하였다

13 Nadim Ahmad and Paul Schreyer, "Are GDP and Productivity Measures Up to the Challenges of the Digital Economy?"(p.25), International Productivity Monitor, No 30, Spring 2016.

14 David Byrne, John G. Fernald, and Marshall Reinsdorf, "Does Growing Mismeasurement Explain Disappointing Growth?," FRBSF Economic Letter 2017-04, February 13, 2017.

15 Dora Costa, "Estimating Real Income in the United States from 1888 to 1994: Correcting CPI Bias Using Engel Curves," 2001.

16 Committee on Finance, United States Senate, "Final Report of the Advisory Commission to Study the Consumer Price Index," 1996.

17 소비자물가지수 작성 과정에서 발생할 수 있는 측정오차에 대해 체계적으로 조사하기 위해 1995년 미 상원의 지명으로 설치된 자문위원회(Advisory Commission to Study the Consumer Price Index)의 최종 보고서로, 위원장인 Boskin 교수의 이름을 따라 Boskin 보고서라 불린다.

18 Brent R. Moulton, "The Measurement of Output, Prices and Productivity: What's Changed Since the Boskin Commission?," Hutchins Center on Fiscal and Monetary Policy at the Brookings Institution, 2018.

19 Patrick Sabourin, "Measurement Bias in the Canadian Consumer Price Index: An Update," 2012.

20 Leonard I. Nakamura and Jon Samuels and Rachel H. Soloveichik, "Measuring the 'Free' Digital Economy within the GDP and Productivity Accounts," FRB of Philadelphia Working Paper No 17-37, 2017.

21 Bergeaud Antonin, Cette Gilbert and Lecat Rémy, "Productivity Trends in Advanced Countries between 1890 and 2012," Review of Income and Wealth, Vol 62(3), pp. 420-444, 2016.

22 다른 견해는 경기침체가 발생하기 전에 생산성이 종종 최고조에 이른다는 것이다. 즉 경기침체가 발생하기 전에 투입 자원의 부족으로 기업들은 더욱 창의적인 방법을 통해 자원을 사용하도록 강요받게 된다. 이것은 보통 TFP의 증가를 초래하여 생산성을 향상시키게 된다.

23 Nadim Ahmad, Jennifer Ribarsky and Marshall Reinsdorf, "Can potential mismeasurement of the digital economy explain the post-crisis slowdown in GDP and productivity growth?," OECD Statistics Working Papers No 2017/09, 2017.

24 Kevin Barefoot, Dave Curtis, William A. Jolliff, Jessica R. Nicholson and Robert Omohundro, "Defining and Measuring the Digital Economy," Bureau of Economic Analysis, 2018.

25 https://www150.statcan.gc.ca/n1/daily-quotidien/180829/dq180829b-eng.htm 참조.

26 캐나다는 뉴질랜드(1990.3월), 칠레(1991.1월)에 이어 인플레이션 목표제를 채택했다. 캐나다 중앙은행의 현재 인플레이션 목표는 연간 CPI 상승률 기준으로 "1~3%의 인플레이션 목표범위 내 중간치인 2%"이다. 이와는 달리, 미국의 경우 2012년 1월 연방준비제도이사회(FRB)의 벤 버냉키 의장이 처음으로 장기적인 물가상승률(개인소비지출(PCE) 물가지수의 연간 변동률 기준) 목표를 2%로 공식 제시했다. 이전까지 FRB는 명시적인 숫자로 목표를 정하지 않고 물가상승률 기대치 범위(예, 1.7~2.0%)를 정기적으로 공개했었다.

27 Marshall Reinsdorf, Gabriel Quirós and STA Group, "Measuring Digital Economy," IMF Staff Report February 2018.

28 Ahmad, Ribarsky and Reinsdorf(2017)는 위키피디아가 광고를 통해 수입을 얻는다고 가정하거나 위키피디아의 대체관계에 있는 온라인 브리태니카 백과사전의 구독료를 적용하여 위키피디아의 가치를 평가하였는데 그 규모는 세계GDP의 0.1% 정도였다. [미주 23번 참조]

29 David Byrne, John G. Fernald and Marshall Reinsdorf, "Does Growing Mismeasurement Explain Disappointing Growth?," FRBSF Economic Letter 2017-04. February 13, 2017.

30 Michael Hardie, "Measuring the Sharing Economy of the UK," fifth IMF statistical forum, Office for National Statistics, UK, 2017.

31 Statistics Canada, "The Sharing economy in Canada," February 28, 2017.

32 Nadim Ahmad and Paul Schreyer, "Measuring GDP in a Digitalised Economy," OECD Statistics Working Papers 2016/07, OECD.

33 Max Nathan and Anna Rosso, "Measuring the UK's digital economy with big data," rapport Growth Intelligence/NIESR, 2013.

34 Lotte Oostrom, Adam N. Walker, Bart Staats, Magda Slootbeek-Van Laar, Shirley Ortega Azurduy and Bastiaan Rooijakkers, "Measuring the internet economy in the Netherlands: a big data analysis," CBS Discussion Paper No 2016-14, 2016.

35 The Community survey on ICT usage and e-commerce in enterprises. 동 서베이는 유럽 각국 기업들의 정보통신기술, 인터넷, 전자정부(e-government), 전자비지니스(e-business) 및 전자상거래(e-commerce) 사용에 관한 데이터를 수집한다.

36 유럽 차원의 서베이는 종업원수 10인 이상의 기업을 대상으로 하였다.

37 Charles Bean, Independent review of UK economic statistics, 2016.

38 공유 플랫폼의 등장으로 기업들은 필요에 따라 임시직 또는 계약직으로 사람을 구해 일을 맡기고, 노동자 입장에서는 특정 기업에 고용되지 않고 필요할 때 일하여 수입을 얻을 수 있게 되었다. 이러한 방식에 의해 움직이는 경제가 'gig economy'이다. 'gig'라는 용어는 1920년대 미국의 재즈 공연장 주변에서 연주자를 섭외해 짧은 시간에 공연에 투입한 데서 유래하였다. 이후 1인 자영업자로 기업과 단기간 계약을 맺고 일한다는 의미로 확장되었다.[2016년 7월 4일 뉴욕타임스(NYT)]
[gig economy의 예]
- 미국의 차량공유 서비스 업체: 리프트, 우버
- 개인차량을 소유한 일반인을 배송요원으로 활용: 아마존

39 Farrell Diana and Fiona Greig, "Paychecks, Paydays, and the Online Platform Economy," JPMorgan Chase Institute, 2016.

40 Steven Levitt, a professor University of Chicago Department of Economics and National Bureau of Economic Research/Robert Metcalfe, a research scholar at University of Chicago Department of Economics and Becker Friedman Institute/Robert Hahn, an economics professor at University of Oxford/Peter Cohen, Jonathan Hall, economists at Uber

41 웹사이트 또는 앱에서 사용자가 활동한 시간을 말한다.

42 우버 사는 미국 전체 승객 운송예약의 40% 이상을 차지한다.

43 Peter Cohen, Robert Hahn, Jonathan Hall, Steven Levitt and Robert Metcalfe, "Using big data to estimate consumer surplus: the case of uber," NBER Working Paper No 22627, 2016.

44 Big data gives insight into appeal of services like Uber.
[https://news.uchicago.edu/story/big-data-gives-insight-appeal-services-uber]

10장 빅데이터와 경제통계 작성

1 Martin Hilbert and Priscila López, "The World's Technological Capacity to Store, Communicate, and Compute Information," Science 332(6025): 60-65, 2011.

2 Brian Sturgess, "Can Big Data Improve Economic Measurement?," April 2018.

3 문혜정·이혜영, "빅데이터의 경제통계 활용 현황 및 시사점," 「국민계정리뷰」 제3호, 한국은행, 2017.

4 스캐너 데이터의 유용성은 손원·이혜영·이상호(2018)를 많이 참고하였다.["스캐너 데이터의 유용성 및 향후 과제," 「국민계정리뷰」 제2호, 한국은행, 2018]

5 Antonio G. Chessa, "A new methodology for processing scanner data in the Dutch CPI," Eurostat Review of National Accounts and Macro-economic Indicators, 1, pp. 49-69, 2016.

6 이러한 현상을 "inventory shopping"이라고 지칭하기도 한다.

7 Matthew Mayhew, "A comparison of index number methodology used on UK web scraped price data," ONS methodology Working Paper No 12, 2017.
그러나 우리나라의 경우 상공회의소가 보유하고 있는 스캐너 데이터는 이마트와 홈플러스 등 일부 대형할 인점의 거래정보는 제외되어 있다.

8 이긍희·장영재·손종칠·강정일·하혜진, "소비자 물가지수 생산을 위한 스캐너 데이터 활용 방안 연구," 통계청, 2017.

9 EU 회원국들의 소비자물가지수를 가중평균하여 합하는 방식으로 산출한 물가지수이다.

10 Kota Watanabe and Tsutomu Watanabe, "Estimating Daily Inflation Using Scanner Data: A Progress Report," CARF Working Paper No 37, 2014.

11 2016년 1월부터는 Nikkei CPINow로 명칭을 변경하여 Nikkei.Inc와 Nowcast Inc.가 공동으로 제공한다.

12 손원·이혜영·이상호, "스캐너 데이터의 유용성 및 향후 과제," 「국민계정리뷰」 제2호, 한국은행, 2018.

13 Alberto Cavallo and Roberto Rigobon, "The Billion Prices Project: Using Online Prices for Measurement and Research," Journal of Economic Perspectives, Vol 30(2), pp. 151-178, 2016.

14 처음에는 아르헨티나 인플레이션의 과소 평가 가능성에 강한 의문을 제기하고 공식 통계(CPI)를 검증하기 위해 시작한 연구로 알려져 있다.

15 아르헨티나, 호주, 브라질, 캐나다, 칠레, 중국, 콜롬비아, 프랑스, 독일, 그리스, 아일랜드, 이탈리아, 일본, 한국, 네덜란드, 러시아, 남아프리카공화국, 스페인, 터키, 영국, 미국, 우루과이

16 음식·음료(7.9%); 가구류·가계용제품(30.7%); 오락·문화(17.6%); 의류·신발류(20.6%); 건강용제품(1.7%); 주거·전기·연료 등 기타 품목(21.5%)의 합성지수

17 https://www.pricestats.com/inflation-series 참조.

18 Isaiah Hull, Marten Löf and Markus Tibblin, "Price information collected online and short-term inflation forecasts," Economic commentary No 2, Sveriges Riksbank, 2017.

19 신·구 제품의 가격차이 중 품질 변화분을 제외한 순수한 가격 변화분을 물가지수에 반영하는 작업이다.

20 문서 내에 숨겨진 의미구조(주제)를 찾기 위해 사용하는 텍스트 마이닝 기법을 말한다.

21 Leif Anders Thorsrud, "Words are the new numbers: A newsy coincident index of business cycles", Working Paper 2016-21, Norges Bank, 2016.

22 최진만·이동규, 「국내외 빅데이터 활용 현황 및 당행업무에 대한 시사점」, 한국은행, 2015.

23 John W. Galbraith and Greg Tkacz, "Analyzing Economic Effects of September 11 and Other Extreme Events Using Debit and Payments System Data," Canadian Public Policy-Analyse de Politiques, Vol 39, No 1, 2013.

24 이세중·손원, "신용카드 데이터의 유용성 및 향후 과제," 「국민계정리뷰」 제3호, 한국은행 2018.

25 SMI = (긍정의견 수 - 부정의견 수)/(전체의견 수) × 100

26 SMI와 공식통계인 소비자신뢰지수 (CCI) 간의 상관관계는 0.78로 상당히 높았다. 자료 취득원별로는 페이스북과 단문 위주인 트위터의 SMI는 CCI와 상 관관계가 높은 반면, 분석이나 광고내용 등이 수록되는 언론기사, 블로그의 SMI 는 CCI와의 상관관계가 낮았다.

SMI와 CCI 간의 상관계수

	전 체	(페이스북)	(트위터)	(언론기사)	(블로그)
상관계수	0.78	0.85*	0.70	0.26	0.22
(비중,%)	(100.0)	(10.6)	(80.1)	(1.8)	(1.6)

주: 1) '*'는 공적분 관계 존재를 의미
    2) ( )내는 전체 건수에서 차지하는 비중
    3) 2010.6월~2013.11월 자료 기준

27 문맥이나 주제에 따라 동일한 문장도 해석이 달라질 수 있다. 예를 들면, 한국어에서 "잘했다"는 상황에 따라 부정적인 의미로 사용되며, 영어에서 "go read book"이라는 표현은 서평에 쓰이면 호감을, 영화평에서는 악평이 되는 등 동일한 문장에서 뉘앙스를 구분하는 데 한계가 있다. 또한 인용이나 객관적 사실에 대한 서술과 주관적 심리 표현을 구분하는 것도 쉽지 않으며 비속어, 반어법, 올바르지 않은 어법 표현 등의 경우 심리를 정확히 분류하기 어렵다.

28 '단어들의 가방'이라는 의미로, 텍스트에서 단어가 출현한 만큼 단어가방(설명변수 집합)에 1씩 더해 준다.

29 인공지능(artificial intelligence: AI)의 한 분야로 컴퓨터 스스로 데이터 학습을 통해 입력되지 않은 새로운 정보를 습득하는 기술이다.

30 뉴스기사 이외에 소셜미디어(페이스북, 트위터 등), 웹사이트 등의 온라인 게시물·댓글, 회의 기록자료 등도 텍스트 데이터에 해당한다.

31 Adam Hale Shapiro and Daniel J. Wilson, "What's in the News? A New Economic Indicator," FRBSF Economic Letter 2017-10.

32 Rickard Nyman, Sujit Kapadia, David Tuckett, David Gregory, Paul Ormerod and Robert Smith, "News and Narratives in Financial Systems: Exploiting Big Data for Systemic Risk Assessment," Bank of England Staff Working Paper, No 704, 2018.

33 극성은 긍정적인 단어와 동반출현하는 빈도가 높을수록 긍정(+1)에 가까운 값을, 반대의 경우 부정(-1)에 가까운 값을 부여하는 방식으로 측정한다.

34 Dong-jin Pyo and Jungho Kim, "News Media Sentiment and Asset Prices: Text-mining Approach," KIF Working Paper 9호, 2017.

11장 빅데이터의 다양한 활용: 경제분석·예측, 정책, 핀테크, 서비스 개발 ──

1 만3세 이상 인구 중 최근 1개월 이내 유·무선 인터넷을 이용한 사람들의 비율이다 [과학기술정보통신부 및 한국인터넷진흥원의 "인터넷이용실태조사"].

2 이러한 작업은 구글 트렌드 서비스를 통해 수행할 수 있다. [www.google.co.kr/trends/]

3 구글 트렌드는 어떤 지역에서 사용자가 구글 검색창에 입력하는 검색어의 수량을 일별 및 주간별로 실시간 보여주는 지수이다.

4 Hyunyoung Choi, Hal Varian, "Predicting Initial Claims for Unemployment Benefits," 2009.

5 Nikolaos Askitas and Klaus F. Zimmerman, "Google econometrics and unemployment forecasting," Applied Economics Quarterly, Vol 55, No 2, 2009.

6 Francesco D'Amuri, "Predicting unemployment in short samples with internet job search query data," Bank of Italy Research Department. 2009.

7 Nick McLaren and Rachana Shanbhogue, "Using Internet Search Data as Economic Indicators," Bank of England Quarterly Bulletin, No 2011Q2, 2011.

8 David Bholat, Stephen Hansen, Pedro Santos and Cheryl Schonhardt-Bailey, "Text mining for central banks," Bank of England 2015.

9 이긍희·황상필, "빅데이터를 이용한 경기판단지표 개발: 네이버 검색 경기지수 작성과 유용성 검토," 「경제분석」 제20권 제4호, 한국은행, 2014.12.

10 김지은, "경기지표로서 인터넷 검색지표의 유용성 분석," 한국은행, 2013.

11 이긍희·김용대·황희진, "빅데이터를 이용한 고용지표 개발," 「국민계정리뷰」 제1호, 한국은행, 2016.

12 Scott R. Baker, Nicholas Bloom and Steven J. Davis, "Measuring Economic Policy Uncertainty," NBER Working Paper No 21633, 2015.

13 1997년~2015년 기간을 표준화구간으로 하여 각국의 EPU 지수를 표준화한 다음 IMF의 World Economic Outlook에 있는 GDP를 가중치로 하여 합성지수를 산출한다.

14 "폭발하는 위성 산업 돈 버는 방식 바꾸다" 설성인 차장, 마운틴뷰(미국)=김남희 기자, Weekly Biz [http://weeklybiz.chosun.com/site/data/html_dir/2017/09/01/2017090101786.html]

15 가계부채DB는 데이터의 크기가 크기 때문에 다양한 기준에 따라 세분하여도 통계적으로 유의한 특성들을 식별할 수 있는 장점이 있다.

16 유경원·이상호, "한국은행 가계부채DB를 활용한 가계부채의 동태적 특성 연구," 「국민계정리뷰」 제1호, 2020.

17 FRB 뉴욕연준 미시분석반(Microeconomic Studies Function)은 가계부채의 총량 데이터 이외에 개별 경제 주체 수준에서의 부채상황 분석 등을 위해 민간 신용평가사인 Equifax로부터 자료를 받고 있다.

18 기상학에서는 1~6시간 이내의 초단기 예보를 의미하는 용어로 사용된다.

19 Leif Anders Thorsrud, "Nowcasting using news topics. Big Data versus big bank" Working Paper 2016-20, Norges Bank, 2016.

20 John W. Galbraith and Greg Tkacz, "Nowcasting GDP with electronic payments data," European Central Bank Statistics Paper Series No 10, 2015.

21 Society for Worldwide Interbank Financial Telecommunication, 유럽 및 북미의 주요 은행들이 가입해 1973년 설립된 비영리조직으로 본부는 벨기에 브뤼셀에 있다.

22 SWIFT는 메시지 양식마다 "MT+세 자리 숫자" 형태의 명칭을 부여하는데 이중 'MT103'는 고객자금 이체와 관련된 메시지를 나타낸다.

23 현재 200개 이상의 국가 및 지역에 있는 11,000여개 금융기관들이 SWIFT가 제공하는 서비스를 이용하고 있으며 SWIFT Index는 매월 작성 또는 수정되어 SWIFT 기관회원인 금융기관, 기업, 정부기관 등에게 제공되고 있다. [https://www.swift.com/about-us/discover-swift]

24 미국 경제학자 존 테일러(John Taylor) 교수가 제시한 통화정책 운용준칙으로 중앙은행이 금리를 결정할 때 경제성장률과 물가상승률을 고려하여 조정하는 것을 표현한 식이다. 이 준칙에 따르면 중앙은행은 실제 물가상승률과 목표 물가상승률 간의 차이인 '인플레이션갭'과 실제 경제성장률과 잠재 경제성장률 간의 차이인 'GDP갭'에 일정한 가중치를 부여해 금리를 조정하게 된다.

25 David O. Lucca, Francesco Trebbi, "Measuring Central Bank Communication: An Automated Approach with Application to FOMC Statements," NBER Working Paper Series, 2011.

26 Matthieu Picault and Thomas Renault, "Words are Not All Created Equal: A New Measure of ECB Communication," Journal of International Money and Finance. Vol 79, 136-156, 2017.

27 인플레이션갭과 GDP갭으로 구성된 전통적인 테일러 준칙에 ECB 기자회견문의 긍정, 부정 어조에 관한 정보를 설명변수로 추가하였다[augmented Taylor rule].

28 Stephen Hansen and Michael McMahon, "Shocking Language: Understanding the Macroeconomic Effects of Central Bank Communication," Journal of International Economics, Vol 99, S114-S133, 38th Annual NBER International Seminar on Macroeconomics. 2016.

29 통신기록, 인성검사 결과 등을 활용한 대안적인 개인신용평가 모델을 개발하여 중·저신용자 고객의 기반을 확대하고 있다.

30 Collaborative Filtering: 고객들의 선호도와 관심 표현을 바탕으로 비슷한 패턴을 가진 고객들을 식별하는 기법으로 취향이 비슷한 고객들에게 서로 아직 구매하지 않은 상품들을 교차 추천하거나 분류된 고객의 취향과 라이프 스타일에 따라 관련 상품을 추천하는 형태의 서비스 제공에 이용된다.

31 "빅데이터가 만드는 똑똑한 행정, 국민의 삶 '확'바꾼다," 행정안전부 보도자료, 2019.12.13.

찾아보기